渓に憩う 魚と遊ぶ パスポート

# 渓流釣り

我妻徳雄

つり人社

# 渓流

ヤマメとイワナが混生する渓流域。里山にほど近く、歩きやすい場所が多いため、渓流釣り入門にはうってつけだ。落ち込みや淵など魚の潜む場所も分かりやすいので、まずはこのエリアでしっかりと基礎を身に付けよう。

SHIMANO

# 本流

渓流よりも下流にあたるのが「本流」と呼ばれる流域。川幅が広く、瀬と淵が交互に出現するようになるのが特徴である。サクラマスや戻りヤマメ、アメマスやサケなど、大型魚とのパワフルなファイトが満喫できる。季節に応じて移動する魚の着き場をいかに見極めるかが最大のポイントだ。

TG渓隼 S中硬55-60ZZ

# 源流

山に降り注いだ雨は森に蓄えられ、やがて湧き水となって流れ出す。源流は、手付かずの自然が存在する川の最上流部だ。源流は、釣りの技術はもちろん、ロープワークや登攀などの遡行技術も求められる。源流釣りのハイシーズンは夏。数人のパーティーで出かけ、夜は焚火を囲むキャンプ釣行が楽しい。

SHIMANO

# 渓流釣りの魅力

渓流は、実にさまざまな魅力を秘めた場所だ。

太古から幾度もの世代交代を繰り返して作りあげられた原生林。水の浸食によって生まれた渓谷の造形美。そして、そこに棲む可憐にして精悍な渓流魚。

煩瑣《はんさ》な日常を離れ、渓に入ると、体の力みがスーッと抜けるような不思議な感覚を覚える。水の流れる音と小鳥たちのさえずり、そして風に乗って聞こえてくる木々の葉ずれの音。渓の織り成すBGMに身を委ねる心地よさ。

また、渓流は季節によってその表情を大きく変える。

春、川辺のネコヤナギが芽吹く頃、渓流釣りのシーズンが始まる。木々の芽吹きが徐々に下流から上流へと進み、渓は新緑に覆われて自然の躍動感を感じる季節である。この時期、山菜採りも楽しみのひとつに加わる。

夏は天候も安定し、木々は深い緑へと変化する。カブトムシやクワガタなどの昆虫が釣り人を出迎えてくれることもある。渓を心地よい風が吹き抜け、緑陰が釣り人を癒してくれる。滝をよじ登り、淵を泳いで魚止めの滝に到達した感激。そして、釣りあげる大イワナ。

秋に入ると、木々はわずかに赤や黄色に色づく。ススキの穂が黄金色に輝くこの季節は、同時にキノコ採りのシーズンでもある。ミズナラの大木にマイタケを発見し、思わず踊り出したあの日の興奮。

そしてもちろん、素晴らしい魚との出会いがある。

ハリ掛りした渓流魚は、圧倒的なスピードとパワーで釣り人を翻弄する。釣りザオを通して伝わってくる渓流魚の躍動的な生命感。心臓が喉から出てきそうなほどの緊張を覚えながらやり取りをして、ようやく手にすることのできた時の感動は言葉にならない。

釣り人は、釣りあげた魚体の美しさに魅了される。数多くの淡水魚のなかでも、サケ、マス類は際立った色彩を放つ。「渓の妖精」「渓の宝石」などと表現されるのも、大げさではない。

渓流釣りとは、森と水と渓流魚が織りなす空間を無心で遊ぶ釣りである。見るもの、聞くもの、感じるものすべてが素晴らしく思える場所。それが渓流なのだ。

# 目次 CONTENTS 渓流釣り

イラスト　石井正弥
写真提供　丸山 剛
ブックデザイン　日創　新井孝幸
構成　水藤友基

# 第1章

# 渓流釣りの基礎知識

# 渓流釣りの分類

## 源流／渓流／本流

川の最上流部から河口まで、そこに渓流魚が生息すれば、すべて渓流釣りの対象エリアである。ここでは都合上、渓流釣りの対象エリアを「源流域」「渓流域」「本流域」と3つに分類する。

どこまでが源流でどこから渓流になるのか、あるいは本流なのかという厳密な区分があるわけではない。いや、むしろ川の継続性からいっても、曖昧であるのが本来の姿であろう。したがって、ここで紹介する区分はあくまで私が考えている渓流釣りエリアの概念である。

〈源流域〉

山に降り注いだ雨は、森に蓄えられ、それが湧き水になってゆっくりと流れ出し、やがてひと筋の流れとなり渓となる。手付かずの自然がそのまま存在するような、人里離れた川の最上流部だ。

瀬と淵と滝が交互に現われ、またはそれらが連続する箇所。「ゴルジュ」とか「通

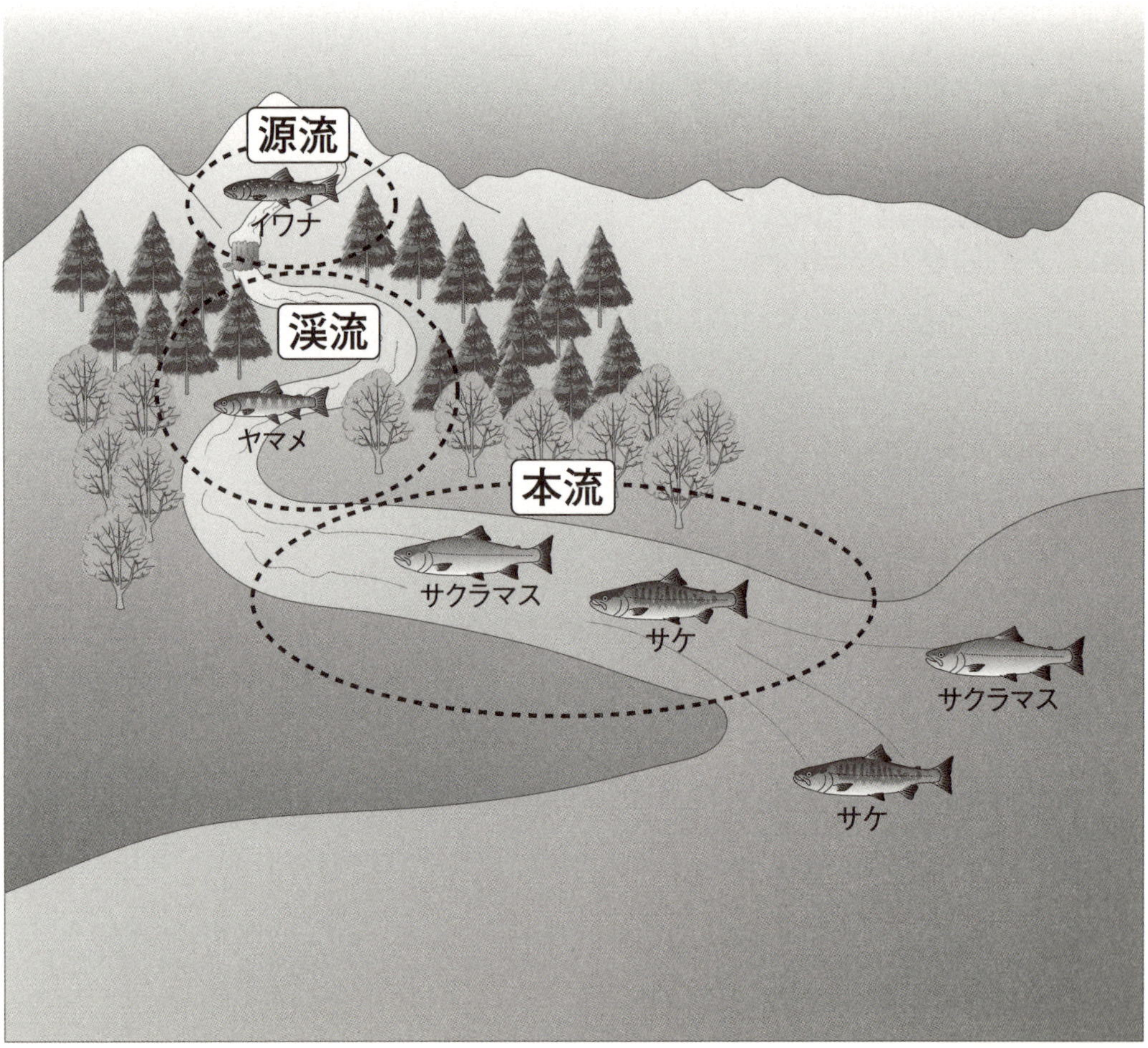

湯井俣川源流部

らず」と呼ばれる、両岸が切り立つ崖になった場所が多いのも特徴である。

対象魚は主にイワナ。このエリアでは釣りの技術もさることながら、ザイルワークや登攀《とうはん》などの遡行《そこう》技術も必要である。数人で源流に出かけ、焚火を囲むキャンプでの釣行がお勧めだ。

〈渓流域〉

源流よりもやや下流部のエリア。里山の付近を流れる流域で、比較的歩きやすいが、時には高巻きやヤブ漕ぎが必要なこともある。近くに道路や林道が走り、集落や田園のなかを流れる箇所も多い。川幅はそれほど広くなく、渓相は瀬を中心に落ち込みが出現する。

この流域はヤマメとイワナの混生域である。入渓が楽なことから釣り人が多く、魚も比較的スレているため、それなりに釣りの技術が要求される。

しかしながら、危険度は源流よりも大幅に減るうえ、落ち込みや淵など魚のいるポイントが分かりやすい。初心者にはオススメのエリアである。

この渓流域は、渓流釣りの原点だといえるだろう。最初はこの渓流域でしっかりと釣りの基本を身に付けたい。

緑豊かな渓流域は、そこにいるだけで気持ちがいい

〈本流域〉

川幅が広く、瀬と淵が交互に出現するのが特徴。夏の間にアユ釣りが行なわれるような場所だ。

源流や渓流と異なり、川が広く変化に乏しいため、ポイントが分かりづらい。ポイント選びによって釣果が左右されるエリアである。

数は少ないが、サクラマスや戻りヤマメなどの大型が対象魚である。これらの魚は季節に応じて移動することが多いため、まず魚の着き場を見つけることが重要になってくる。

水量の豊かな本流域では大ものの可能性も

# 渓流釣りの対象魚

渓流釣りの対象とされる魚は、おもに日本の在来種であるサケ科のヤマメ（アマゴ）とイワナの2種である。地域によっては、このほかに外来種のニジマスやブラウントラウトなどを加えることができる。

また、ヤマメの降海型であるサクラマスやイワナの降海型のアメマス、カラフトマスやサケなどの遡《そ》上《じょう》魚も絶好のターゲットとなっている。

最近では渓流魚の放流が盛んになっており、成魚放流を行なっている漁協もある。成魚放流された魚は養殖池などでエサを与えられ、流れのない場所で成長してきているため、川に放流された場合は流れの緩い（ほとんどない）所にいる。

一方、天然魚は弱肉強食の自然のなかで多くの危険にさらされ、自らエサを捕食しながら成長する。当然、エサを捕食しやすく危険から逃れやすい場所を好むため、釣りもそれなりに難しくなる。

ここで紹介するのは天然の渓流魚、もしくは稚魚放流や発眼卵放流された魚の生態や性質である。学術的な解説ではなく、あくまで釣り人の視点からの紹介と捉えてほしい。

## ヤマメ

ヤマメは渓流釣りの最もポピュラーな魚種といえる。渓流釣りの観点から分類すると、居着きのヤマメ（河川残留型）と戻りヤマメ、そしてサクラマス（降海型）の3種類に分けることができる。ヤマメの分類方法には科学的にも諸説あり、なかなか難しい。しかし、こと釣ることに関しては、これ以上詳細に分類する必要はないだろう。

居着きのヤマメ、戻りヤマメ、サクラマスの3者は元は同じヤマメだ。しかし魚体の大きさや体色、食性、定位する場所など、特徴や性質がそれぞれ大きく違うため、当然釣り方も変わってくる。釣り方の詳細については、各魚種のページで解説する。

居着きのヤマメは、ほぼ生まれた河川のみで一生を送るヤマメである。体の側面にパーマーク（楕円状の模様）がしっかり残っているのが特徴だ。河川環境にもよるが、体長は最大で35㎝ほど。自然に流化するエサを好む傾向がある。

2歳魚になったヤマメのうち、一部分

がスモルト（銀毛）化し、翌年の春に雪シロ（雪解け水）に乗って川を下る。スモルト化とは、体が銀白色になってパーマークが不明瞭になる現象をいう。ウロコが剥がれやすくなり、背ビレは黒くなる。これは海水生活の準備段階で、サイズは十数cmほどである。

春にスモルト化したこれらのヤマメが、戻りヤマメとサクラマスになるようだ。戻りヤマメとは、いったん下流の大堰などに留まって稚アユなどを捕食し、水温上昇とともに再び遡上してくる魚のこと。ヤマメ特有のパーマークは消えていて、全体が銀白色である。体長は尺前後がアベレージで、最大では40cmを超える魚もいる。

一方のサクラマスとは、スモルト化したヤマメが海へと下ったものをいう。オホーツク海方面を回遊しながら、動物性のエサを捕食して急速に成長し、翌年の春になると産卵のため生まれた川に戻ってくる。生まれた川の位置は、匂いでわかるなどといわれている。また、川に戻って来て遡上しはじめるのがサクラの咲く時期なので「サクラマス」と呼ばれるようになった、という説がある。

サクラマスは夏の間を川で過ごし、秋に卵を生んで子孫を残してからその一生を終える。サイズは50～60cmほどだが、最大で70cmを超える個体も確認されている。なお、川に入った本州のサクラマスは秋までほとんどエサを取らずに過ごすため、釣り方も難しい。

## イワナ

源流の釣りのターゲットは、なんといってもイワナである。源流だけでなく、渓流域や本流域で釣れることもある。

イワナは、一生を川で過ごすものと、降海するアメマスに大別することができる。また、本州に生息するイワナはエゾイワナ、ヤマトイワナ、ニッコウイワナ、ゴギなどに分類されており、北海道にのみ生息するオショロコマ、ミヤベイワナもイワナの仲間である。長年、各地の渓流を釣り歩いていると、河川や山地ごとにイワナの色や斑点などの特徴が少しずつ違うことに気づく。隔絶された各河川で独自に進化したとも考えられる。

イワナはヤマメよりもさらに上流の低水温を好む。源流域に生息しているイワナは釣りバリの怖さを知らない個体が多く、比較的容易に釣れる。

一方、海に下るアメマスの生態については、いまだに解明されていない部分が

多い。イワナよりもやや銀白色化し、体側にある白い斑点が大きいのが特徴である。サケの稚魚が海に下る春の時期や、秋のサケの産卵に合わせて河川を遡上する。おもに北海道や東北地方の北部に生息しているが、本州では数が少ないこともあり、ねらって釣るのが難しい魚である。

## ニジマス

ニジマスは明治に海外から移入された種である。レインボウトラウトの名のとおり、側線に沿って虹色の帯がある。本州では釣り大会や初期の解禁時、釣り堀などでの成魚放流が一般的だ。また、本州での自然繁殖は、ごく一部で確認されているのみである。一方、北海道の河川では天然のニジマス（移入されたのちに自然繁殖したもの）が釣れる。

食性は雑食で、最大で70㎝ほどに成長する。ハリに掛かると疾走し、魚体を空中にさらけ出して激しいジャンプを繰り返す。釣り人を楽しませてくれる魚種である。

## サケ

最近、新たな渓流釣りのターゲットとして注目されているのがサケである。本州に生息するサケ・マス類のなかで最大のターゲットであり、魚体の大きさとパワフルなファイトに魅了される人が増えている。

サケの川釣りは基本的に禁じられているが、一部の河川では調査を目的として解禁している。サケ釣りをするためには、事前に漁協等に申し込み、許可を受ける手続きが必要である。私の住む山形県では鮭川、小国川、寒河江川が解禁している（２００９年度）。

# 渓流の1年

〈禁漁と解禁〉

渓流釣りでは、年間を通じて禁漁期間と解禁期間が定められている（例外的に禁漁期間のない河川もある）。

禁漁期間は、渓流魚が産卵に入る頃から、産卵後の体力を回復するまでの間に設定されている。地域によって異なるが、一般的には10月から翌年の2月末までの所が多い。したがって、3月1日から9月末までが渓流釣りの解禁ということになる。

禁漁と解禁の期間は、漁協が県の水産課と話し合って、それぞれの河川で独自の日時を決めている。同じ水系であっても、本流と支流で解禁日が違う所もある。なお、この設定には積雪量や寒冷地だからという要素はあまり関係がないようだ。たとえば、私の住む山形県米沢市は豪雪地帯だが、解禁日は3月1日である。しかし隣の福島県などは、比較的温暖な地方であっても4月1日に解禁となる。

次に、季節による渓流の状況と渓流魚の生態を紹介していくが、基本的に里川の渓流域の状況と考えていただきたい。

前記したように、渓流釣りのエリアは源流、渓流、本流に分かれ、流程が長いことから季節の移ろい方も違う。3月に渓流釣りが解禁されたからといって、源流ではまだまだ雪が残っており、真冬である。しかし同じ時期に里川では水が温み、ネコヤナギがほころぶ。ひと口に渓流といっても、場所によって季節感にズレがあることをご理解いただきたい。

北国の渓流釣りは雪のなかで始まる

## 早春／3月（解禁）

3月1日、多くの渓流がいっせいに解禁になる。待ちかねた渓魚との再会日。山里はまだ冬景色で、差す日の輝きだけが芽吹きの近いことを予感させる。たとえ平日であっても、この日を待ちわびた渓流釣りファンが川を訪れ、関東周辺や都市近郊の河川ではサオを振るのも難しいほど混雑することもある。

関東周辺の漁協では、解禁に合わせて成魚放流するケースが多いようである。この魚は人工養殖されたウブな渓流魚たちだ。比較的警戒心が薄く、あっという間に釣られてしまう。つまり、解禁当初は初心者でも釣りやすい時期なのだ。そのため、しばらくは釣り人も多い。

解禁当初の渓流は、湧水などの特別な状況がなければ、水温は相当低い。冷水を好む渓流魚にとっても、まだ冷たすぎるのだ。したがって渓流魚の活性は全般に低く、エサを積極的に捕食することも少ない。

また、この季節は冬の渇水期の影響で水量が少ない。川の石の表面についたミズゴケはヌルヌルと腐り、エサとなるカワムシ類もあまり見られない。流下するエサも少なく、活動が鈍いため、しばらくのあいだ魚たちは水量の安定する深い淵などで体力の回復を待ちながら生活している。そしてひと雨ごとに春の気配が増し、水が温みはじめると、徐々に活動が活発になる。

渓流釣りは基本的に朝夕のマヅメを中心にねらう釣りだが、解禁当初は日が差して水温が上昇してからゆっくりと探ったほうが釣果も上がる。

## 春／4〜5月

サクラの花がほころびはじめると、いよいよ本格的な渓流釣りシーズンの到来だ。山菜採りが釣りの楽しみにプラスされる季節でもある。

水温の上昇とともに体力を回復した渓流魚は、越冬した淵から徐々に瀬へと姿を現わすようになる。カワムシ類も豊富に流下するようになり、魚たちは盛んにエサを捕食する。

3月中は体力もなく、黒っぽくサビが残っていた魚たちも、この頃にはすっかり銀白色になる。ヤマメにはパーマークがくっきりと浮かび上がり、戻りヤマメも遡上を開始して、大ものの便りが届くようになる。

河川には本格的に雪シロが入りはじめ、水量が増える。特に気温が高い日などは、早朝と日中で水量が大幅に変化する。朝は徒渉できたが午後には増水で渡れない、などということもよくあるため、注意が必要な時期である。

また、源流部はまだまだ残雪の季節だが、早い場所ではゴールデンウイークあたりから入渓が可能となる。

しかし、入渓できたとしても、やはり雪シロによる増水には充分に警戒しよう。早朝は濁りもなくきれいな流れだったものが、昼過ぎには泥濁りの大増水に変わることも日常茶飯事である。初心者は安易な入渓を避けるべきだろう。

## 初夏／6〜7月

梅雨の季節。渓流の水量は高水位で安定し、魚も積極的に捕食活動を行なう。その反面、警戒心が高まり、釣りも難しくなる。しかし、雨で増水して川がササ濁りになると、所かまわず荒食いすることもある。

この季節は天候と川の水量によって魚の食いが大きく影響を受ける。事前に天気予報などのチェックを行ない、計画を立てることが大事である。

また、この頃にはカワムシ類の成長が最盛期を迎え、渓流魚のエサが豊富になる。そのため渓流魚はエサを選り好みする傾向にある。養殖のブドウムシなどは見向きもしないが、現地調達したカワム

水温が上昇すると活性の高い魚たちが出迎えてくれる

シ類ならばバクバク食ってくる、などということがよくある。いわゆる「当たりエサ」が生じるわけだ。エサの採取を面倒がらずに行なうことが釣果につながるだろう。

　カワムシの羽化が始まって、ヤマメたちの就餌場所が水中から水面へと変化するのもこの時期の特徴だ。夕方になると、いたる所でバシャバシャとヤマメのライズが見られる。釣り方もそれに合わせるのが効果的だ。テンカラやフライフィッシングも面白い。

## 夏／8月

　梅雨が明けると川の水も少なくなり、カワムシ類の流下が減少して渓流魚の活性が落ちてくる。また、水量が減るため魚の警戒心は強い傾向にある。

　里川のヤマメ釣りは朝晩の涼しい時間帯が中心となる。また、本流域もアユ釣りで賑わうため日中はサオをだしづらく、やはり釣り人が少ない朝晩に限られる。エサが不足しているためか、養殖のブドウムシやキヂが思わぬ当たりエサになることもある。

夏休みは仲間たちとの源流行が楽しい

　渓流、本流ともになかなか釣りにならないが、源流はシーズン本番である。梅雨明けからしばらくは天候が安定し、入渓には最高の時期である。気の合う仲間と源流へ出かけ、キャンプしながらイワナを釣るのは格別の楽しみだ。

## 秋／9月

　9月に入ると渓流魚はいよいよ産卵の準備に入る。産卵行動は基本的に北の地方ほど早い傾向にある。釣りあげたメスの魚に卵が入っていることも多い。

　産卵が近づくにつれて、ヤマメはしだいに警戒心が薄れるようだ。注意して見ると、浅瀬でオスとメスがつがいになって泳ぎ、時には尾ビレで産卵床を掘る仕草が観察できるだろう。人間が近づいても逃げないこともしばしばである。

　しかし、産卵のため浅瀬に出たヤマメはエサを追わず、釣りあげるのは至難の業だ。このような魚は、渓流魚を保護するという意味からも、釣りの対象と考えないほうがよいだろう。

　源流では水量も安定し、水温もイワナの適温に保たれている。また、秋の恵みキノコのシーズンが始まる。

　私は毎年9月にマイタケ採りを兼ねて源流の奥までイワナ釣りに入る。大イワナを釣りあげるのも楽しいが、香り高い天然マイタケを見つけた時の感激は、まさに舞い踊りたくなるほど嬉しいものだ。こんな楽しみがあるから、秋の源流釣りはやめられない。

　そして山々が紅く染まりはじめる頃、渓流釣りは禁漁期を迎える。

## 渓流釣りの基礎技術

〈釣り場を選ぶ〉

渓流釣り場の情報は、雑誌や本、インターネットなどで容易に得ることができる。私もこれらの情報を元にあちこち出かけることが多い。しかし、紹介されている有名河川などは釣り人も多く、先行者がいて予定していた場所に入れないこともある。運よく釣り人の姿がなかったとしても、魚がスレていて難しい釣りになる場合が多い。

そこで私は、全国のロードマップやインターネット上の地図などで地形を読みながら、よい釣り場を探して釣り歩くことがある。予想どおりにいかないことも多いが、読みが当たって渓流魚の入れ掛かり、などということもあるのだ。決して難しいことではなく、地図をある程度読むことができて、経験を積めば比較的容易である。

ここでは、自分だけの渓流釣り場を探し出す簡単な方法の例を紹介しよう。

まず、おおまかに行く河川を決めたら、ダムの有無を確認し、ダムの放水がどこで行なわれているかに注目する。放水される水は、基本的にダムの底付近から取られているため水温が低い。したがって、放水口の下流部は冷水を好む渓流魚の生息域となっていることが多いのだ。

ふたつめのポイントは、釣果情報をチェックして、その周辺の支流に注目することである。

多くの水系はいくつもの河川を集めて大河となり、海へと注いでいる。そのため、支流の一河川で戻りヤマメなどの釣果報告があれば、近くにあるほかの支流にも同じように遡上していると考えてよい。釣果のあった河川には釣り人が集まるため、これをあえて避けるのだ。この場合、釣れている河川に近ければ近いほど可能性は高い。

この2点を考慮するだけでも、かなりの数の釣り場を発見できるはずだ。

〈地図〉

渓流釣りファンにとって、地図は情報の宝庫である。釣り場全体の概略を掴むだけでなく、渓流魚の生息の有無から、釣り場のよしあしまで判断することができる。また、カーナビに載っていない道も多いので、車での移動ルートや入川地点などを地図から読み取ることもしばしばだ。

渓流釣りに用いられる地図としては、国土地理院発行の5万分の1地形図や2万5000分の1地形図、地域別登山地図、ロードマップ、インターネット上で提供されている地図などがある。

簡単な情報を得る程度であればロードマップやネット上の地図でも判断できるが、源流などへ入渓する場合や、さらに詳細な情報が必要な場合は、2万5000分の1の地形図が便利だ。

「2万5000分の1の地形図」とは、複雑な地形の凹凸を等高線で表わした地図で、一般的には国土地理院発行のものが使われている。地図上の約束事さえ覚えれば、とても便利な道具である。

この地形図を読むことができれば、思い込みや方向音痴で道に迷ってしまった時でもルートを修正することができる。また、渓を遡行する際には、行動を的確に把握するために、2万5000分の1の地形図が不可欠だ。特に源流釣行においては必需品だといえるだろう。

〈地形図の読み方〉

2万5000分の1地形図を読むためには、方位磁針が必要だ。通常の地図は、北（真北）を上にして作られている。進

2万5000分の1地形図

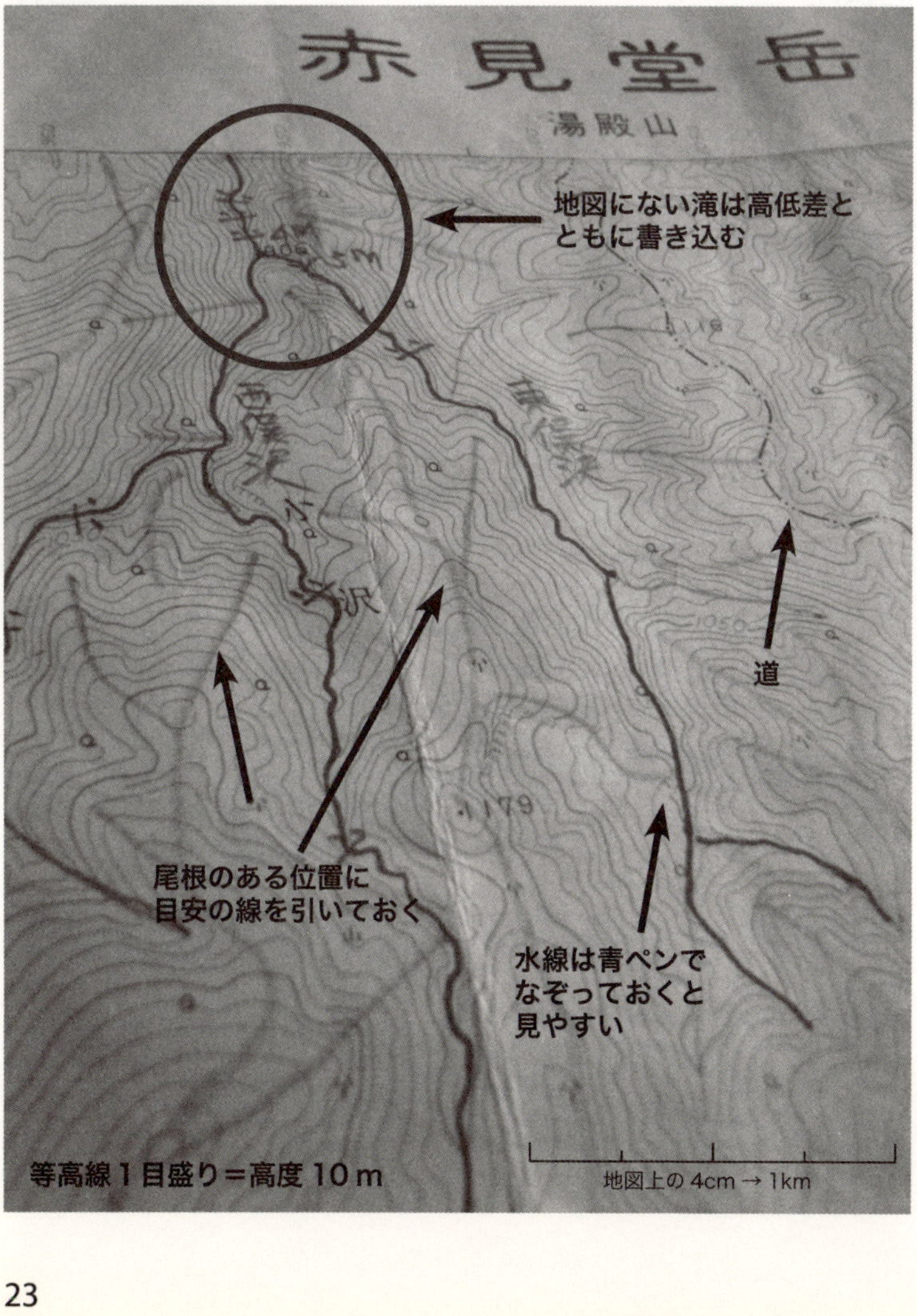
赤見堂岳
湯殿山
地図にない滝は高低差とともに書き込む
道
尾根のある位置に目安の線を引いておく
水線は青ペンでなぞっておくと見やすい
等高線1目盛り＝高度10m
地図上の4cm → 1km

行方向と方角をもとに、自分の位置を確認する。

縮尺は、地図上の1㎜が実際の25m、1㎝が250m、4㎝で1㎞に相当する。

「等高線」は高度10mごとに引かれていて、これを主曲線と呼ぶ。また、標高を読み取りやすいように50mごとに太い線が引かれている。これを計曲線と呼ぶ。等高線の間隔が狭い場所は急な斜面で、間隔が広ければなだらかということになる。

「破線」で記されているのは幅1・5m以下の道である。ただし、登山道や踏み跡のようなはっきりした道の場合もあれば、そうでないこともある。また、実際には地形図に記載されていない登山道や踏み跡も存在する。

川幅が1・5m以上になった場所は「水線」で表記されている。1・5m以上5m未満の川は0・1㎜の細い線で書かれ、5m以上15m未満は0・1～0・3㎜の水線で表わされる。15m以上の川幅のある所は2本の水線で囲み、その内側を青く塗りつぶしてある。したがって、水線の太さと周辺の等高線を見れば、川幅と傾斜のぐあいや、どのくらいの水量がある

## 等高線と斜面の関係

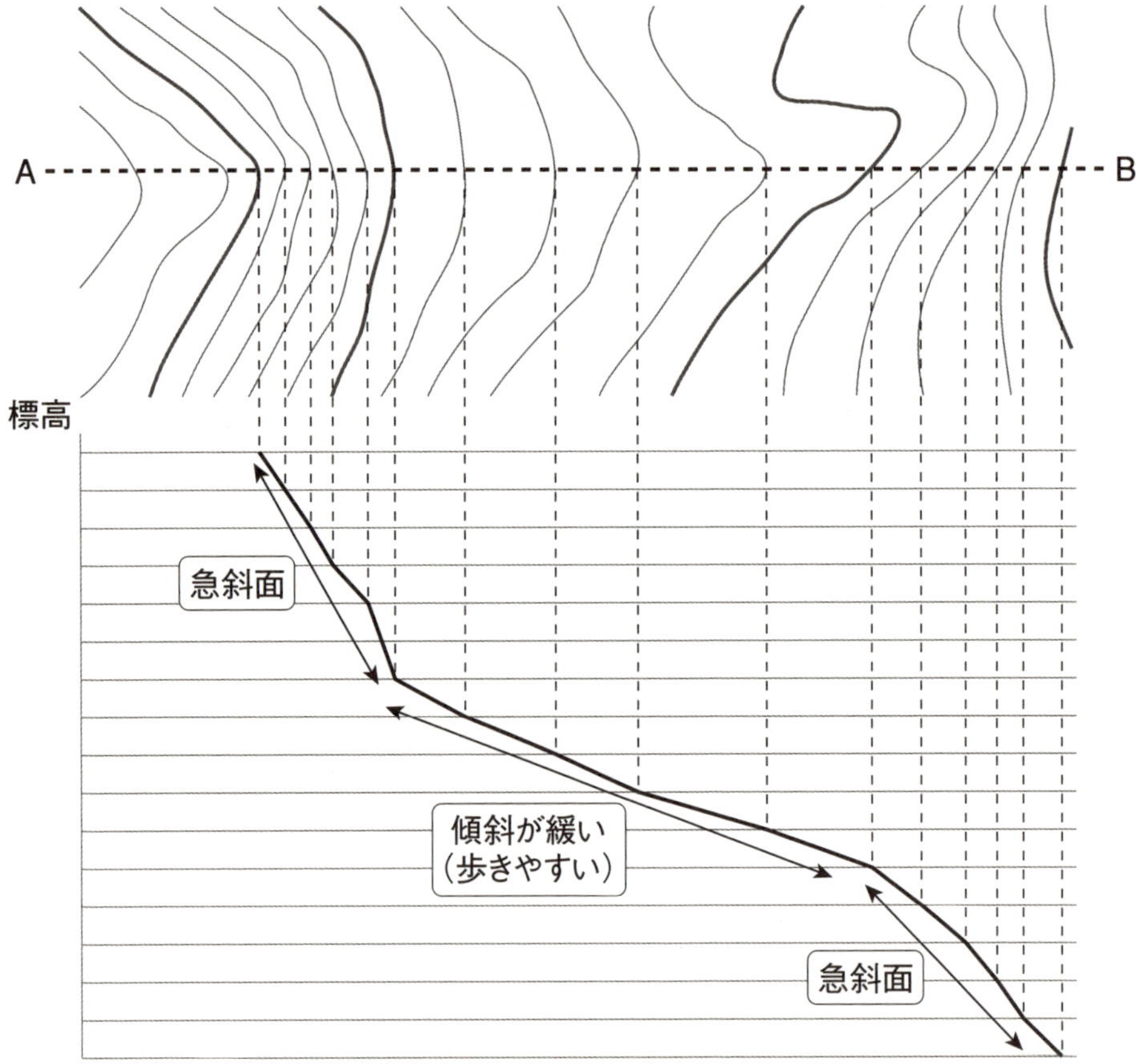


下は、2万5000分の1地形図をAB間で見た場合の断面図。
等高線の間隔が狭いほど傾斜が急になり、
間隔が広い場所は比較的平坦であることが分かる。

かをある程度判断できる。

滝に関しては、落差5m以下のものは省略されている。だが、滝の周囲はしばしば切り立った崖になっていることが多いので、図示されない低い滝でも遡行の妨げとなることがある。

また、実際に渓を遡行していると、地図に載っていない立派な滝が出現することがある。2万5000分の1地形図は航空写真を元に作製しているため、樹木などの影響で上空から確認できなかったものと考えられる。


〈川の遡行《そこう》／徒渉《としょう》〉


渓流釣りの基本は、ポイントを変えながら川を遡《さかのぼ》っていくスタイルだ。魚のいそうな場所を探り、釣れなければさらに上流のポイントへ移る、という繰り返しである。その間には、瀬、滝、淵、ゴルジュなど遡行困難な地点もある。安全に楽しく渓流釣りを楽しむためには、遡行の基本をしっかりマスターする必要がある。

川を遡行する際は、まず歩きやすい側の岸を進む。だが、川によっては常に片側だけを歩けるとは限らない。そのような場合に、片方の岸から対岸へ渡る行為を「徒渉」と呼ぶ。

徒渉の技術は水量の高低によってだいぶ違ってくる。専門的な徒渉技術については源流の項（123ページ）で取り上げるので、ここでは基本的な内容だけを紹介しよう。

水量が少ない場合は、浅瀬で流れの緩い所を渡ればよい。水面から顔を出した石や流木があれば、その上をリズミカルに飛んでいくと安全に渡ることができる。

問題は、水量が多い場合である。渓流釣りや本流釣りではウエーダーの着用が基本である。ウエーダーを履いていると下半身に浮力が生じるため、川に流されると足が浮いてしまい、非常に危険な状態となる。くれぐれも注意が必要だ。

ある程度の経験者であれば、自分が流されない流速と水深を判断できるだろう。判断に迷うような場合は、少しずつ進みながら、流速に負けそうになったり足元が浮きそうな時はいつでも引き返せる体勢をとることだ。

いちばん安全なのは、迷ったら徒渉しないことである。渡らずともよい方法を考えるのだ。少し戻って新たな徒渉点を探すか、高巻きでクリアすることを考える。

このように、川の遡行は総合的な経験と思考で判断する必要がある。初心者はまずベテランと同行し、徐々に経験を積みながら、自分の体重と水量のバランス、そして力量を見極めることが必要である。

渡れるかどうか分からない場所では絶対に徒渉しないこと

# 渓流での注意事項

## 遊漁承認証

大半の渓流釣り場（源流部を除く）は、管轄の漁業協同組合が実施する渓流魚の放流によって支えられている。

現在は林道工事などによって奥地まで道が作られ、車で入渓することが容易になった。また、森林の伐採や砂防ダム、ダム工事などによる渓流の荒廃が進み、在来の渓流魚も非常に少なくなっている。このため、釣り場を保つために多くの川で養殖の渓流魚が放流されているのだ。

日本国内の多くの河川などでは、第5種共同漁業権という権利が漁業協同組合（漁協）に免許されている。この漁業権者は、育成事業（魚の放流や魚の産卵場の造成など）の義務とセットになって与えられている。漁業権が設定されている区域で釣りをするためには「遊漁承認証」が必要だ。金額については、各漁協によって異なる。

遊漁承認証とは、一般的に「日釣り券」「年券」などと呼ばれているものだ。日釣り券はその1日のみ有効、年券は1シーズンを通して有効なものである。年券は日釣り券の3～6回ぶんの価格設定になっている所が多いので、同じ河川に通うつもりならば年券を購入するほうが割安だろう。

遊魚証の販売所は漁協関係者宅や釣具店などが一般的だが、最近ではコンビニなどで販売している地域もある。漁協のノボリ旗などを目印にするとよいだろう。

販売所が分からなかったり、早朝は閉まっていて券が買えないこともある。そのような時は釣り場で監視員から購入すればよいが、この場合は現場徴収料が加算される。

## 気象の変化

安全に釣りを楽しむために、天気の変化には敏感になろう。不意の降雨による急激な増水や、天候による釣果への影響など、渓流釣りは天気と密接した関わりがある。簡単な気象の知識を覚えることで、快適に釣りができるようになるばかりでなく、釣果アップや釣況の予測も可能になる。

〈気象と安全〉

地球温暖化に伴う気候変動の影響だろうか、局地的豪雨、いわゆるゲリラ豪雨が多発し、各地に大きな被害をもたらしている。予測が難しく、渓流釣りファンにとっては大きな問題だ。

一般に渓流は川幅が狭く、勾配も急なため、降雨後の水位上昇が早い。時には土砂を含む災害を引き起こすこともある。

私も源流部において何度かゲリラ豪雨に遭遇し、危険な目にあったことがある。

源流での増水は生死に関わる。天候には細心の注意を払いたい

特に飯豊連峰「実川」での体験は忘れることができない。

メンバーは会の仲間など総勢6名。渓のベテランばかりであった。その日は早朝から快晴で、天気予報も終日晴天。誰もが天気の悪化など予想もしていなかった。朝から順調に遡行を続けたが、間もなく昼食という頃に天気が急変。土砂降りの大雨が降り出した。私たちはやむなく遡行を諦め、川を泳ぎ下った。

だが、しばらく下って大淵を泳ぎ切った直後に突然の増水。濁りなどの前触れが全くないまま、鉄砲水が一気に1mほどの壁となって私たちを襲ったのだ。淵を泳ぐのが数分遅かったらと思うと……。九死に一生を得た思いであった。

以来、私は常に雲の形状や流れに注意し、少しでもおかしいと感じたら遡行を切り上げるなど、安全を最優先に判断するよう心がけている。

〈気象と釣果〉

待ちに待った釣行当日に雨が降ってきた。ひさしぶりの釣行なのにと、天候を恨むこともあるだろう。しかし、渓流釣りにとって雨は好機となることが多い。

晴天が続いたあとの雨、むしむしとした時の雨。いずれの降雨も釣り人に味方してくれる。降雨による陸棲昆虫の流出や、カワムシの流下などにより、「待ってました」とばかり渓流魚が活気づく。

さらに、降雨によって起こる波紋は、釣り人の影や不注意なサオのあおり、投餌の失敗を帳消しにしてくれる。雨は釣り人の心強い味方なのだ。降雨による笹濁り程度の増水は、釣果アップのチャンスと考えてまず間違いない。

また、増水後の減水も大いに歓迎すべきである。渓流魚は移動する魚だ。特に遡上魚（サクラマスや戻りヤマメなど）は、河川の増水を利用して淵から淵へと遡上を繰り返す。釣り人に散々いじめられて警戒心が強くなり、なかなか口を使ってくれなかった魚も、新たな定位場所に移動した途端、再びエサを追うようになるのだ。

この移動と捕食行動との因果関係は、私にもまだ分からない。増水によるものか、環境の変化によるものか定かではないが、魚の活性が高くなるのは間違いない。

また、渓流魚は気温（水温）の変化にも敏感だ。早春の肌寒い時期なら、日中になって気温が上昇すると活性も高くなるし、盛夏になると朝晩の涼しい時間帯でなければほとんどエサを追わない。

## 山の動物と害虫

渓流釣りは自然のなかで楽しむ趣味である。ひとたび渓流に入れば、そこは野生動物たちの領域であることを忘れてならない。私たちは彼らのテリトリーのなかで遊ばせてもらっているのである。

ここでは渓流釣りで遭遇する可能性のある危険な動物、昆虫などを紹介するが、覚えておいてほしいのは、彼らは危険を感じないかぎり決して人間を襲ったりしない、ということである。ハチの巣があったり、日の当たる石の上に寝そべっているヘビに出会ったら、そっと遠回りすればよい。山の生きものの習性を勉強して、事前に危険を回避する努力を怠らないことである。


〈ツキノワグマ〉


日本に生息するクマのうち、ツキノワグマは本州以南に生息しており、ヒグマは北海道だけに生息している。

ツキノワグマの体長は約1・2〜1・4m、体重60〜140kg程度。オスのほうがメスよりひと回り大きい。食性は植物食傾向の強い雑食で、春はフキ、ブナなどの新芽、タケノコ、秋はミズナラ、ミズキ、ヤマブドウなどの樹木の実を主として食べる。そのほかにアリやハチも好む。

大型の動物だが本来の性質はおとなしく、刺激しないかぎり一方的に攻撃してくることはほとんどないといわれている。しかし、人と突然出会った時には、驚いて向かってくることもある。まずは少しでも出会わないように心がけることが大切である。

では、具体的にどうすればよいのか。クマは音に敏感である。なるべく複数で話しながら歩いたり、鈴などの音でこちらの存在を知らせることだ。

それでもクマに出会ってしまった時のために、次の3項目を覚えておこう。

①遠くにクマを見つけたら、慌てずそっと立ち去る
②大声で叫んだり、石や棒を投げるのはクマを興奮させるだけで逆効果
③クマが近づいてきたら、その場からできるだけゆっくりと後退する

恐怖にかられて逃げたくなるのは当然だが、背中を見せて逃げるのはもっとも危険だと言われている。クマのスピードはとても速く、本能的に追ってくる。

私は長年、渓流釣りやキノコ採りなどで何十回と山に入ってきたが、いまだにクマと遭遇したことはない。右に挙げた内容を実践すれば、遭遇する確率は相当に減少できるはずである。

動物園などで見ると、愛らしい生きものなのだが……

〈カモシカ〉

ニホンカモシカは岩場の多い山岳地帯を中心に一定の縄張りを作り、特定の巣はもたず、岩場などで眠る。敵に追われると、険しい場所に逃げ込む。人を恐れず、性質は温和である。決して人を襲ったりしないが、近眼のため、なかなかこちらの存在に気づいてくれないという問題がある。

私が自宅近くの渓流で釣りをしていた時のこと。川の向こう岸でガサガサと音がするので注視していると、カモシカ

が私の眼前に現われた。そして川を渡り、私のほうに歩いてくる。すぐに驚いて逃げ出すだろうと思っていたが、なかなかこちらの存在に気づかない。とうとう5mほどの距離まで近づいてきた。私が「オー」と声を出したら、カモシカはいきなり突進。私のすぐ脇を走り抜けていったのである。おそらく、急に人間に気づき、パニックを起こしたのだろう。

具体的な対策としては、カモシカに遭遇したら早めにこちらの存在に気づかせること。ただし興奮させるような刺激的な行動は避けよう。また、突進や角によるケガにも注意が必要。カモシカの逃げ道をふさがないことも大事である。

〈マムシ〉

マムシは猛毒を持つヘビである。全長は40~60cmくらい、最大で75cmほどになる。平地から山地の森林、ヤブに住む。水辺の周辺に多く現れ、渓流周辺で見掛けることが多い。

万が一マムシに噛まれた場合、現場で可能な処置は、咬傷部より心臓側を軽く緊縛すること。そして、速やかに処置可能な医療機関などで処置を受けることである。

マムシの動作はそれほど早くない。ましてや進んで人を襲うことは決してない。だから、マムシを発見した場合は近寄らず、静かにその場から離れるのがいちばんである。

**マムシに噛まれたら**

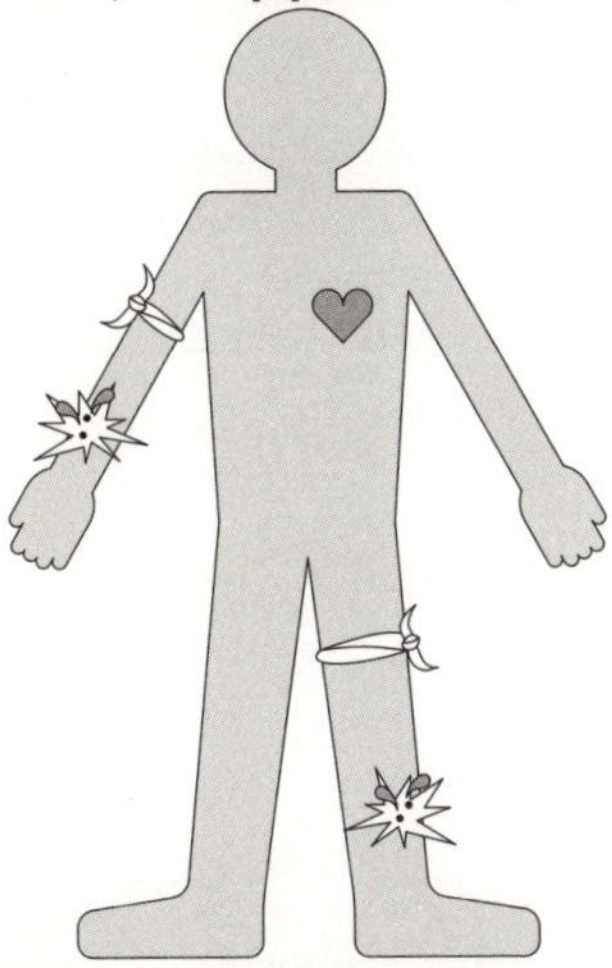

患部よりも心臓側を手ぬぐいやロープなどで軽く縛り、医療機関へ直行

〈ヤマビル〉

越後の早出《はいで》川、杉川、仙見川や南アルプスの寸又川水系などに多く生息する。いずれも湿気を含んだ山地で、年間降水量も多く、じめじめした所である。

ヤマビルは、ほんのわずかな衣服の隙間や繊維のあいだから侵入し、人が気づかないうちに皮膚に取りついて吸血している。対策としては、できるだけ肌の露出を防ぎ、衣服の隙間をなくすことだ。また、仲間同士でお互いにヒルが付着してないか確認するのも効果がある。

ヒルに食いつかれたときは、タバコの

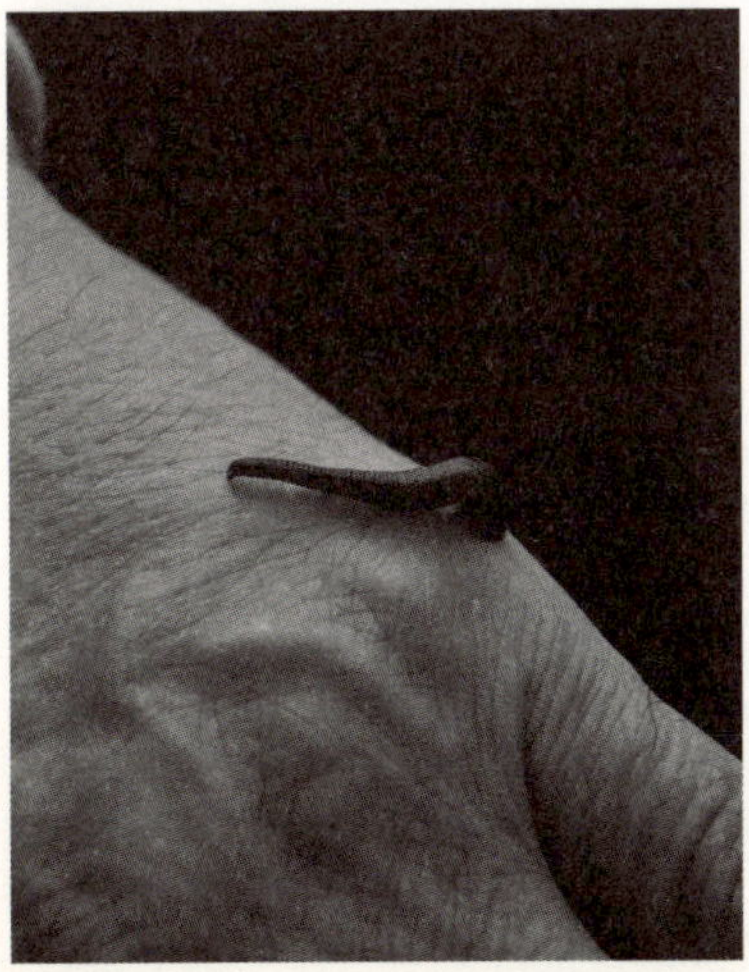

火を押し付ける、ライターで尻尾をあぶるなどの刺激を与えると自分から離れて落ちる。食塩や食塩水をかける方法も有効のようだ。

〈スズメバチ〉

スズメバチは特に注意が必要なハチの一種である。非常に毒性が強く、攻撃性も高い。

7月から10月にかけて活動し、巣が最も発達する9月上旬ごろからは神経が過敏になって特に攻撃的になる。守衛意識が強く、巣に危害が与えられると感じたら、集団で襲ってくる。特に黒いものに反応するので、髪の毛や目などが襲われやすい。

私は渓流釣りで1度だけスズメバチに刺されたことがある。刺された瞬間は、頭に釘を打たれたようなものすごい衝撃を受け、何が起きたか分からなかった。幸い、ショックなどの症状はなかったが、顔がパンパンになるくらい腫れあがった。

刺されたら一刻も早く病院へ駆け込むしかない。アレルギー体質の人は10分から30分で症状が出る。刺された箇所から毒をしぼり出すのも応急処置として効果があるが、とにかく巣には近寄らず、刺されないようにすることである。

〈アブ〉

刺された瞬間にチクッというような痛みがあれば、それはアブの仕業だ。個人差はあるが、一般的に強いかゆみが起こる。アレルギーがある場合は、化膿して水ぶくれができることもある。

特に渓流で猛威をふるうのがメジロアブである。和名をイヨシロオビアブといい、「メジロ」「オロロ」とも呼ばれる、悪名高い吸血性のアブである。その攻撃性は半端なものではない。最盛期には「人のまわりにアブの柱が立つ」などと言われるほどだ。

8月上旬から中旬過ぎまでがメジロアブの最盛期で、この時期の入渓には覚悟が必要だ。渓流に入ると、岩陰に隠れていたアブが一斉にやってくる。そして、手、顔、シャツの中、所かまわず入り込み、チクリ、チクリと刺す。薄いズボンやシャツの上からでも刺してくる。実に腹立たしいアブである。

真夏の源流では防虫ネットが欠かせない

対策はとにかく肌の露出をなくすこと。厚手のズボンとシャツを着用し、防虫ネットは必携である。身を固める以外にないが、夏場なので暑いのが欠点である。虫よけスプレーなども効果があるが、水に濡れるとその効力を失ってしまう。

〈蚊〉

ヤブカに刺されると、赤く腫れ上がり、痛がゆい。皮膚の弱い人は化膿する場合もあり、油断できない。対策としては、オーソドックスな蚊取り線香が最も有効である。夏場のキャンプ釣行などには各自が持参し、テント場の周りで蚊取り線香を焚きまくるのがいちばんだ。

## 第 2 章

# 渓流釣り

## 渓流釣りの道具

# サオ

〈サオの長さと調子〉

初めて買うサオは誰でも迷うものである。ひと昔前までは、ヤマメ（アマゴ）やイワナを釣るサオといったら「渓流ザオ」と相場が決まっていた。ところが現在の渓流釣りは、分野別、用途別にさまざまなタイプが市場に出回っている。

オーソドックスな小継ぎの渓流ザオに、大ものねらいならパワーのある本流ザオ。人気河川の激戦区のスレた魚が相手なら極細イト専用モデル……と、店頭には数多くのタイプが並んでいる。

渓流域でヤマメ、イワナ釣りを楽しむのであれば、仕舞った時の寸法が短い「小継ぎの渓流ザオ」を選ぶのがよい。このサオは渓流域のフィールド事情に合わせて作られたものだ。

渓流は木々や岩などの障害物に覆われている。釣り場にアプローチする際に、ヤブ漕ぎやヘツリなどが要求されるケースも少なくない。こうした理由から携帯性に優れ、軽量なサオが有利なのだ。

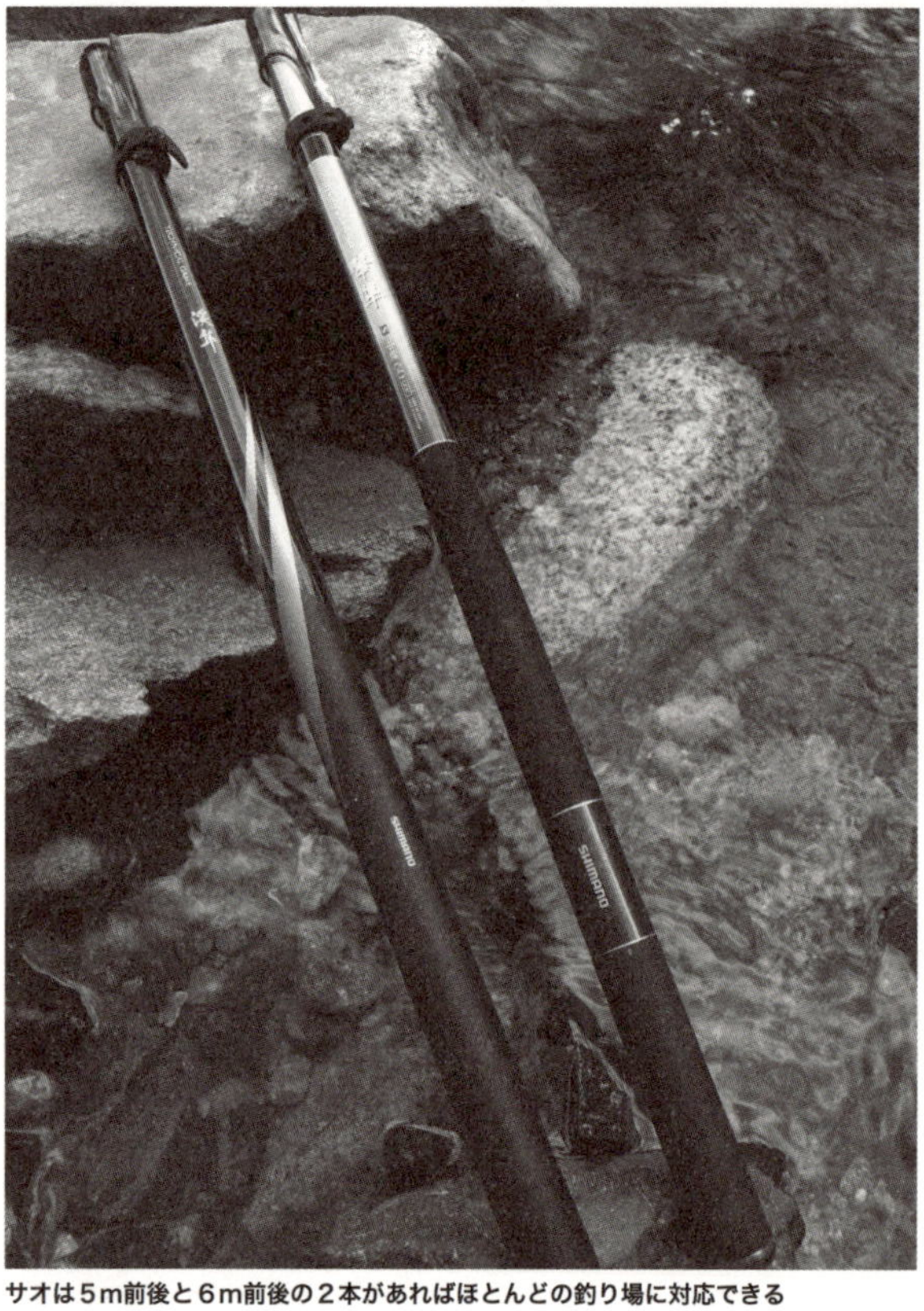

サオは5m前後と6m前後の2本があればほとんどの釣り場に対応できる

長さは使用するフィールドの大きさに合わせて選択するのが基本。小規模な渓なら片手で操作できる5・3mがマッチするし、水量豊富で規模の大きい渓なら6m、7mクラスの両手持ちのサオが威力を発揮する。状況変化に素早く対応できるズーム機構（サオの長さを変えられる機構）が付いているものが便利だ。

このように、無理なく取り回しできる長さを選ぶように心がければよい。渓流域なら5・3mと6・1mの2タイプを揃えれば、たいていのフィールドを釣りこなすことができる。

また、サオにはそれぞれ曲がりぐあいを現わす「調子」が表記されている。「中硬」→「硬中硬」→「硬調」→「超硬調」の順に硬く、張りのある調子に仕上げられている。選択方法はいくつかあるものの、私はターゲットの活性や大きさ、釣り場の状況などで使い分けている。

〈仕掛けのなじみ方とサオの関係〉

ヤマメやイワナは敏感な魚なので、こちらの存在に気づかれないよう、できるだけ遠くから釣るのが基本である。そのためにはサオは長ければ長いほどよい。

しかし、サオが長くなると次のような弊害も起こる。

①持ち重りが生じ、正確な振り込み、正確なサオ操作が難しくなる

②必然的にイトが長くなるため、仕掛けのなじみが悪くなる

①はすぐにイメージできるだろう。5mと10mのサオを使い比べれば、振り込みの精度、操作性、穂先をブレさせないで保持する際の疲労度など、どれをとっても長ザオのほうが難しい。

問題は②である。これは渓流釣りにおけるキーポイントのひとつといってよいのだが、短ザオと長ザオとでは仕掛けのなじみ方がまるで違う。短ザオのほうが格段になじみがよいのである。

なぜかというと、同じ号数のイトに同じオモリで同じ水深を釣ったとしても、短ザオのほうが使用するイトが短い。そのため、穂先から水面までのイトが受ける空気抵抗が圧倒的に少なくなるのだ。

空気抵抗など、取るに足らないことだと思われがちだが、「仕掛けを底の流れになじませてエサを食わせる」ことが基本の渓流釣りでは、これは大問題。同じ仕掛けを使っていても、空気抵抗の少ない短ザオのほうが軽いオモリが使える。その結果、より自然に近い流し方でエサをターゲットまで送り届けることが可能になるのだ。

サオを購入する際には、実際に店頭でサオを伸ばし、できれば実際に店の外で振ったりして確認したい。釣ろうとしているフィールドの広さ（大きさ）などをイメージし、自分で扱える長さで、しっくりくる物を選ぶようにしよう。

## サオの長短と仕掛けのなじみ方

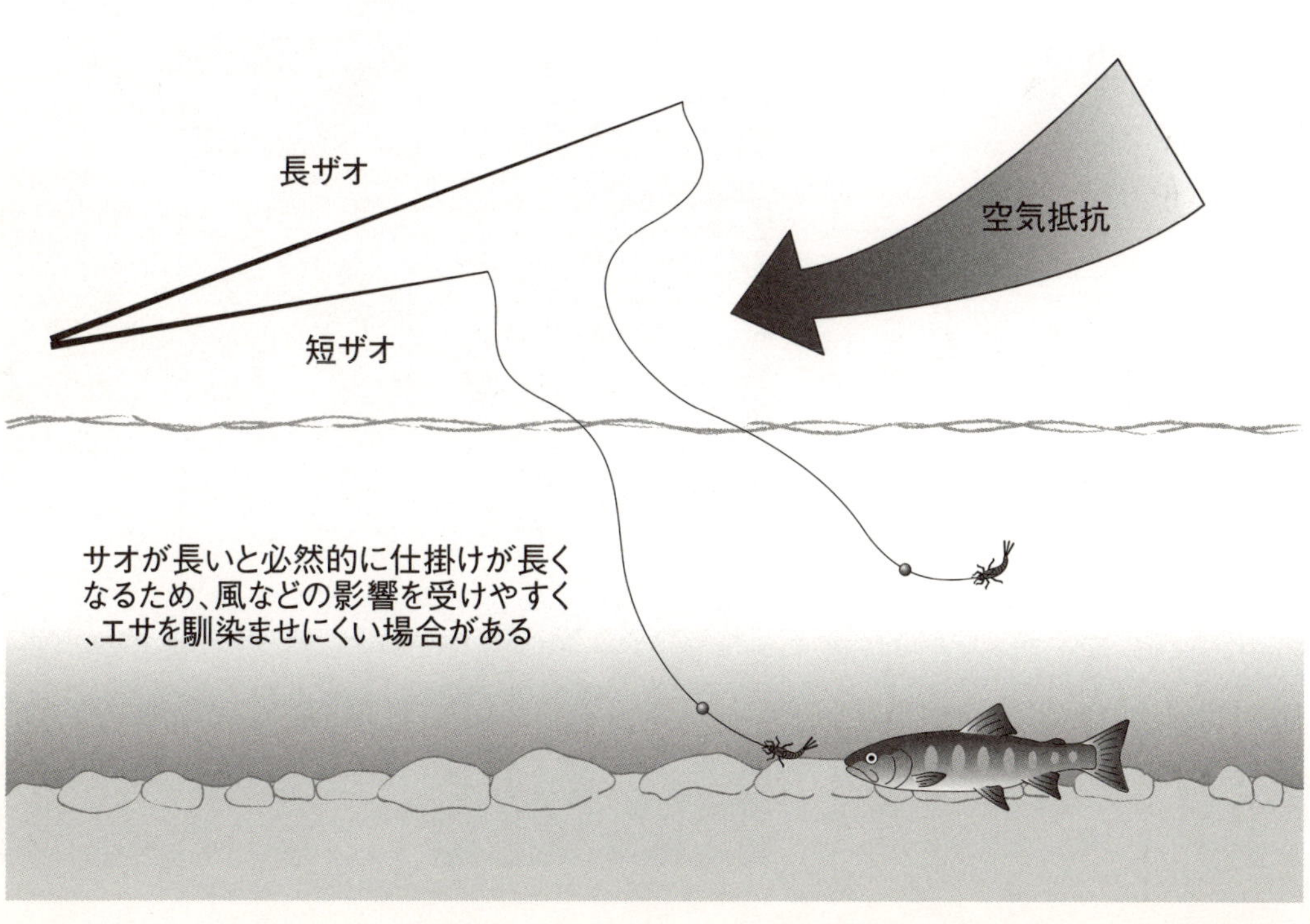
長ザオ
空気抵抗
短ザオ
サオが長いと必然的に仕掛けが長くなるため、風などの影響を受けやすく、エサを馴染ませにくい場合がある

# イト・ハリ・オモリ・目印

渓流釣りの仕掛けはいたってシンプルである。基本的にはハリとイト、それにオモリと目印があれば釣りになる。シンプルであるがゆえに、釣り人によってこだわりがあり、細部に工夫を凝らす人も多い。

〈イト〉

イトは細ければ細いほど水の抵抗を受けず、エサを自然に近い状態にすることができる。同時に、イトが細くなればより小さなオモリを使える。しかし、魚を掛けたあとにパワー負けしてイト切れしたのでは、悔しさだけが残る。特に足場の悪い渓流域での釣りは、釣り人があまり自由に移動できないため、イトのパワーに頼らざるをえないことも多い。そのため、やはりある程度の強度は必要だ。

細イトの部類に入る0・15〜0・2号のミチイトでも、レギュラーサイズの20cm級の魚であれば、何の不安もなくビシバシ引き抜くことができる。寄せてタモですくうのであれば、腕前とやり取りする場所にもよるが、尺クラスまでは取り込み可能である。

25cm以上が主体で、少々強引なやり取りが求められる釣り場では、ミチイトは0・3〜0・5号。尺上を確実に取り込むことを考えると0・5〜0・8号。これが私の基準である。

イトの素材に関しては、私はフロロカーボンを多用している。フロロカーボンは比重が水より重いため、仕掛けの沈みが早く、一気に渓流魚の定位する底波にエサを沈めることが可能だからだ。より軽いオモリを使用できるというメリットもある。

もうひとつの長所は、私が使っている釣りザオとの相性が大変よいことだ。これは極軟穂先（ビビッドトップ）を採用したサオで、魚がエサをくわえた時の違和感を和らげてくれるため、伸びが少ないフロロカーボンでも魚がエサを離しに

魚に違和感を与えにくいビビッドトップ。フロロカーボンとの相性がいい

くい。

〈ハリ〉

ハリは、魚にじかに接するパーツだけに軽視できない。各社からさまざまな大きさ、形状のハリが発表されている。カワムシ、キヂやブドウムシ、イクラなどのエサに合わせた専用バリも多い。

ハリ選びの基本は、使うエサの種類と大きさに合わせることだ。神経質な渓流魚を釣るためには、エサでハリを隠すようにするのがベストである。しかし、隠しすぎてハリ掛かりが甘くなってはバラシの原因となる。このバランスがなかなか難しい。ケースバイケースで試してみることだ。

私の場合、ヒラタなどの小型のカワムシを使用する場合は『川虫』の1〜3号、キヂを使用する場合は『きじブドウ虫』（いずれもグラン）の1〜3号をエサの大きさによって使い分けている。

〈オモリ〉

渓流釣りではガン玉オモリがスタン

ダードだ。通常6号〜5Bまでが渓流用のラインナップである。「B」が付く号数は、数字が大きいほど重く、数字が小さいほど軽い（つまり、Bがいちばん軽い）。また、「1号、2号」などと号数表示のついたものは、数字が大きくなるほど軽くなる。ちなみに、鉛合有率の高いものほど軟らかく扱いやすい。

　メーカーによって重さにバラつきがあるので、同一の製品を揃えるとよいだろう。大ものをねらう場合は、イトを挟み込む部分にゴムを張って傷を防ぐ「ゴム張リオモリ」が安心である。

　私はオモリを専用ケースに入れて携帯し、水深や流れの速さによって使い分けている。オモリを交換する際には、ガン玉外しや小型のカッターを使うと楽にできる。

〈目印〉

　目印の選び方は何よりもまず「見やすさ」、そして「軽量」「水切れがよいこと」が基準である。ポリエステル系のイトを結ぶ蛍光目印がおすすめだ。色は何種類かあるが、見え方には個人差があるので、いろいろ試して見やすいものを選べばよい。

　なお、水没することもあるいちばん下の目印は、赤系だとチビヤマメやウグイ、オイカワなどが食いつくので、黄系や緑系を好む人も多い。

　私の場合はポリエステル系の目印を3個づけにしている。上から黄色、赤、黄色の順である。また、これに加えて黒色の目印も携行している。天候や光線、水面の乱反射の関係で、明るい色の目印がどうしても見づらい時があるからだ。そんな時は、いちばん上の目印を黒に交換すると見やすくなる。

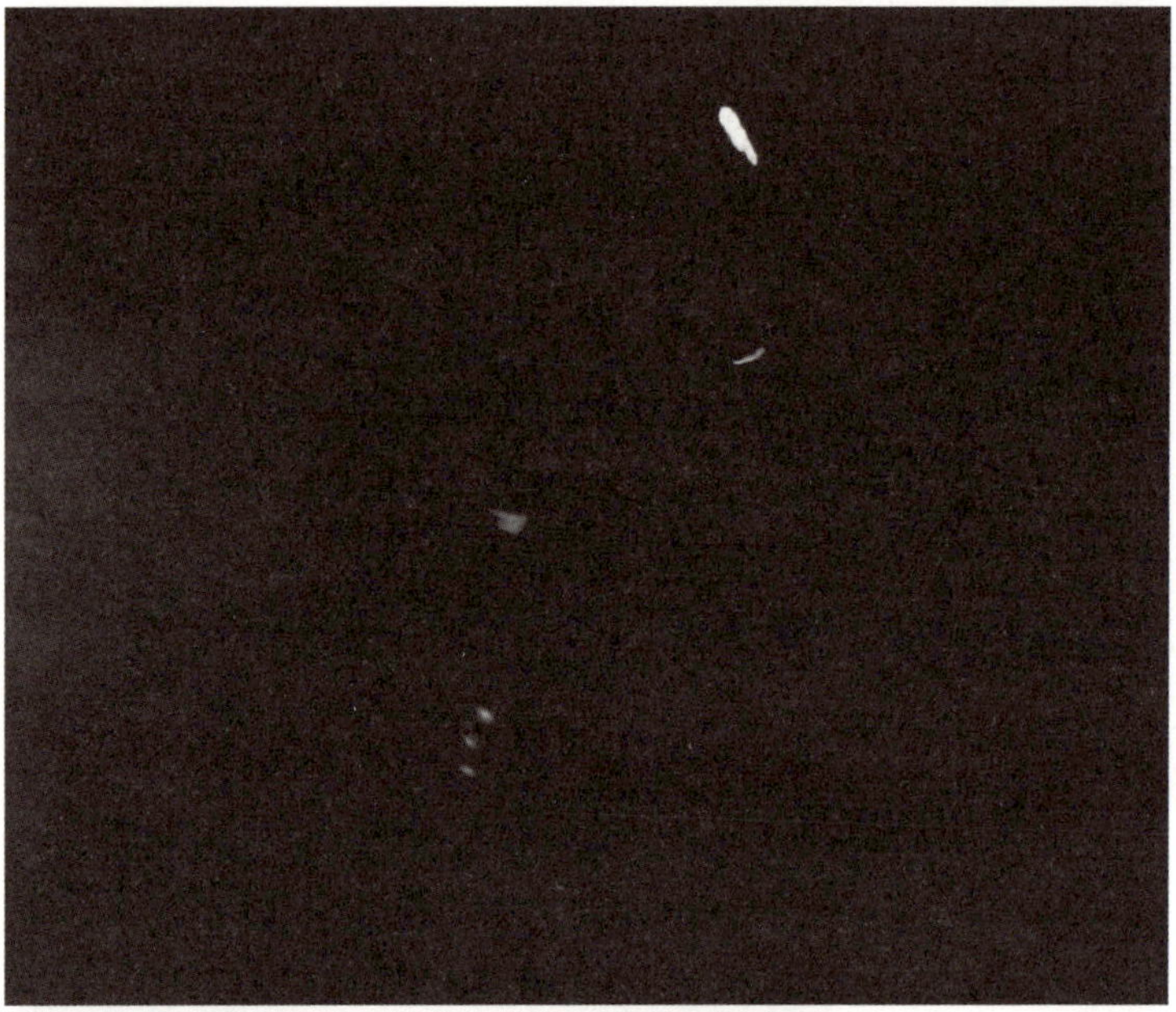

場合によっては、目印をいくつか水中に沈めて使うというテクニックもある

色や太さなど、目印は各種ある。自分が見やすいものを選べばよい

# その他の道具

〈エサ箱〉

竹製、木製、プラスチック製などがある。カワムシの保存には桐を用いた木製が古くから好まれてきたが、近年は保冷力の高いクーラー式のプラスチック製品も人気。プラスチック製には、小ものケースがジョイントできるなど、使い勝手が向上したものもある。

　プラスチック製では味気なく感じるという人は、自分で作ってみるのもいい。直径10㎝前後の竹を適当な長さの輪切りにし、ウレタンニスや合成ウルシなどを塗って仕上げる。自分で作ったエサ箱を使うのも趣きがあってよいものだ。

〈タモ網〉

　引き抜き取り込みがスタンダードになった現在の渓流釣りでは、タモ網が必

プラスチック製のエサ箱（左）と竹製エサ箱（右）

要不可欠。引き抜いた魚を受けるのはもちろんのこと、大ものを寄せてすくう時にもタモがないと泣きを見る。

　また、臨時のカワムシ捕獲網にもなるし、サオに仕掛けをセットして伸ばす際などは、タモの中に仕掛けを入れておいて作業すると便利。こうすれば仕掛け巻きの紛失を防げるほか、地面に落ちた仕掛け巻きを拾う手間がはぶける。

　サイズは枠径27cm程度のものが使いやすい。フレームの丈夫なものを選ぼう。


〈ビク〉

　ビクはプラスチック製トレイを内蔵したナイロン製ボディーの保冷ビクが一般的。内部のトレイは取り外しができ、丸洗いもOK。常に清潔に保つことができる。保冷材と組み合わせれば、少々の暑さでも魚の鮮度は落ちない。

　私もそうだが、近年ではビクにキープするのは必要最低限の魚にとどめ、あとはリリースという渓流ファンが増える傾向にある。また、ビクをオニギリやジュース類の入れ物として使っている人も多い。


〈フィッシングベスト〉

　渓流釣りにおいて、機能的に仕立てられたフィッシングベストは必携ウエアである。ウエストポーチや小型デイパックなどに仕掛けや道具類を入れて持ち運ぶより、1着のベストに必要装備をコンパクトに収納したほうが、何倍も快適になる。

　ベストといえばポケットの多さに目が奪われがちだが、あまり多く付いているのも考えもの。目安としては左右で4～5個ほどあれば、コンパクトな渓流釣りの仕掛け類の収納にはこと足りるだろう。

　購入の際は必ず試着してサイズを確認。下にシャツやフリースを着ることを考慮したうえで、ジャストフィットするものを選ぶ。

ドライシールド2WAYベスト（シマノ）

## フィッシングベストの中身

・ラインカッター／ハサミ

　ピンオンリールでベストに装着するといい。切れれば何でもよいのだけれど、やはり釣り具メーカーから発売されている専用タイプが使い勝手がよく便利。

・仕掛け入れ

　私は釣行前に仕掛けを作っておき、仕掛けケースに入れて持ち歩いている。防水のケースであれば湿気による劣化も防げる。写真は携帯電話ほどのコンパクトボディーに7～10セットの仕掛けを機能的に収納できるタイプ。

・ハリ外し

　1本100円程度のものからさまざまなタイプがある。私は釣りあげた魚は基本的にリリースするので、魚にダメージを与えず放流するためにハリ外しは必携である。フライフィッシングで使われるフォーセップを愛用している。

・メジャー

　誰でも釣りあげた魚の大きさは気になるものだ。思わぬ自己レコードと出会った時のためにも、メジャーがあると何かと安心。1mくらいまで計測できる小型のものを用意しておく。

・ガン玉外し

　あると便利なアイテム。ガン玉の切れ目に刃先を差し込むだけで取り外せる。流れに応じたオモリ交換は渓流釣りのキーポイントでもあり、私もオモリ交換は頻繁に行なう。ぜひ揃えておきたい即戦力アイテムだ。小型のカッターでも対応できるが、手を切るなどの心配があるので注意しよう。

・自転車チューブ

　サオを伸ばしたまま継ぎ目が固着してしまった時に大活躍する。自転車のチューブを10㎝四方の長さに切ったものをふたつ用意。これをサオに巻き付けて握れば、滑らずにガッチリと保持できる。たいていの固着箇所はこれで対処できる。

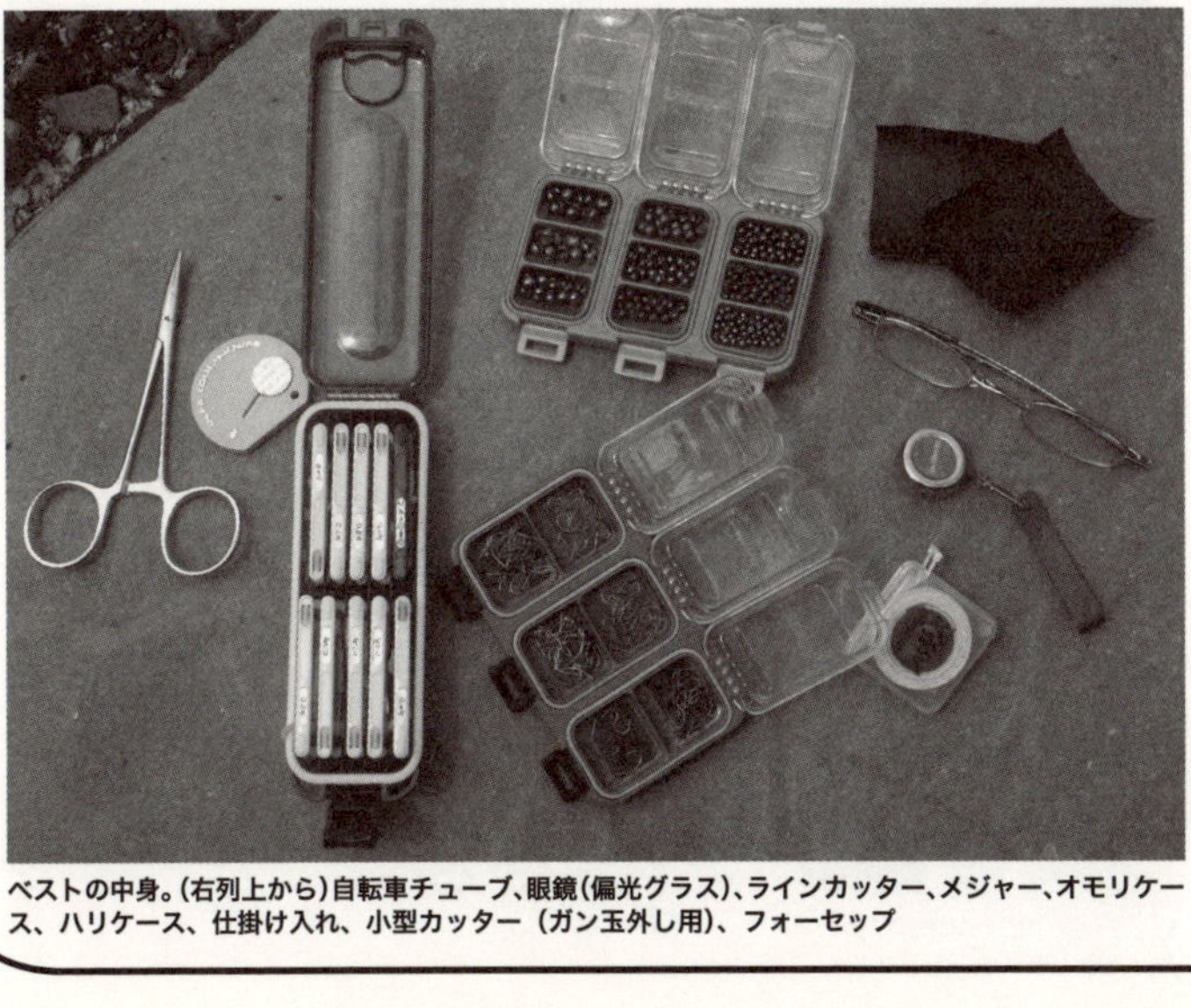

ベストの中身。（右列上から）自転車チューブ、眼鏡（偏光グラス）、ラインカッター、メジャー、オモリケース、ハリケース、仕掛け入れ、小型カッター（ガン玉外し用）、フォーセップ

# ウエア類

川を釣りあがる渓流釣りは運動量が多い。また、足場の悪い場所も多いため、専用装備が欠かせない。

最近の渓流釣り用のウエアは、高性能なスポーツウエアと比較しても見劣りしない機能性、快適性を兼ね備えている。デザインもスポーティーなものから、落ち着いたものまで幅広く取りそろえられている。時にはウエアが生死を分けることもある。ぜひとも専用のものをお勧めしたい。

〈ウエーダー〉

水に浸かって川を遡るため、最も厳選すべきは足まわり（ウエーダー）である。

ウエーダーには、身体にフィットするネオプレーン製と、着脱が容易なドライシールド加工やナイロンPVC加工の2系統がある。

ネオプレーン製は伸縮性に富んでいて体にフィットし、水中に入った際の抵抗が小さいのが特徴。保温性も高いので、シーズンを通じて使用できる。

一方、ドライシールド加工やナイロンPVC加工の製品は、着脱の容易さが最大のメリットである。特に防水性と透湿性を両立させたドライシールド加工は、

ドライシールド・ウェーダー XT
（シマノ）

リミテッドプロ・ジオロック
スリムウェーダー（シマノ）

夏場でも蒸れずに快適な釣りが楽しめる。

〈帽子〉

長年の経験からいって、帽子は必ず携帯したほうがいい。第一に、日差しを遮ってくれるので目が疲れず、目印が見やすい。そして少々の雨ならレインウエアのフードを出さずとも頭や顔、偏光グラスを濡らすことなく釣りが楽しめるからだ。

また、レインウエアのフードを被る時も、帽子がないとフードが頭にベチャッと張りついて非常に不便。なお、フードはキャップ（野球帽タイプ）と合わせることを前提としているのでハットタイプは不向きだ。

いろいろな素材があるが、綿よりもナイロン製のほうが濡れても重くならず、洗濯などのアフターケアも楽である。

〈シャツ〉

運動量が多く、水に濡れやすい渓流釣りでは、肌に触れる衣類は綿製品ではなく、ナイロンやポリエステル製を選びたい。これは水や汗の吸収性と蒸発性を考慮してのことで、綿製品はいつまでもジトッと濡れて不快なうえ、体温も奪い去ってしまう。

ポリエステル製のウイックテックス製品など、速乾性を重視した素材のものは、少々の汗をかいてもサラッとした着心地を保ち、快適な釣りをサポートしてくれる。また、アブや蚊、ブヨなどの害虫を考慮して、渓流釣りのシャツは半袖より長袖を選んだほうがよい。

〈アンダーウエア〉

快適な釣りをするためには、アンダーウエアの占める所は大きい。極端な話、下着類がキチンと整っていれば、その上に着る衣類があまり状況にマッチしていなくても、それなりに快適に過ごせる。肌にじかに触れる衣類なので、専用の製品を1度使ってみれば、快適性を即座に実感できること請け合いだ。

素材は各種あるが、いずれもポリエス

渓流では真夏でも長袖を着用するほうがよい

テル系繊維で仕立てられたサラッとした肌さわりが特徴。初期の寒い季節なら保温性の高いもの、夏場は速乾性に優れたものと、シーズンに応じたものを選ぶようにしたい。

〈レインギア／雨具〉

フィールドで大活躍してくれるのがこのレインギア（雨具）だ。雨から釣り人を守るのが本来の目的だが、防風性にも優れているので、パッと羽織れば高性能なウインドブレーカーにもなる。さらに下にフリースや薄手のダウンを着込めば、防寒用にも使える。1着3役の優れものである。

価格はおおむね素材によって決まる。快適に釣りを楽しむためには、価格は高くなるがゴアテックスやドライシールド性がおすすめ。

ゴアテックス LWTショートレインギア（シマノ）

〈フィッシングベルト〉

ドライシールド加工やナイロンPVC加工のウエーダーを着用する場合は必携である。万が一、水中で転んだ場合でも、ベルトを締めていることで水の浸入を最小限に抑えられる。そのほかにも、タモを差したりビクを付けるなどの用途に使う。どんなベルトでも代用できるが、渓流釣りの専用モデルはホルダーなどが付いていて便利だ。

フィッシングベルト（シマノ）

〈偏光グラス〉

底石の形状や川底の形状などから魚の着き場を効率的にチェックできる偏光グラスは、渓流釣りに欠かせないアイテムだ。さまざまな形状や色があり、レンズはガラスまたはプラスチック製。光量に応じてレンズ調光機能を備えたものもある。

購入の際は、安価な粗悪品は避けよう。少々値が張っても高品質なものがよく見えるうえ、目にも安心で長く使える。

各種偏光グラス

# 基本的な仕掛けの作り方

渓流釣りでは、開けた川を釣る時と、河畔林などに覆われた障害物の多い川を釣る場合がある。開けた川を釣る場合は基本的にサオ尻いっぱいまでの長さの仕掛けを使う。一方、障害物の多い川を釣る場合は、「チョウチン仕掛け」と呼ばれる、サオよりも短い仕掛けを使うことが多い。

〈基本の仕掛け〉

強度を考えると、仕掛けにはイトの結び目がない状態がベスト。逆にいえば、いかに結ばずに仕掛けを作るかである。ここでは6・1mのサオを使用した場合の仕掛けを紹介しよう。

仕掛けに使うイトは、長さ調節が可能な移動式天井イトと水中イトに大別できる。移動式天井イトと水中イトを別々に作り、携行する時はそれぞれ別のユニットとして収納している。釣り場の状況に応じて、現場でイトの太さやオモリのサイズを決めるからだ。

一般の渓流における例を挙げると、水中イトが0・4号までなら、天井イトには0・8号のナイロンラインを2・8mセットしている。また、天井イトの長さ調整部は、目印を15回ほど編みつけている。

なぜ長さ調節が可能な移動式にするかというと、たとえば根掛かりや根ズレの

基本の仕掛け

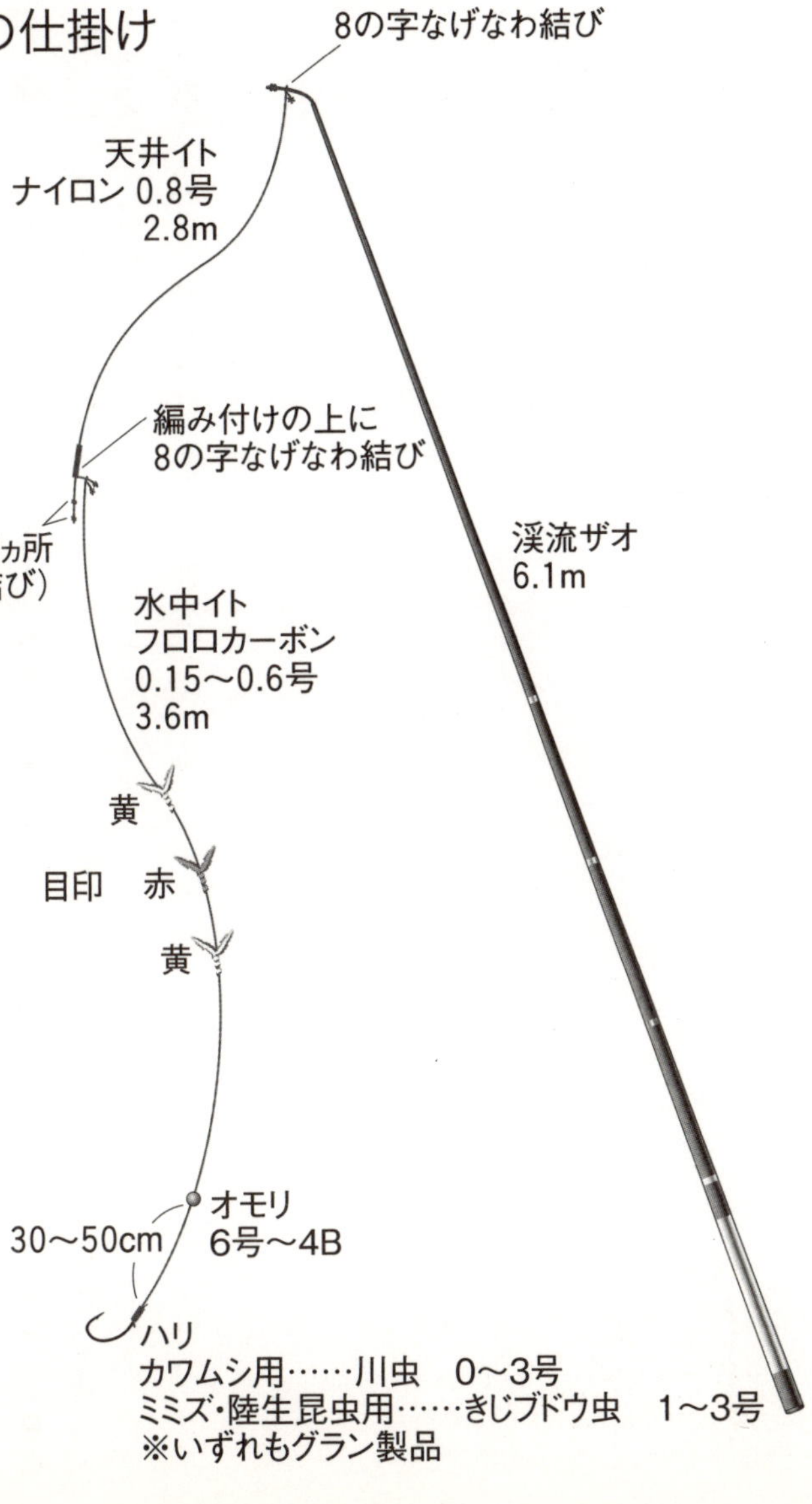

影響で水中イトが短くなった時に、取り付け部を下方にずらせば、常にサオと同じ長さの仕掛けを使用できるからだ。これについてはあとで詳しく述べるが、常に仕掛けの長さがサオと同じであれば、振り込み時にもコントロールしやすく、障害物周辺などへエサを送り込むのが容易になるからである。

次に水中イトだが、魚の大きさや現場の状況に応じてフロロカーボンラインの0・15～0・8号までを3・6m使用している。目印は仕掛けの上から黄色、赤、黄色の順である。

移動式天井イトと水中イトとの接続部分は、図のような取り付けをしている。結ぶのではなく、編み付けることで、イトの強度を最大限に発揮させることができる。水中イトを交換したい時はカットするしかないという弱点もあるが、また同じように結び直せば使うことができるので、さほど問題にはならないだろう。

## 天井イトと水中イトの接続

①編み付け部分が抜けるのを防ぐため、
天井イトの端に8の字結びで
コブを2個作る。

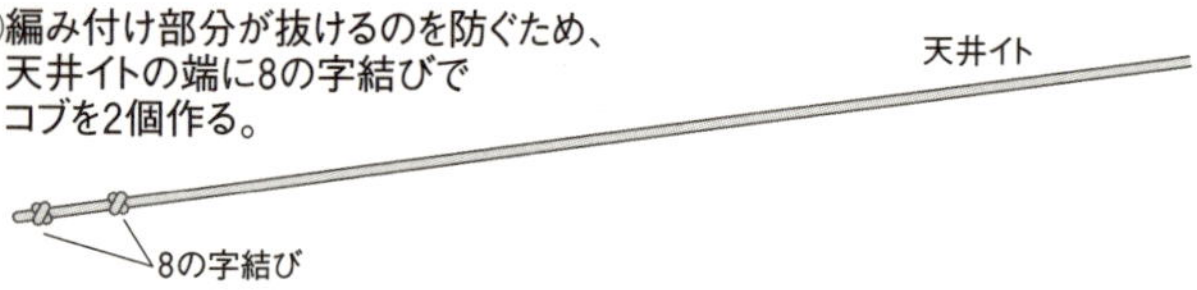


②目印用のイトを使って、天井イトに15回ほど編み付ける。
天井イトをピンと張っておくと作業がしやすい。

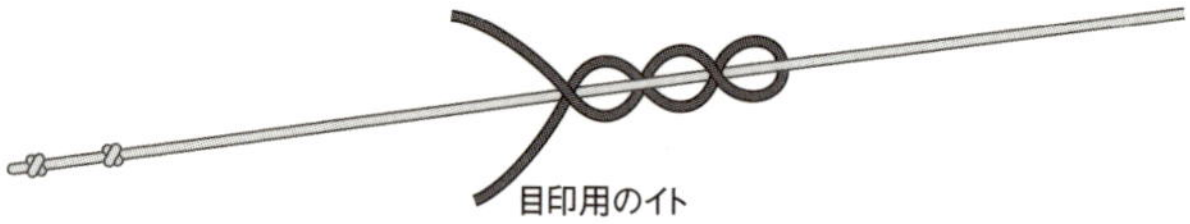


③編み付けが終わったら片結びで固定して、さらに2本ヨリで
2～3cmほどのヒゲを作る。
端を8の字結びでとめて余りをカット。

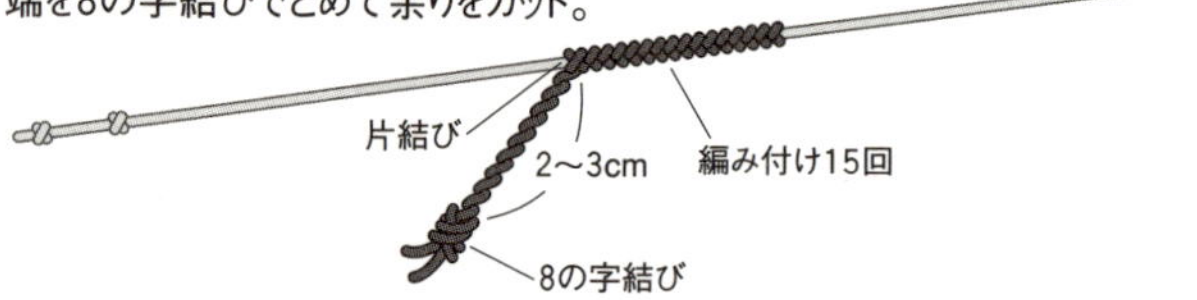


④このヒゲに、水中イトを「8の字投げなわ結び」（?ページ）
で結んで完成。編み付けの部分を前後に動かせば
仕掛けの全長を調整できる。

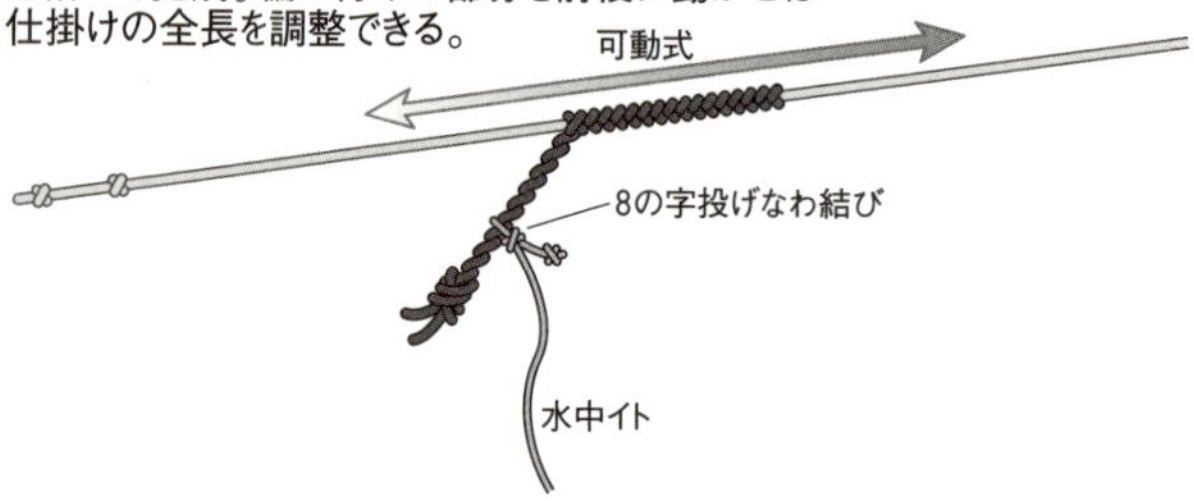


## 目印の結び方

①目印用のイトを
水中イトに絡めて片結び

②もう一度結んで、
余りをカットする

③

〈チョウチン仕掛け〉

河畔林などに覆われ、頭上の障害物が多い川では、サオを立てたり振ったりするのが難しい。そんな時にはチョウチン仕掛けを使う。

場所によってはサオ5m、仕掛け1mなんてこともある。チョウチンをぶら下げているような格好から、この名が付いたといわれる。

仕掛けの全長はサオの長さにもよるが、5・3mのサオの場合は仕掛けを3mほどにするのが目安である。この場合は天井イトを使わず、穂先からハリまで通しの仕掛けである。基本的には前記標準の水中イトと同様だ。ただ、仕掛けが短くイトの強度が必要なことから、イトの太さは0・4から1・0号くらいが目安となる。

## チョウチン仕掛け

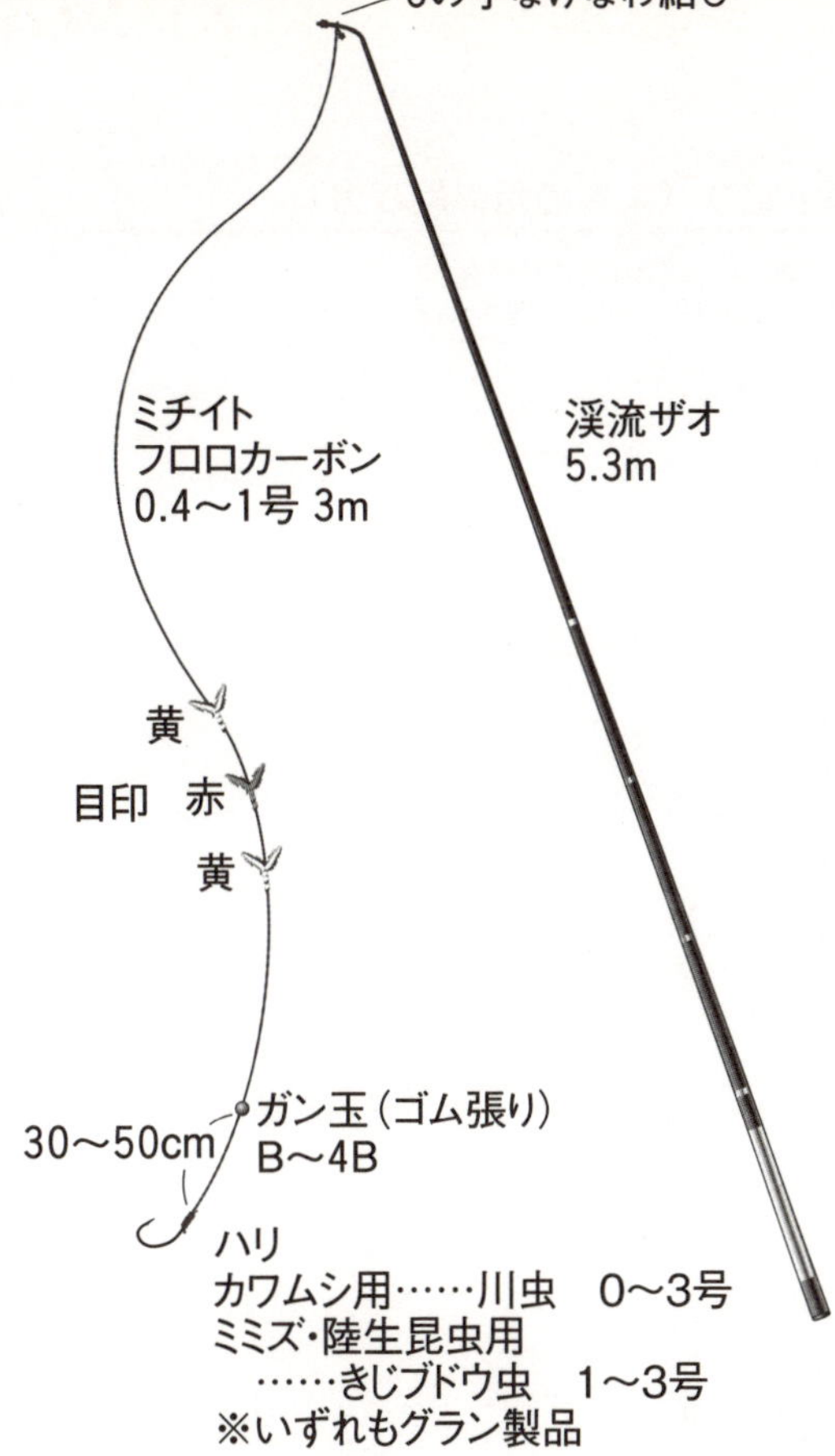


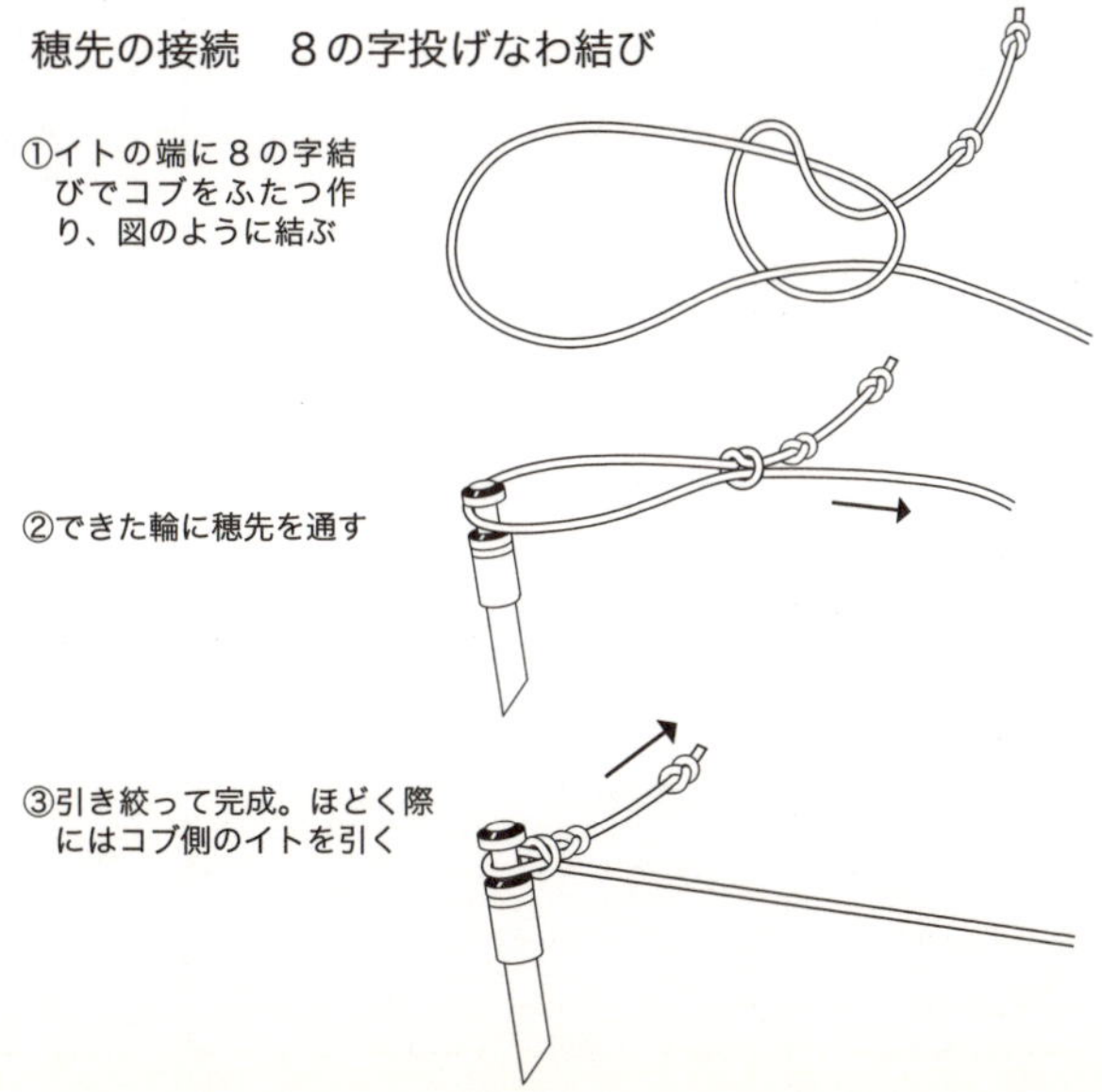

# ハリの結び方

## 変形郡上結び（大もの用の結び方）

①イトを2重にして図のように折り返す。
最後に2本ヨリを作るため、端イトは長めに出しておく

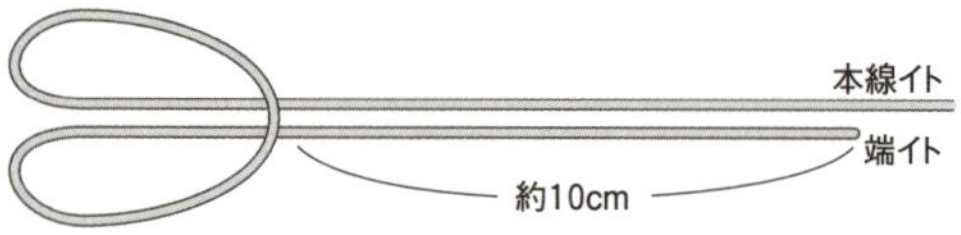


②イトの輪のなかにハリの軸を通して締める

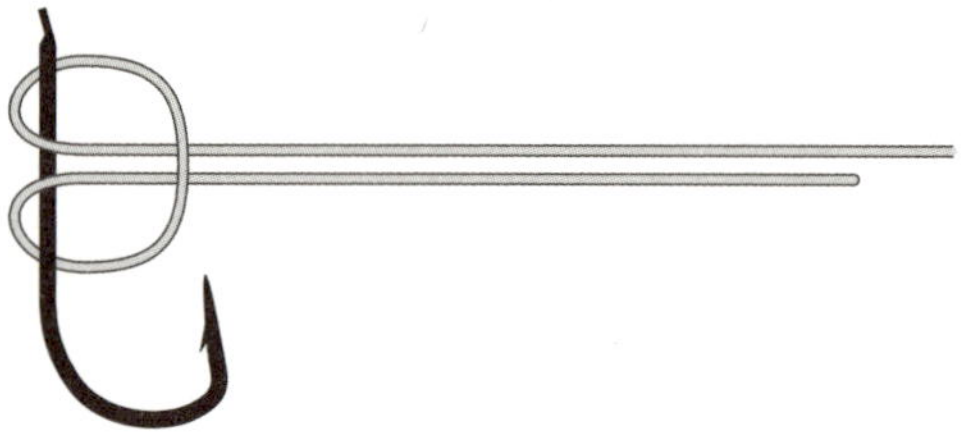

③本線イトと端イトを束ね、図のようにハリの軸に巻いて締める

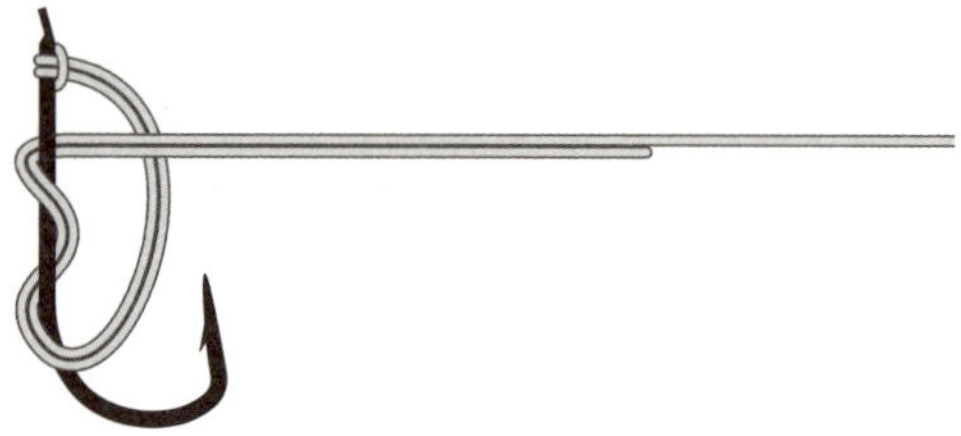

④さらに強度を高めるため、チモトの上のイトをより合わせる

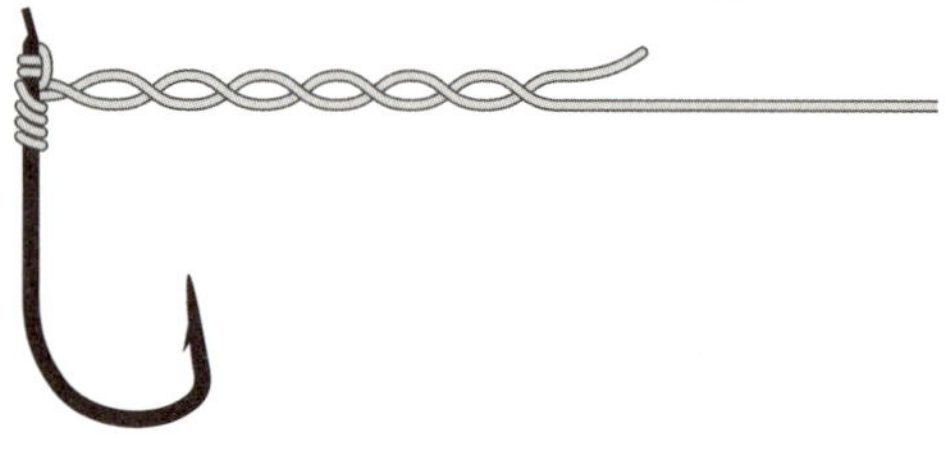

⑤2本ヨリを2〜3cm作ったら8の字結びでとめて、
余った端イトを切る

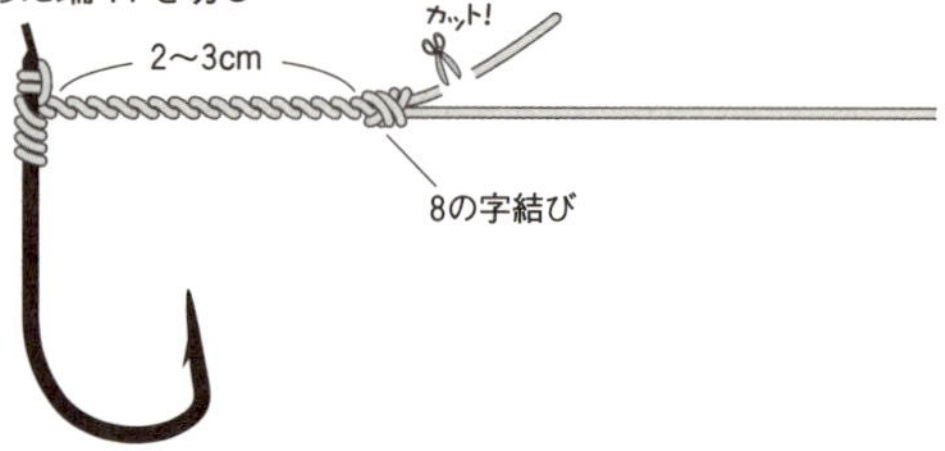


## 外掛け結び（通常の結び方）

❶

イトをハリ軸に当てる。

❷

端イトで図のように小さな輪を作り、ハリに当ててからしっかり押さえる。

❸

輪をしっかり押さえたまま、端イトをハリ軸と本線イトに巻きつけていく。本線イトを張った状態で行なわないと、本線イトがハリ軸から外れたり回り込んだりすることがあるので注意。

❹

巻く回数は4〜6回。

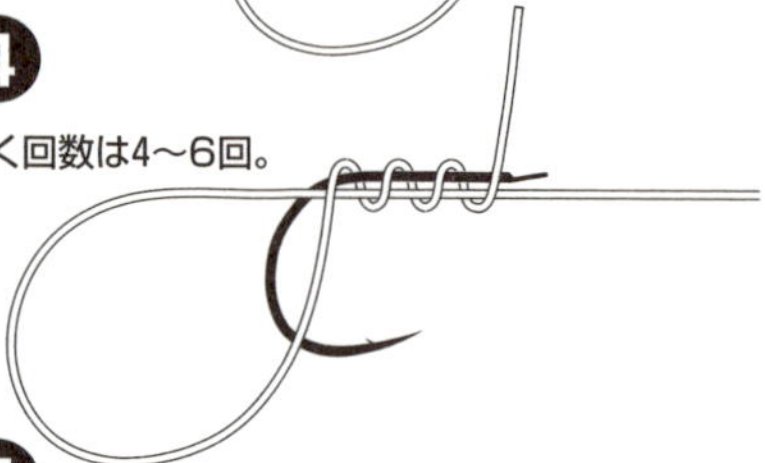

❺

端イトを折り返して2で作っておいた輪に通す。

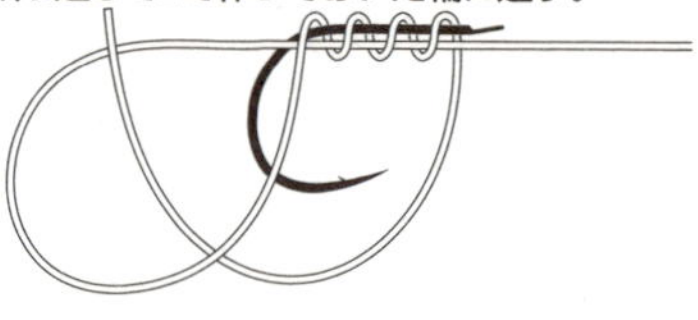

❻

本線イトをゆっくりと引き締め、端イトも締める。一度仮止めの状態から、本線イトがハリ軸（チモト）の内側から出るように調整し、しっかりと締める。余分なイトを切れば完成

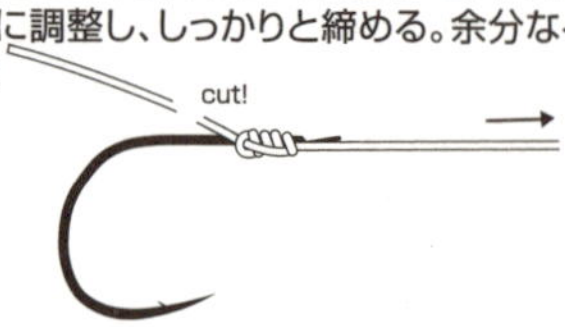

## エサ

渓流釣りで使うエサは、カワムシと呼ばれる水生昆虫が中心である。

カワムシは渓流魚が常にエサとして口にしているものなので、安定した釣果が得られるのが最大の強み。実践ではカワムシをベースに、キヂやブドウムシといったエサを補佐的に使うことが多い。

ただし、春先のカワムシの少ない時期には、キヂやイクラ、ブドウムシなどの市販のエサを使うこともある。陸生昆虫が盛んに活動する夏から秋にかけては、バッタやトンボなどをエサに使うことも多い。また、降雨後の増水時や大ものねらいでは、キヂを主力エサとして使用することもしばしばである。

### カワムシの採り方

カワムシ採りは、短時間でいかに効率よく行なうかが最大のポイント。種類別の生息場所を知り、大型捕獲網ですくうとロスがない。私は別名カジカ網とも呼ばれる大型網を使っている。

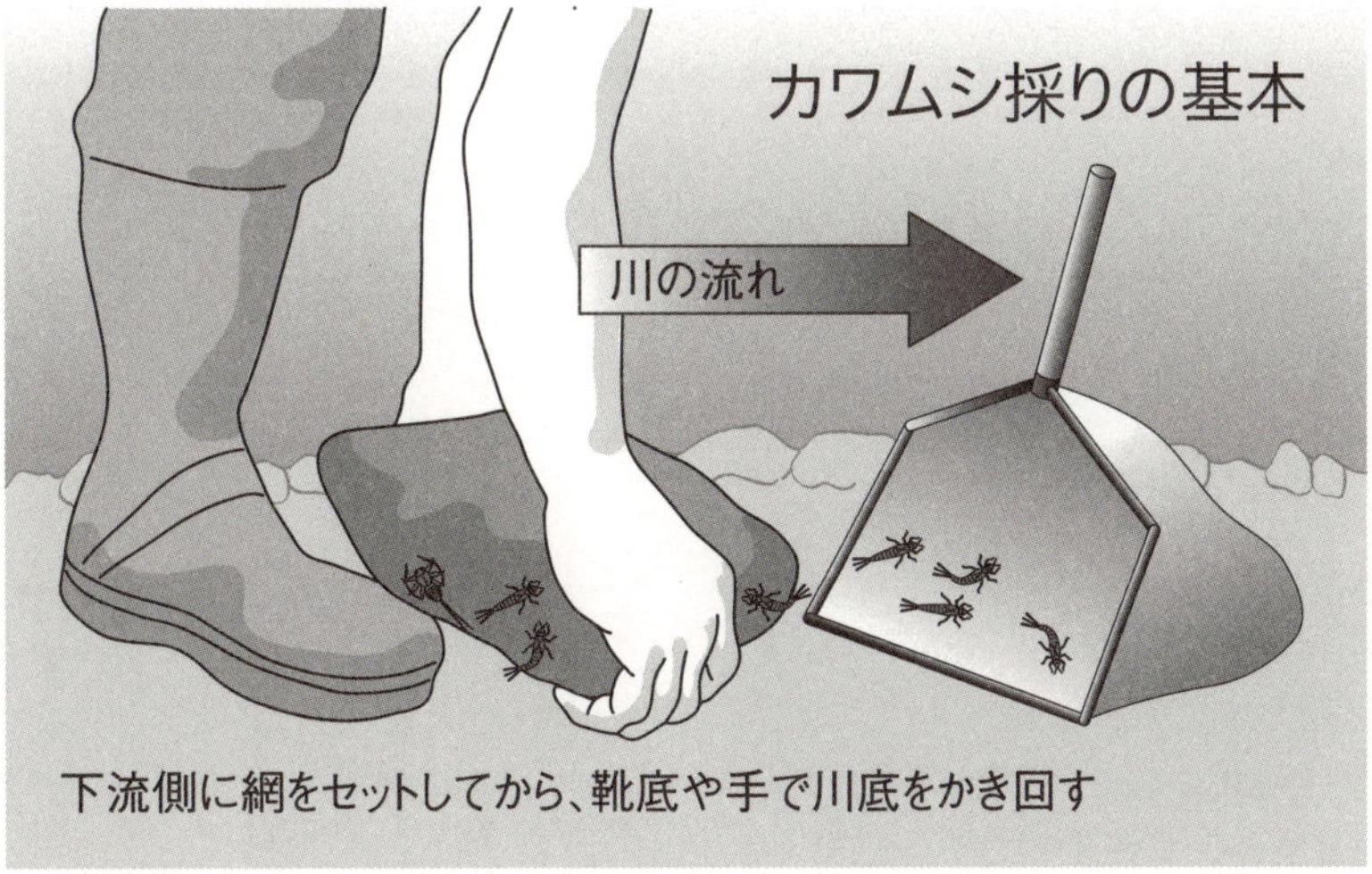
カワムシ採りの基本
川の流れ
下流側に網をセットしてから、靴底や手で川底をかき回す

### カワムシの種類

〈キンパク〉

カワゲラの一種。主に春先から初夏にかけてよく使われるエサ。姿形はオニチョロと似ているが、キンパクのほうが小さくて黄色く、体も柔らかい。比較的浅場の小砂利の底などにいる。そこに網をセットし、足で砂利底をかき回して捕獲。1ヵ所に数多くいるので、大量に捕れることもある。安定して食いがよい。

〈ヒラタ〉

ヒラタカゲロウの幼虫。渓流魚が好んで食べるエサである。ほぼ全国の渓流で高い実績を誇る。瀬肩や水を被っている石周り、水が流れ落ちる堰

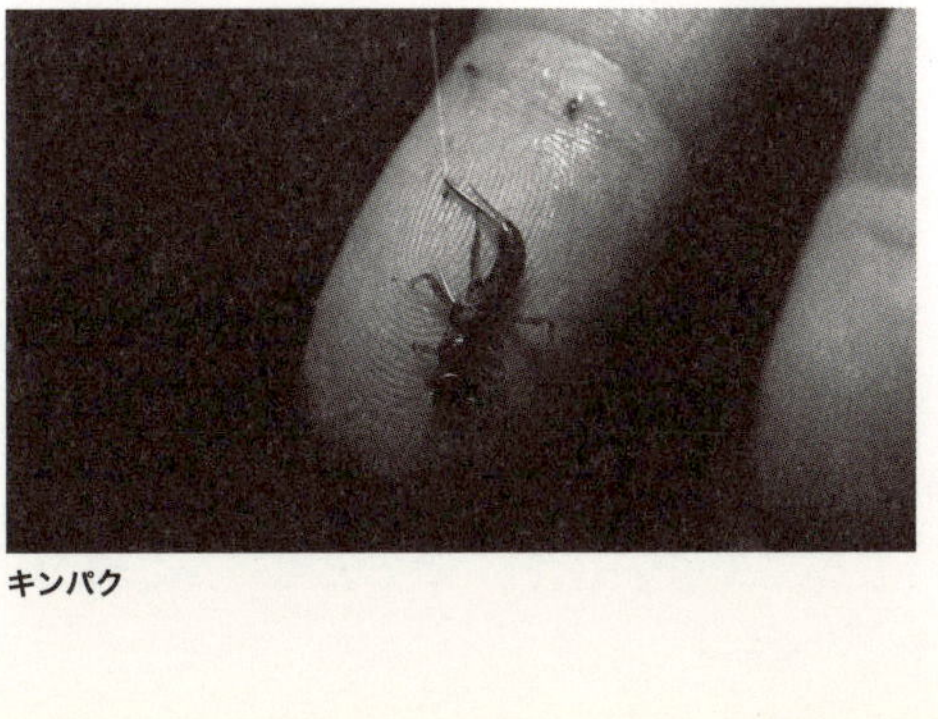
キンパク

ヒラタはチョロムシなどとも呼ばれる

堤の壁などによく見られる。

　捕獲方法は、下流側に網をセットし、足で石をかき回して捕まえるほか、ヘチマやタオルなどを手にして、水を被った石の裏、堰堤の壁などをなでて捕まえるとよい。


〈ピンチョロ〉

　水溜まりや支流の緩い流れ、本流ならアシの際などに大量発生するカワムシ。水中を小魚のように泳ぎ回るので、東北ではピンピンとも呼ばれる。棲みかを探し当てれば1度に大量捕獲することも可能。短時間でエサが確保できるのも大きなメリットだ。

ピンンチョロ

　水溜まりや緩い流れなら足で底をひと掻きして水を濁らせ、すかさず捕虫網を入れればOK。アシのキワに隠れたピンチョロを捕るなら、網でアシのキワをガサガサとさらう。

〈クロカワムシ〉


　トビケラの幼虫で、主に良型～大型魚が好むエサ。初夏からの大ものねらいで使用することが多い。川底の小石の裏などにミノムシのような巣を作るので、捕獲するには巣を壊して中の虫を捕まえる。

　大量生息地なら川底がガチガチに巣で固められていることもある。こんな場所では網をセットして、上流側の底石を足でグリグリと起こして川底をかき回し、流下した虫を捕える。

クロカワムシは、小石で作った巣の中に入っている

## カワムシの保存方法

　採取したカワムシはエサ箱の中に入れて保存するのが基本。水ゴケやオガクズなどを一緒に入れておくと弱りにくい。水ゴケは花屋や園芸ショップなどで売っている乾燥タイプのものでOK。これを適当に千切り、川の水に浸けて戻したら軽く水分を切ってエサ箱に入れておく。オガクズは製材所で入手したものを使ってもよいが、近くにない場合は、ペットショップで売っているハムスターやウサギのトイレ用のものでも問題ない。

　このエサ箱を氷の効かせたクーラーに入れて保存すれば、カワムシの鮮度を長時間キープできる。

　車移動の間はクーラーに入れて保存して釣り場に着いたらエサ箱を出し、釣り終わったら再びクーラーに入れることを習慣づけると、常に新鮮なエサでターゲットに臨める。

　特に気温が上昇してカワムシが弱りやすい夏場ほど、これを徹底しよう。また、2～3日保存するのであればエサ箱ごと冷蔵庫に入れてしまえばよい。

## 釣りに出かける前に

〈河川選び〉

いざ釣りに出かけようと思っても、ビギナーのうちは、どこに行ったらよいか戸惑うのではないだろうか。

近くに有名な河川やポイントがあれば、まずはそこに出かけてみることである。できれば、渓流釣りに詳しい先輩などに同行させてもらうのが手っ取り早い。しかし、近くに手頃な釣り場がなく、案内してくれる先輩もいない場合は、雑誌などで徹底的に情報収集してほしい。そして、ポイントガイドで自宅近くの渓流を探してみることだ。漁協や釣具店などに現状を問い合わせる方法もある。

また、各漁協では渓流魚の放流量を公開しているので、その量によって魚影の濃さを判断することもできる。毎年2月ごろに釣り雑誌で発表される漁協の放流情報は大いに参考にすべきだ。

はじめのうちは、同じ渓流に通うことをお勧めする。ひとつの渓流に1シーズン通して通うことで、季節や水温・気温の違いなどによるポイントの変化を覚えることができる。通い続けることで川や渓流魚の雰囲気が分かり、上達も早いはずだ。

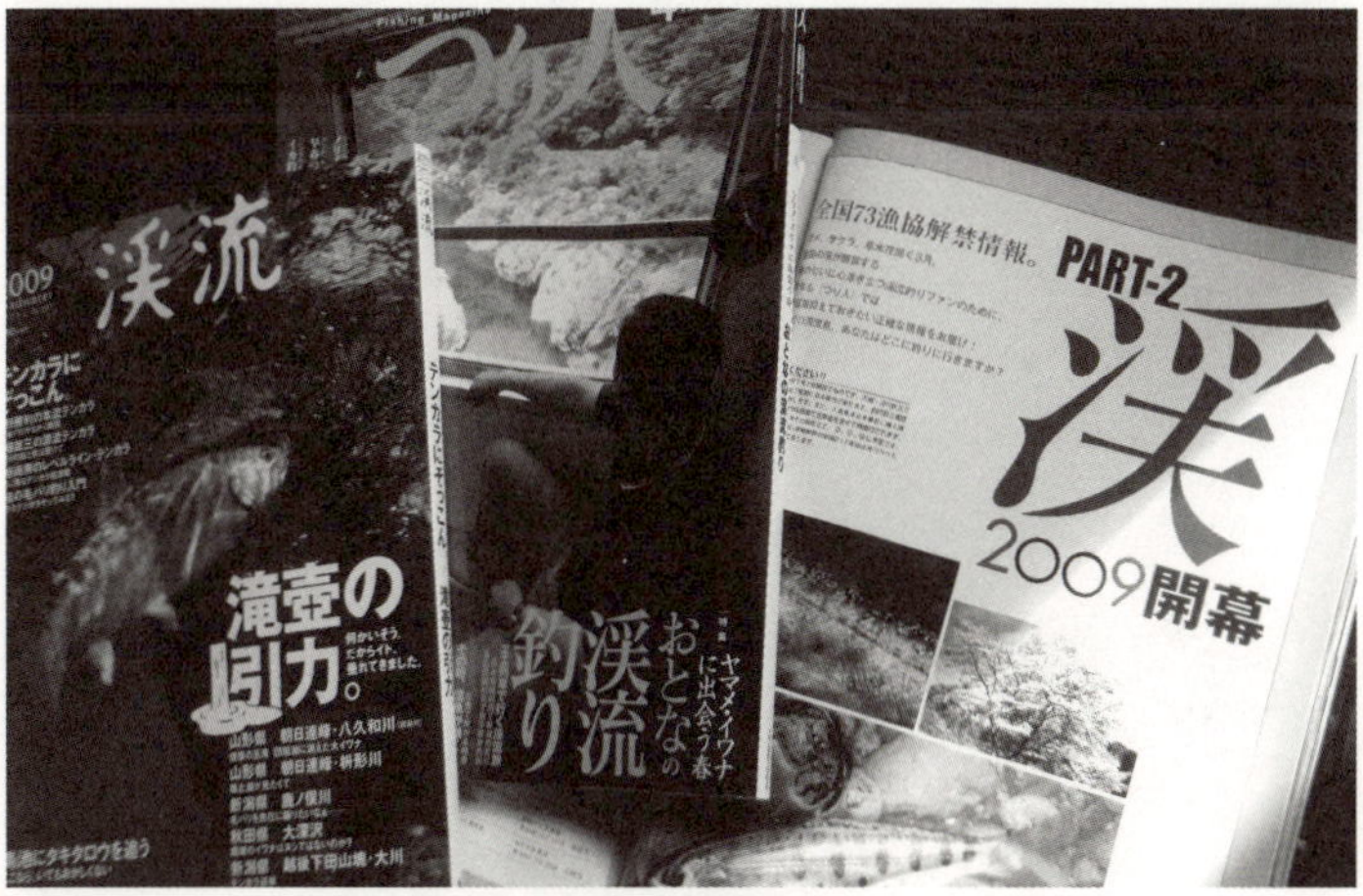

雑誌やインターネットなど多方面からの情報収集を心がけたい

〈天気・雨量・水位のチェック〉

釣り人の多くは、出かける前に天気をチェックするだろう。渓流釣りは自然のなかで楽しむ遊びだからだ。逆にいえば天気に左右されることが多いのである。前述したように安全面、そして釣果にも影響する。だから、誰しも天気が気になる。

私は釣行に行く前に必ず、当日の天気や気温、風速などを調べてから行くようにしている。晴れていても、嵐のような風が吹いては釣りにならない。

もうひとつ参考にしているのが、ここ数日間の天気と降雨量、河川水位である。釣行当日の天気がよくても、直前にかなりの雨が降っていれば河川は泥濁りで釣りにならない。逆に数日前に降水があり、河川水位が徐々に下がっている途中であれば、渓流魚の活性が高く、ビッグチャンスということになる。また、ダムのある河川では、天気がよくて降雨がなくても、何らかの理由でダムの放水量が増えれば釣りにならないこともある。

最近はインターネットでリアルタイムに降水量や水位の変化が見られるようになった。安全のためにも大いに参考すべきである。できればよい釣りをした時の水位を記録しておくと、その河川の渓流魚が活性化する水位が分かり、次回以降の釣りの参考になるだろう。

# 釣り場に着いたら

〈駐車〉

さて、車を走らせてようやく釣り場に着いた。まず注意が必要なのは、駐車する場所である。山間部の釣り場では車を止めるスペースが少ないことが多い。田んぼの農道や畑の入り口など、農作業の邪魔になるような場所への駐車は厳禁である。

また、落石や倒木が起きそうな所も避けることが大事だ。川まで少し遠くても、安全で地元の方々に迷惑の掛からない所に駐車しよう。

駐車場所に気を配るのも渓流釣りのマナーのうち

〈入川・入渓点〉

ウエーダーに履き替え、サオなどの道具を持ったら、いよいよ釣り場へ。河畔林の少ない平坦な川であれば、どこからでも入川は可能だろう。

問題は、両岸が崖状に発達しているような場所での入川である。釣り人がよく入っている川であれば、道路脇に駐車スペースがあるような所には踏み跡があり、川まで続いていることが多い。

この踏み跡も見つからない時は、勘と経験で入川できる地点を探さなければならない。やみくもに下降すると、下が崖になっていたりして危険である。

こういう場合に2万5000分の1地形図が役立つ。等高線の間隔が広い箇所、つまりできるだけ傾斜の緩い所を下降すれば、安全に川に下りることができるだろう。

また、ヤブの多い川へ入る場合にも注意が必要である。すぐそこに川があるのだが、ヤブに阻まれてなかなか進めない、ということがある。特にノバラやニセアカシアの群生は最悪だ。私も無理して進んだためにウエーダーに穴を開けたことが何度もある。急がば回れである。

こういったことを念頭に置き、帰路も注意してルートを選ぼう。

## 釣りのフォーム

渓流釣りでは構えが大切だ。「フォーム」と言い換えてもよい。渓流釣りにおいて精度の高い「振り込み」や「流し」を行なうためには、それなりのフォームが要求される。

まず、サオの持ち方。これは片手持ちと両手持ちがあり、使用するサオの長さによって変える。腕力にもよるが、5・3m以下のサオは片手持ち、6m以上ならば両手持ちが基本である。

片手持ちの場合は、手首の負担を軽減するためにサオ尻を5㎝程度余らせて持ち、それを手首にかけて支える。こうすると疲れないうえ、目印もぶれることなく仕掛けを流すことができる。

6m以上のサオを使う場合は、両手持ちが前提となる。このクラスになると重量やサオを振った時の抵抗が大幅にアップするので、片手で操作するのはかなり

両手持ちの場合は、利き手（サオ尻を持つ手）側の足を引いて構える
片手持ちではスタンスが逆になる

厳しい。持ち方は、利き手でサオ尻を軽く握り、反対の手を軽く前に添えるようにする。

片手持ち、両手持ちのいずれの場合も力いっぱいサオを握るのではなく、リラックスして握り、脇を締めるのが基本である。脇が甘いとサオをしっかり保持できず、穂先が震えて目印がぶれるばかりか、仕掛けが引き戻されてエサが不自然に動いたりするので注意が必要だ。

足のスタンスは、片手持ちの場合はサオを持つ側の足を半歩くらい前に出し、これを軸脚にして構える。利き腕が右なら、右足を前に出す。フェンシングの突きと同じように、前寄りに重心を置いて構えるわけだ。

ところが、両手持ちだとスタンスは逆になる。サオ尻を握っているほうの足を半歩ほど引き、それを軸脚にして構えるのが基本である。つまり、重心を後ろに置いた姿勢になる。

また、上半身の体勢は、背筋を伸ばす人、わずかに猫背で流す人がいる。私は普段でも猫背ぎみなのだが、片手持ち、両手持ちともやや背中を丸めた体勢で釣りをしている。この体勢だと、渓流魚の俊敏な動きに対処しやすい気がしている。いずれにせよ、自分にあったフォームを身につけることだ。

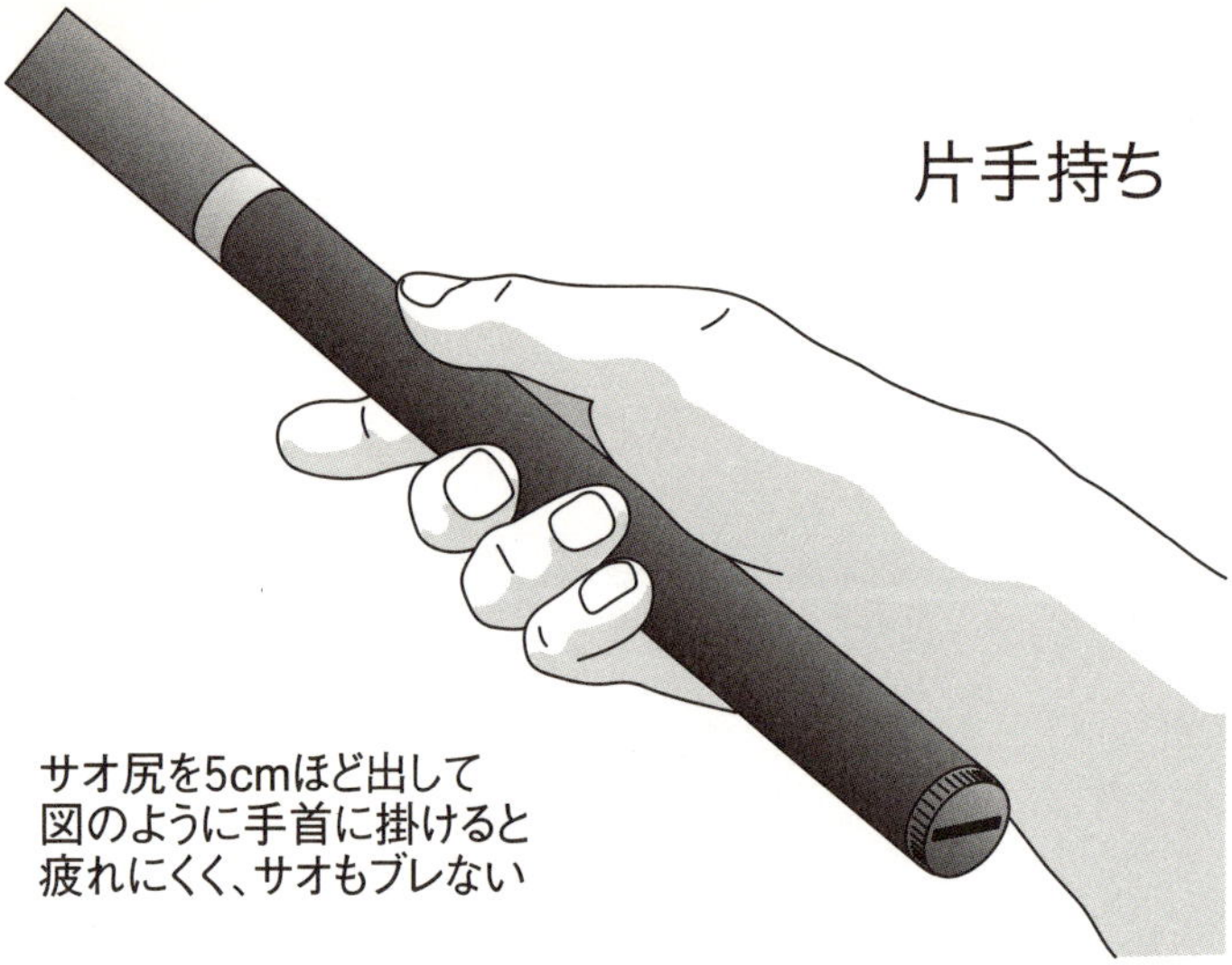

サオ尻を5cmほど出して
図のように手首に掛けると
疲れにくく、サオもブレない

# 仕掛けの投入方法

渓流釣りは流れのスジを見極めてエサを投入する。そのスジを少しでも外れると、エサはそのまま流れることになる。外れたスジを流れるエサに対して、魚は警戒心を抱く。自然にエサが流れるスジと異なるからだ。

たとえ反応したとしても、違和感を感じたらすぐに放してしまうことが多い。こんな時は「ツン」といった短いアタリが出るだけで、なかなかハリ掛かりしないものだ。だからこそ、振り込みやキャストは重要なテクニックである。ソフト&スムーズに、ねらったポイントへ1発で決めるようにしたい。

渓流域で使う振り込みには、横から振り込むサイドキャストと、下から振り込むアンダーキャスト、そして、チョウチン仕掛けで使う送り込みの3種類がある。

いずれの場合も、力を入れすぎないようにできるだけサオの弾力を利用し、ねらったスポットにソフトにフワリと落とすことが大事である。

なお、途中で失敗したと思ったら、仕掛けがポイントに落ちる前に振り込みをやめ、サオを立てて再度振り込み直すほうがいい。

## サイドキャスト

渓流釣りで最もスタンダードな振り込み法といえるだろう。開けた川で多用することが多い。中長距離をねらうのに適しており、短ザオ、長ザオどちらの振り込みにも向く

①手に持った仕掛けを放し、サオを立てて仕掛けを張る。この「張る」という動作によって、軽いオモリでもロングキャストが可能になる

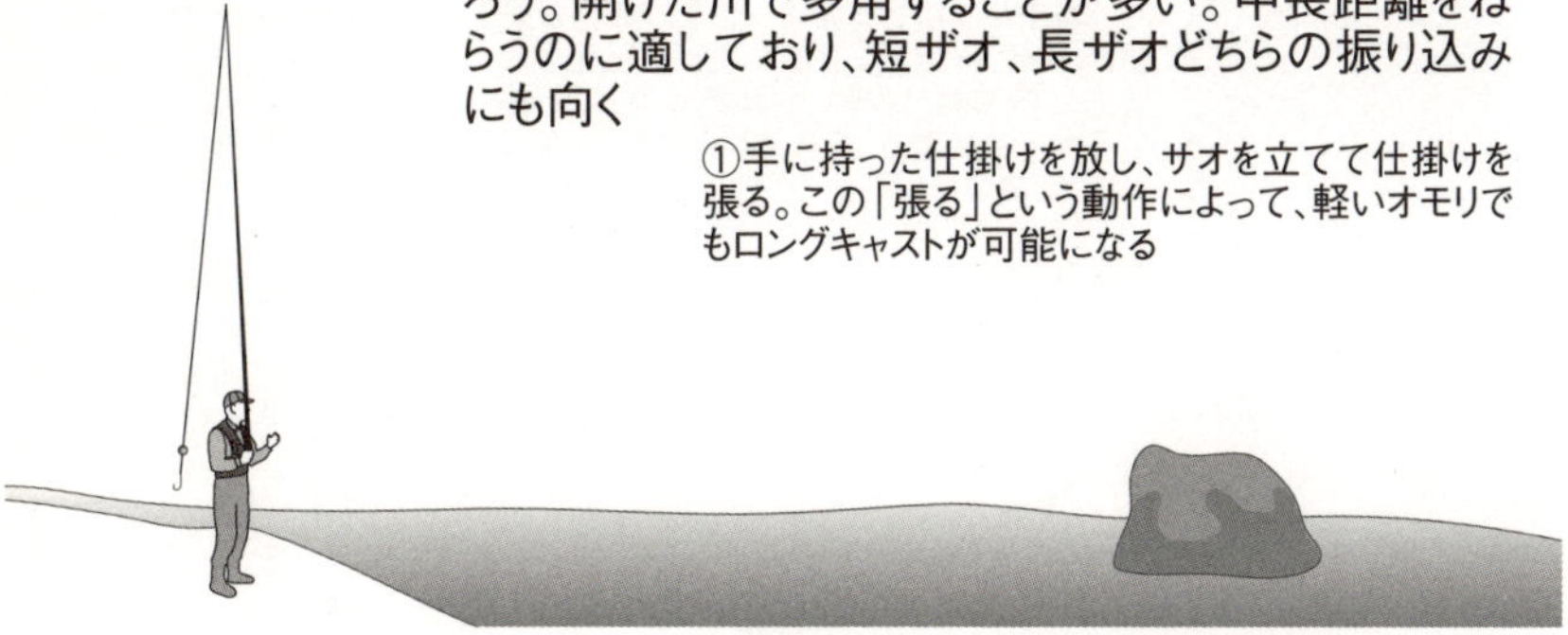

②仕掛けを張ったら、力を入れてサオを曲げながら振り込む。両ひじをあまり開かないように注意。力を入れるのは最初だけで、あとはフォロースルーに向けて力を抜いていく。視線はねらったポイントに向けること

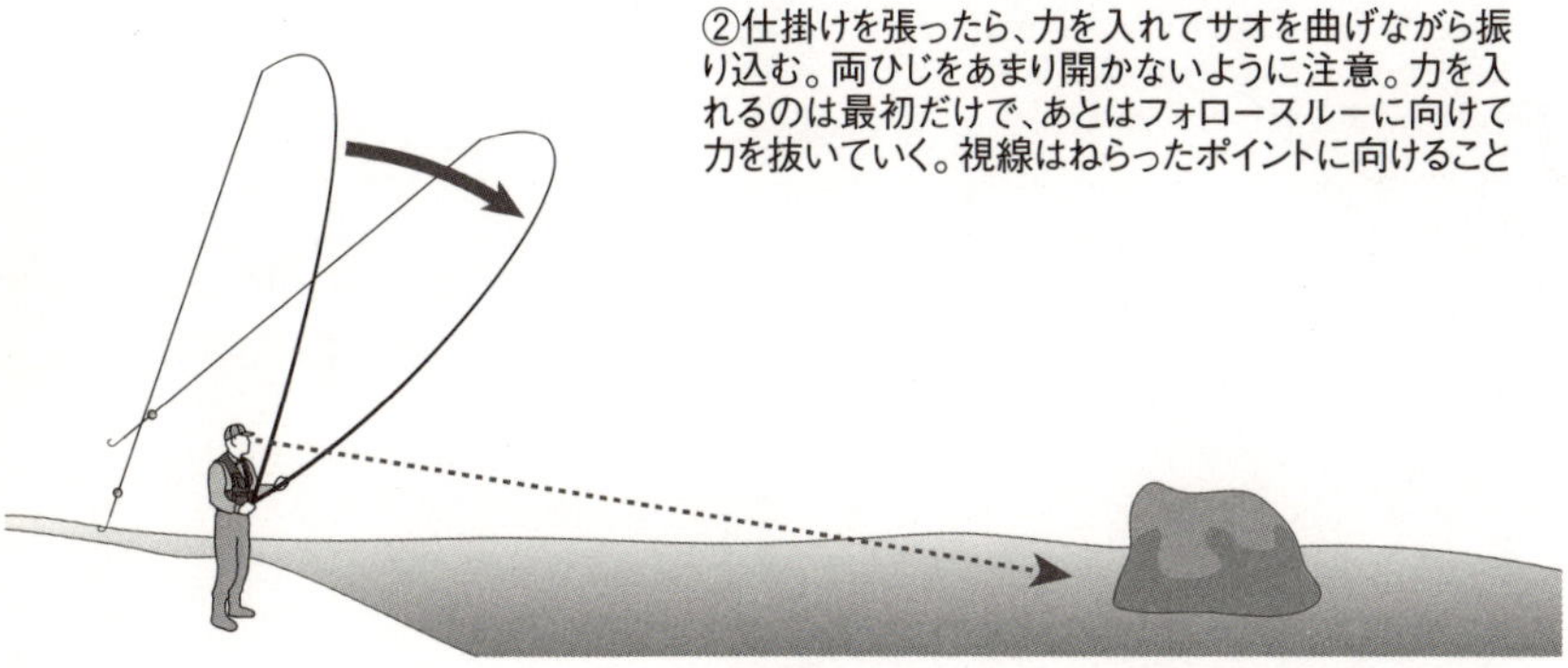

③ねらったポイントの少し手前でサオを止めると、蓄えられたパワーが仕掛けに伝わってポイントへ飛ぶ。ねらったスポットに仕掛けがフワリと落ちればOK

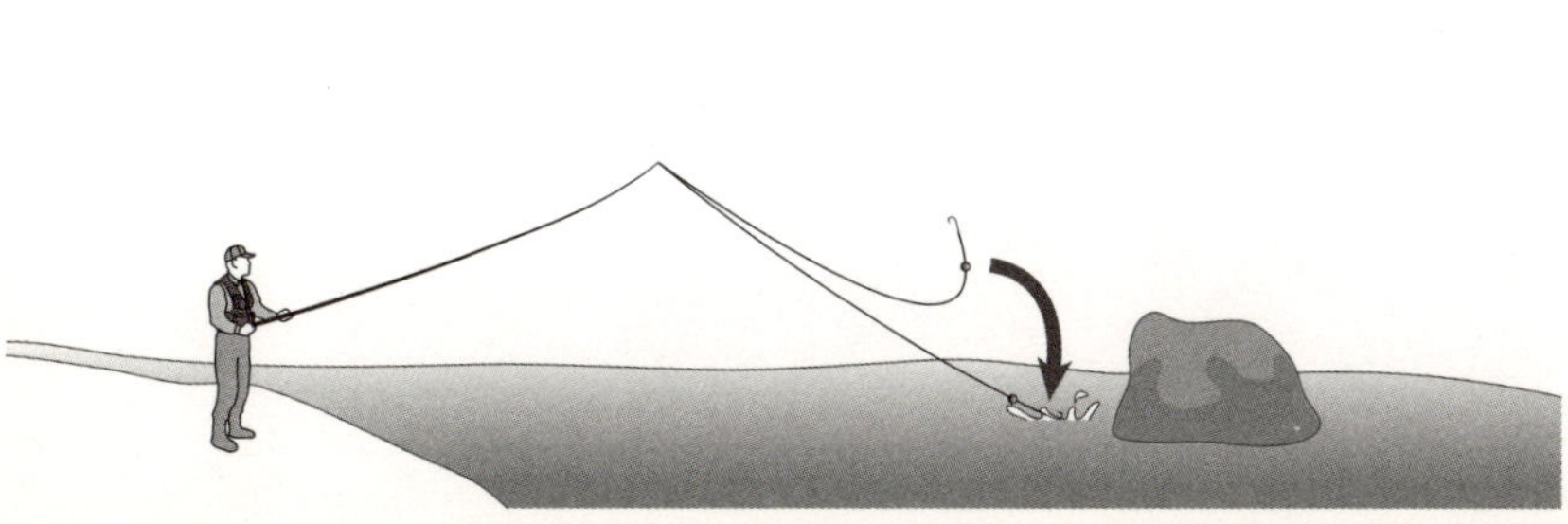

〈アンダーキャスト〉

手首のスナップとサオの弾力を使って仕掛けを飛ばすのがアンダーキャストだ。左右にボサなどがあってサイドキャストができない場合、またはピンスポットへ正確に打ち込む場合など、活躍の場は多い。

〈送り込み〉

ミャク釣り仕掛けで多用する方法。ボサが多い小河川や源流域で使うことが多い。仕掛けがサオよりも短く、重いオモリ使用に向く。

## アンダーキャスト

手首のスナップとサオの弾力を使って仕掛けを飛ばすのがアンダーキャストだ。左右にボサなどがあってサイドキャストができない場合、またはピンスポットへ正確に打ち込む場合など、活躍の場は多い

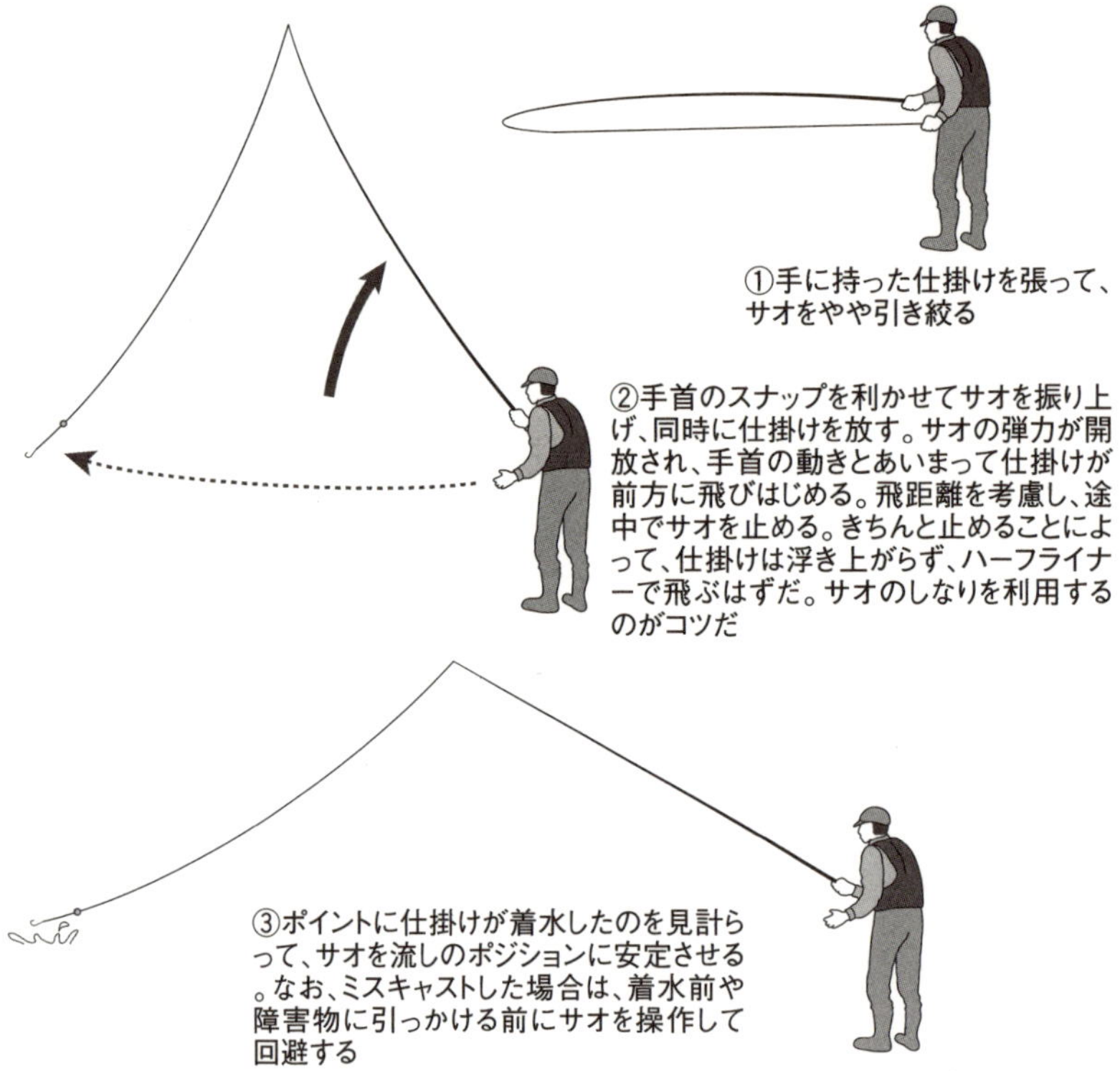
①手に持った仕掛けを張って、サオをやや引き絞る
②手首のスナップを利かせてサオを振り上げ、同時に仕掛けを放す。サオの弾力が開放され、手首の動きとあいまって仕掛けが前方に飛びはじめる。飛距離を考慮し、途中でサオを止める。きちんと止めることによって、仕掛けは浮き上がらず、ハーフライナーで飛ぶはずだ。サオのしなりを利用するのがコツだ
③ポイントに仕掛けが着水したのを見計らって、サオを流しのポジションに安定させる。なお、ミスキャストした場合は、着水前や障害物に引っかける前にサオを操作して回避する

## 送り込み

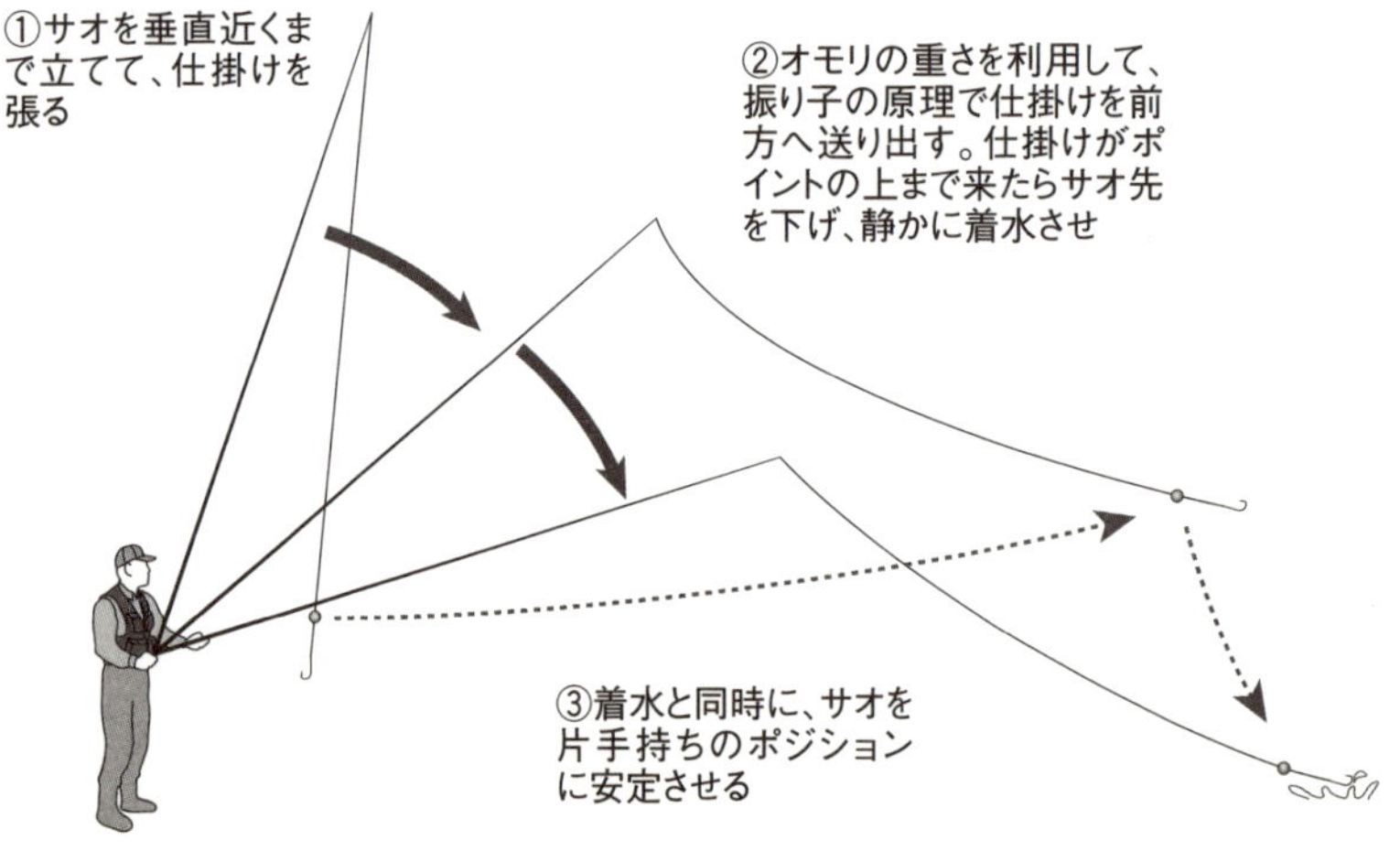
①サオを垂直近くまで立てて、仕掛けを張る
②オモリの重さを利用して、振り子の原理で仕掛けを前方へ送り出す。仕掛けがポイントの上まで来たらサオ先を下げ、静かに着水させ
③着水と同時に、サオを片手持ちのポジションに安定させる

## ポイントごとの釣り方／基礎編

# 釣り場を把握する

〈エリアの観察〉

さて、目的の河川に着いた。事前に雑誌等で情報は収集してきた。大方の場所は分かる。それでは、とすぐに入川するのではなく、できれば付近一帯の流域を観察してほしい。

私は、初めて訪れた河川では車で移動しながら川を見ることから始める。そして、まず釣りをどの辺で切り上げるかを決める。1日釣りをして薄暗くなってきたが、両岸は崖でとても登れそうにない……というのでは困ってしまうからだ。安全に渓流釣りを楽しむために、必ず釣りの終点を決め、帰路を確認しておくことが大事である。

同時に、先行者の有無もこの時点で確認する。自分が入ろうとしている近くにも入川箇所があり、そこに車が停車していたなどということがよくある。先行者がいるといないとでは、魚の着き場や活性、釣り方が変わってくる。

渓流域での釣りは、先行者の有無によって釣果が大きく左右されると考えよう。先行者がいなければセオリーどおりのポイントにサオをだせばよいが、そうでなければサオ抜けのポイントを選ぶなどの工夫が必要になる。他の釣り人がいる場合は思い切って移動し、できれば誰もいない区間を釣るようにするのがベストだろう。

また、同じ川のなかでも、魚が多く生息しているエリアと少ないエリアがある。これには様々な条件が関係するので一概にはいえないが、同じ河川に何度か通うことで、魚影の多寡がわかるようになる。大ものの着き場も自然と見えてくるだろう。最初の釣行では、エリアを変えながら川全体の雰囲気をつかむ、というくらいの楽な気持ちで臨むのがいいだろう。

〈ポイントへのアプローチ〉

渓流釣りはポイントへのアプローチで釣果に大きな差がつく。ポイントに近づく時はできるだけ静かに、そしてできるだけ遠くから、しかも必ず手前側のポイントから釣ることを心掛けて

釣りを始める前に、川の状況や先行者の有無を確認

どのような場所でも、水際には不用意に近寄らないこと

ほしい。

いきなりポイントの近くに立ってしまうのは、警戒心が強い渓流魚にわざわざこちらの存在を知らせるようなものだ。釣り人の姿に気づいた魚はたちまち岩の下に隠れて、エサを流しても食ってくれないだろう。不用意に釣り場に立たないことである。また、渓流魚は音にも敏感だ。なるべく足音を立てないように歩くことも大事である。

渓流の魚たちは主に上流から流れてくるエサに注意を払っている。だから、その位置より下流からサオをだすように心掛ける。アプローチで大切なことは、正確に魚の着き場を把握し、そこよりも下流に立ち、サオをだすことである。基本的なことだが、これを徹底すれば釣果がぐんとアップする。

ポイントごとの釣り方／基礎編

# 魚の着き場と攻め方

どんな釣りでもそうだが、いくら美味しそうなエサを流しても、そこに魚がいなければ釣れるわけがない。まず、魚の居場所を知ることである。

　基本的には、ヤマメもイワナも川のなかの変化する場所を好む。変化というのは、「流れ／地形／障害物」の３つが主な要素と考えればよい。簡単にいうと、渓流魚が身を隠しやすく、しかもエサを捕食しやすい場所にいるのだ。

　「ヤマメは流れに着き、イワナは石に着く」という言葉がある。同じ渓流域に住む魚でも、ヤマメとイワナの着き場はポイントごとに微妙に、かつ決定的に違うのだ。詳細については後述するとして、ここではヤマメを例にとり、基本的な着き場とねらい方について説明しよう。

〈ヤマメの着き場〉

　川の流れというのは、一様に流れているようでも実際は上層のほうが速く、底に近づくほどゆっくりと流れている。底層部には底石などの抵抗物があるため、その影響で流れの速度が変わるのだ。

　ヤマメが最も好むのは、流れの弱い底層部である。最小の運動量で定位でき、しかも外敵に襲われることもなく、いちばんエサが取りやすい位置なのだろう。したがって、魚の居場所は「底層から中層」が基本だと考えておけばよい。かなり流速があって魚などいないように思える流れでも、実は底層の流れは緩やかで、渓流魚にとっては快適空間、なんてことも少なくない。

　ポイントの見極め方は経験による所が大きく、一朝一夕とはいかないものの、流速はひとつの目安になる。ヤマメが好むのは、「中くらいの速さの流れ（その川の最速の流れと、最も遅い流れの中間）

## 地形の変化

川底に大石が点在するエリアはヤマメの好ポイント

底のエグレやカケアガリになっている場所も
好んでつくポイント

## 流れの変化

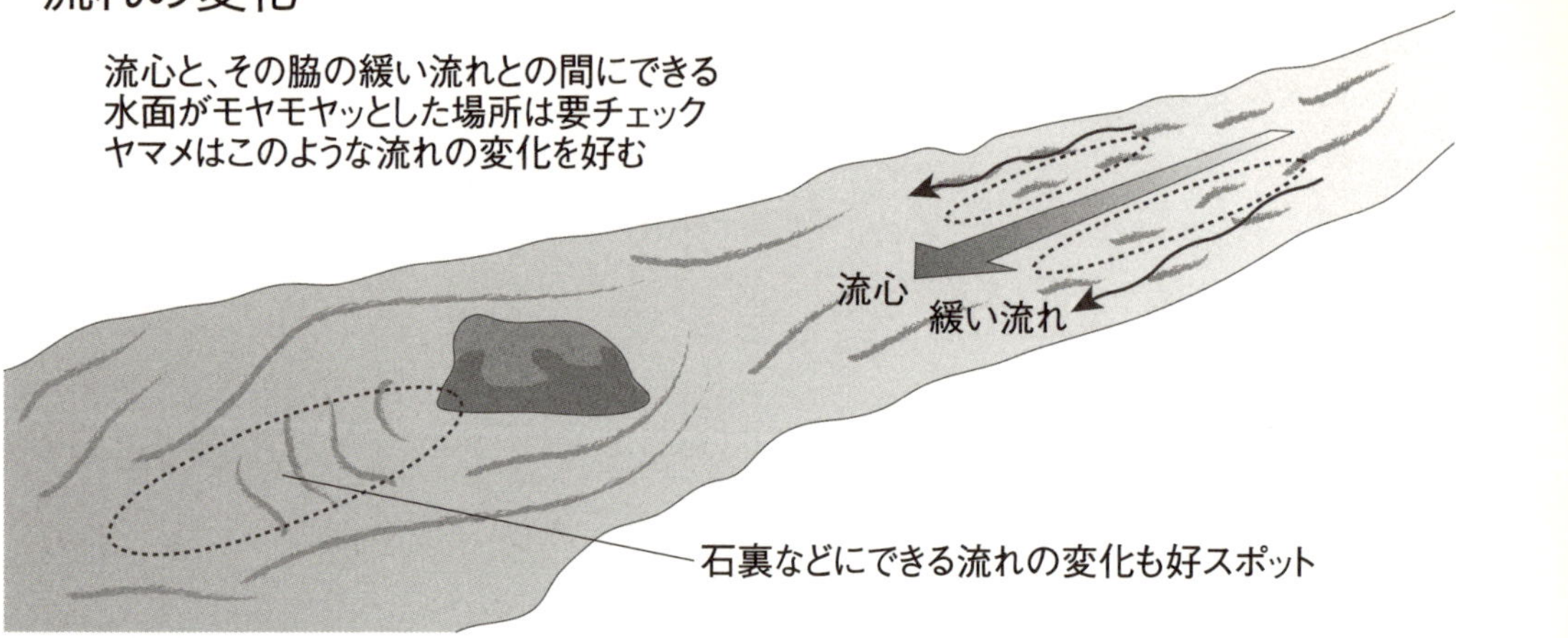
流心と、その脇の緩い流れとの間にできる
水面がモヤモヤッとした場所は要チェック
ヤマメはこのような流れの変化を好む
流心
緩い流れ
石裏などにできる流れの変化も好スポット

## 障害物の変化

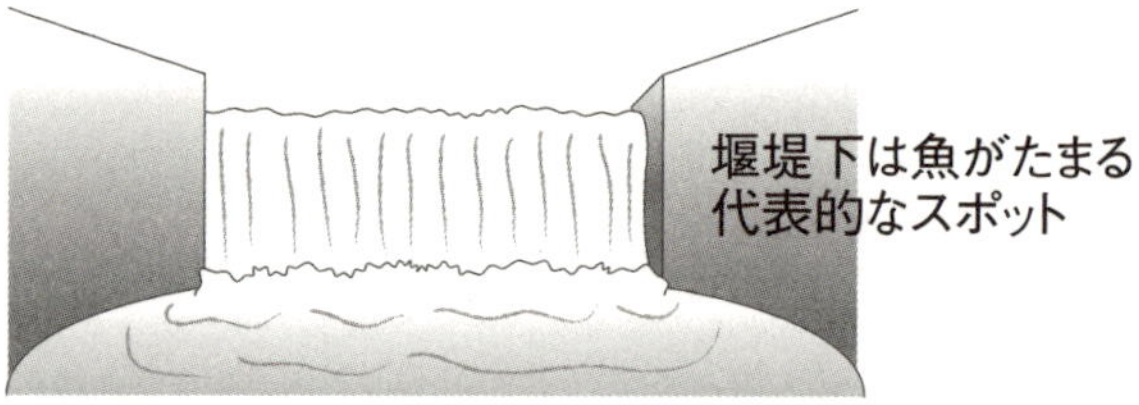
堰堤下は魚がたまる
代表的なスポット

テトラや大岩なども多くの魚が身を寄せる障害物
テトラ
大岩

から、速い流れにかけての部分」であることが多い。つまり、流れの速さが変化する場所である。

　このようなポイントの底層付近にヤマメが着いていることが多いので、これをひとつの基準としてポイントを絞り込んでいく。写真を参考にして具体的に見ていこう。

〈段々瀬を釣る〉

　起伏のある渓流域では、この段々瀬が頻繁に見られる。流れが激しく階段状に落ち込んでいるため、一見すると魚の居場所などないように思われる。しかし、こんな場所こそポイントの宝庫だ。

　写真中の矢印のように、石裏にできたわずかなタルミを徹底して攻めるのがコツ。距離にすれば短いエリアだが、こうした場所には活性の高い魚が入っていることが多い。あまり大型ではないが、いれば一発で食ってくる。

　釣果をあげるコツは、とにかくこのピンスポットを確実に攻めること。短い距離で仕掛けをしっかりとなじませなければならないため、オモリはやや重めを選んだほうがよい。仕掛けを流す際には、線ではなく点をイメージして釣るとよいだろう。特に初夏以降は、見逃せないポイントである。

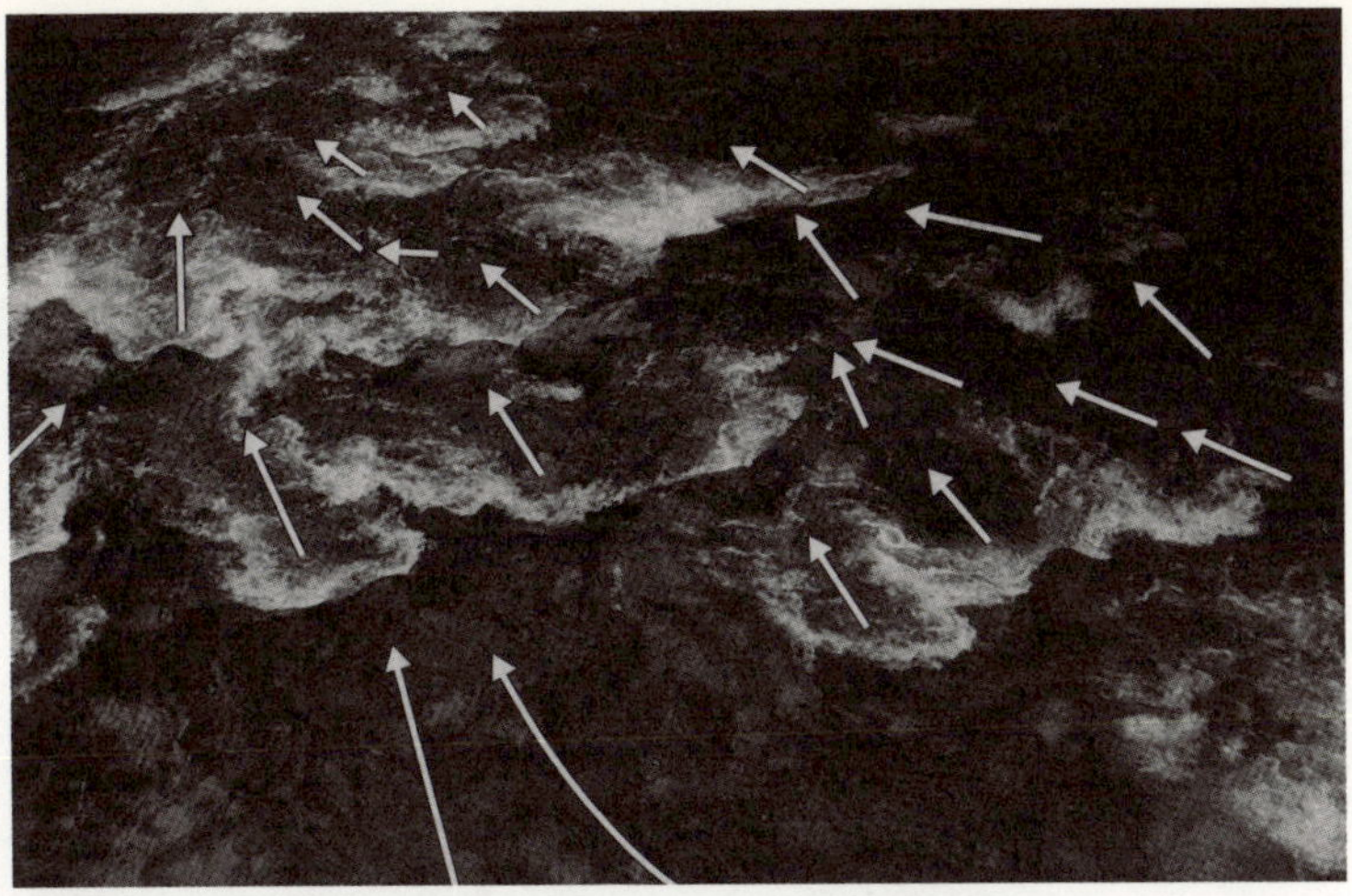

段々瀬

〈平瀬を釣る〉

　あまり落差のない落ち込みから広がる、水深の浅い平瀬。底石も適度な大きさがあり、見るからに好ポイントだと分かる。こうした場所は誰もがサオをだすので、魚がスレていることが多い。

　アプローチはあくまでも慎重に行なうこと。手前のスポットから対岸へと、順にサオをだすのが鉄則だ。立ち位置を手前の右岸に取ってサオをだすとすれば、

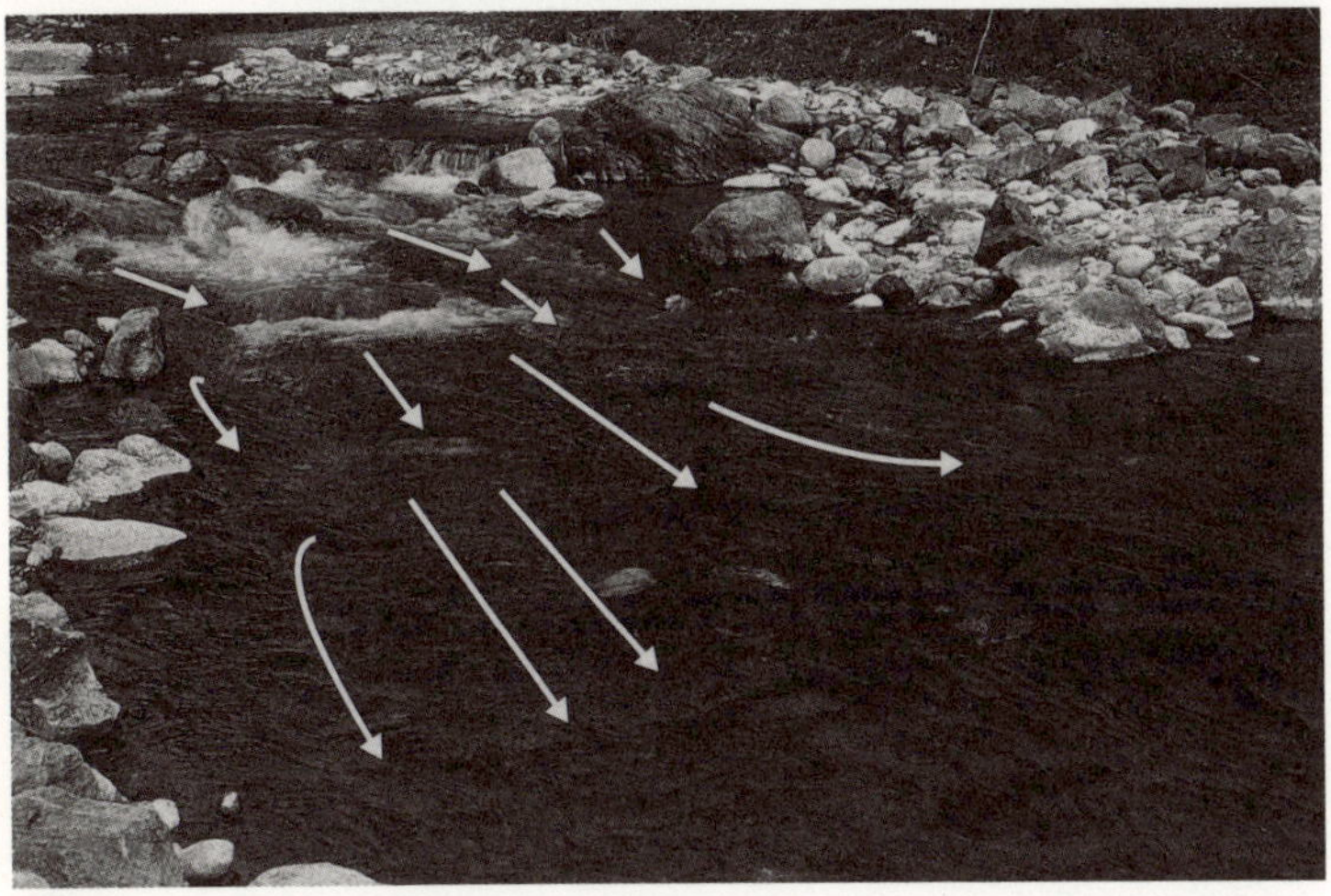

平瀬

まず、岸際（ヘチ）の緩い流れからねらいはじめる。この際、ヤマメに気づかれないように水辺から充分に離れた場所にポジションを取ることが大事である。場合によってはしゃがんだ姿勢でサオをだしてもよい。

　このような平瀬のヘチは、朝マヅメなどに思わぬ大型が出ていることも少なくない。下段の開けたエリアをくまなく探ってから釣りあがり、上段の落ち込み直下のピンスポットをねらう。特に下段エリアなどは静かに釣ると数が出る。ポイントとしてはヤマメ主体だが、落ち込み周辺ではイワナも望める。

〈ミックスポイントを釣る〉

　岩盤底に底石、そしてテトラポッドと、魚が好む要素がミックスされたポイントである。中央に流心が通っており、その左右に多くのポイントが現われている。流心部は下流に向かうにつれて深みを増し、しかも適度な流速になり、このエリアの本命ポイントを形成している。

　まず、テトラのない左岸に立ち位置を取る。ここから流心の本命ポイントをねらう場合には、仕掛けのなじみを考慮し

ミックスポイント

て、ポイントに定めた場所より上流に振り込んで本流筋を流していく。

これで仕掛けがうまくなじまないなら、仕掛けの投入点をややテトラ寄りの緩い流れに変えてみる。いったんそこに仕掛けを打ち込んでなじませてから、ゆっくりと手前に引いて本流筋に乗せて流すとよい。

テトラ際の一帯は格好の隠れ場になるので好ポイントが連続。ヤマメ、イワナともにねらえ、型も期待できそうなエリアである。

〈淵を釣る〉

岩盤底の小淵。ここでは、淵頭に流れ込む3本のスジがポイント攻略のカギを握っている。ここも手前から順に攻めるのが基本だ。

まず、③のスジを攻める。水深もあり、カケアガリ気味のポイントである。静かにアプローチしないと魚に気づかれ、①の上流に走られてこのエリア全体をダメにしてしまうので、注意が必要だ。

②は、①でひとつになった流れと岩盤底のカケアガリがぶつかっている。こうした場所は大型が好んで着く本命スポットである。

また、①は流れ込んだ3本筋がひとつに合わさる所。高確率でアタリが出るはずだ。②に大ものが潜んでいなければ、こちらのポイントにいる可能性が高い。

また、これらのほかにも岩盤底には数本の溝が走っているので、見逃せない箇所が多い。

淵

## ヤマメとイワナのポイントの違い

ヤマメは基本的に底石や障害物にベッタリ着くのではなく、それらの周囲を流れる流れのスジに着く。釣り人はそのスジを読んで仕掛けを流すわけだ（Ⓐ）。

ヤマメが好む流れの速度には、ある一定の共通性あって、川やポイントが変わっても、この法則はある程度共通する。そのコツだが、パッと川を見て、最も速い流れと最も遅い流れに注目しよう。ヤマメはその「中間～やや速めの流れ」を好んで着くと考えればよい。

一方、イワナは石を始めとした障害物を好むため、その周辺を重点的にねらう（Ⓑ）。また、ヤマメより緩い流れを好む傾向にあり、石裏やエゴ（川底の穴）のなかに潜んでいることもよくある。そのため、これらのポイントの前でエサを止めたりしながら、じっくりとねらったほうが好釣果に恵まれる可能性が高い。

もちろん、これはあくまで基本であって、実際のフィールドでは例外的なケースに出くわすこともしばしばである。ヤマメの場所でイワナが出たり、イワナの場所でヤマメが食ったりもする。それは、その川の癖なのだ。数尾釣って癖を読み、そこからポイントの傾向を導き出せば、釣り分けもさほど難しくないだろう。

## ポイントごとの攻め方／実践編

〈仕掛けの流し方〉

ヤマメは普段、自然に流下するエサを捕食している。だから、基本的には自然にエサを流すことができれば、エサを食べてくれるはずだ（闘争心を刺激する「誘い釣り」などの例外もある）。

では、自然に流すためにはどんな点に注目すればよいのだろうか。

ここで意図しているのは、ヤマメが定位する「川底の流れ」を、エサが自然な形で流下するように操作することである。すでに述べたように、川の流れは表層と底層で速度が違う。しかも、底層部には底石などがあり凹凸ができている。この凹凸に沿うように流さなければならない。

具体的には、オモリが底層の流れになじむ（底まで届いて流れに乗る）ように流すことである。オモリを流れにマッチさせれば、エサもヤマメが捕食しやすい自然な流下速度で流れるはずだ。

仕掛けを底層の流れまで送り届けるには、2通りの方法がある。

ひとつは、確実に底を取ることのできる重めのオモリを使うこと。もうひとつは軽いオモリを選択し、流れをうまく利用して底層に送りこむ方法である。

私はこのふたつを使い分けている。簡単にいえば「点の釣り」と「線の釣り」の違いである。

〈点の釣りと線の釣り〉

「点の釣り」とは、ポイントが狭く、しかも流せる距離が短い場合の釣り方である。落差のある川や上流部に多いのだが、仕掛けを一気に沈め、ヤマメの定位している所にエサを送り込まなくてはならない。したがってオモリを重くする必要がある。このようなポイントではヤマメの反応も早いため、わずかな時間でも自然にエサを流せればよい。

一方の「線の釣り」とは、ポイントが広く、流せる距離が長い場合の釣り方だ。このような場所では、ヤマメもエサをじっくりと見る傾向があるので、軽いオモリを選択し、流れを利用して底層に送りこむ。できるだけ長く、自然に流すことが大切だ。必要最小限の軽いオモリなら、底層の流れに乗ってスムーズに流れてくれる。

とはいえ、ビギナーにとっては、軽いオモリを使って仕掛けを底層に入れるのはなかなか大変だ。そこで簡単な方法を紹介しよう。

キーになるのは、仕掛けの投入点である。使用するオモリが軽いぶん、それをカバーするために、仕掛けがなじみやすい場所に投じる必要がある。石裏のモヤモヤッとした部分、本流脇の緩い流れ（タルミ）などをねらおう。ここに打ち込めばオモリがすんなりと沈みやすく、仕掛けもスムーズになじむだろう。

比較的流速があって仕掛けがなじみにくい時などは、ねらうべき流れの周囲を見て、その流れに通じている場所を探し、いったんそこになじませてから本命筋に仕掛けを導く、という方法もある。

水中の仕掛けがしっかりと底の流れをとらえていれば、目印は表層の流れよりもかなり「遅く」、しかも「安定して」流れる。これが、エサ（オモリ）が底の流れに乗った印である。あとは目印の動きに穂先を追従させて、このバランスが崩れないように流していけばいい。

## 点の釣り

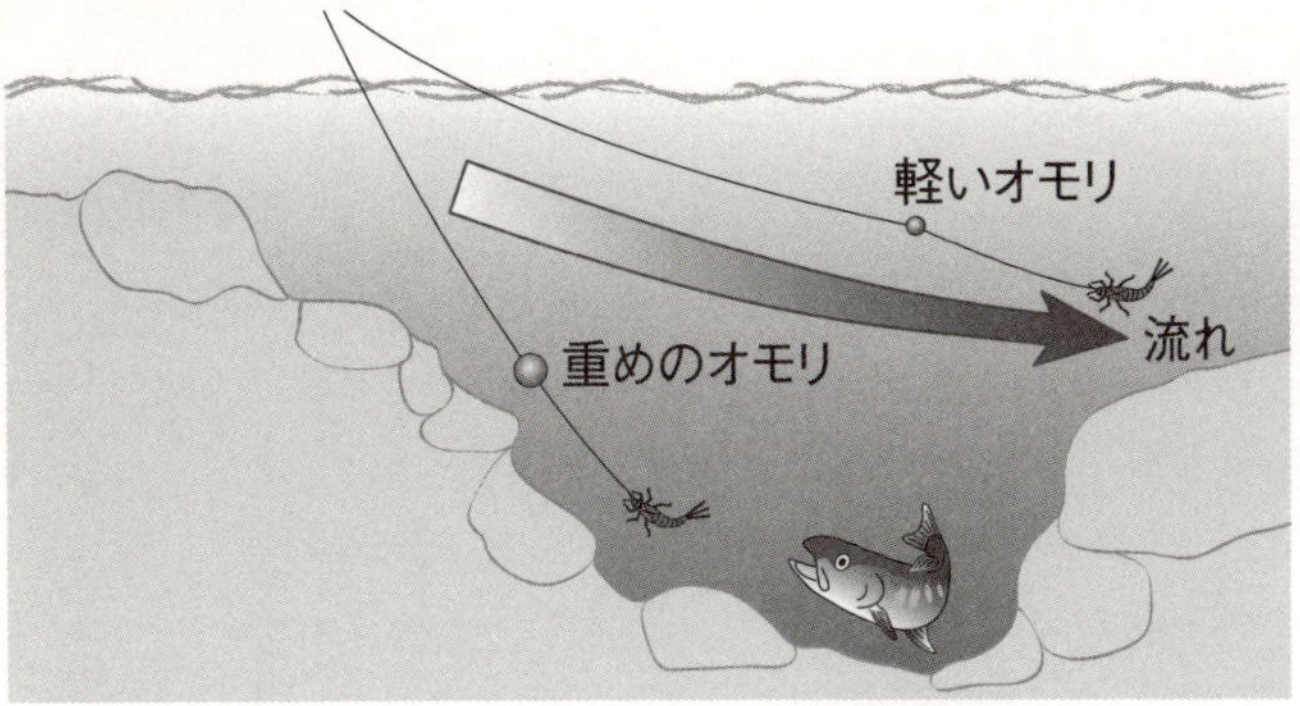


狭いポイントでは、オモリが軽いとヤマメの居場所にエサを届けにくい。
重めのオモリで「点の釣り」を心掛ける。
逆に、比較的広いポイントでは、軽いオモリで
可能なかぎり自然にエサを流す「線の釣り」が有効だ

## 線の釣り

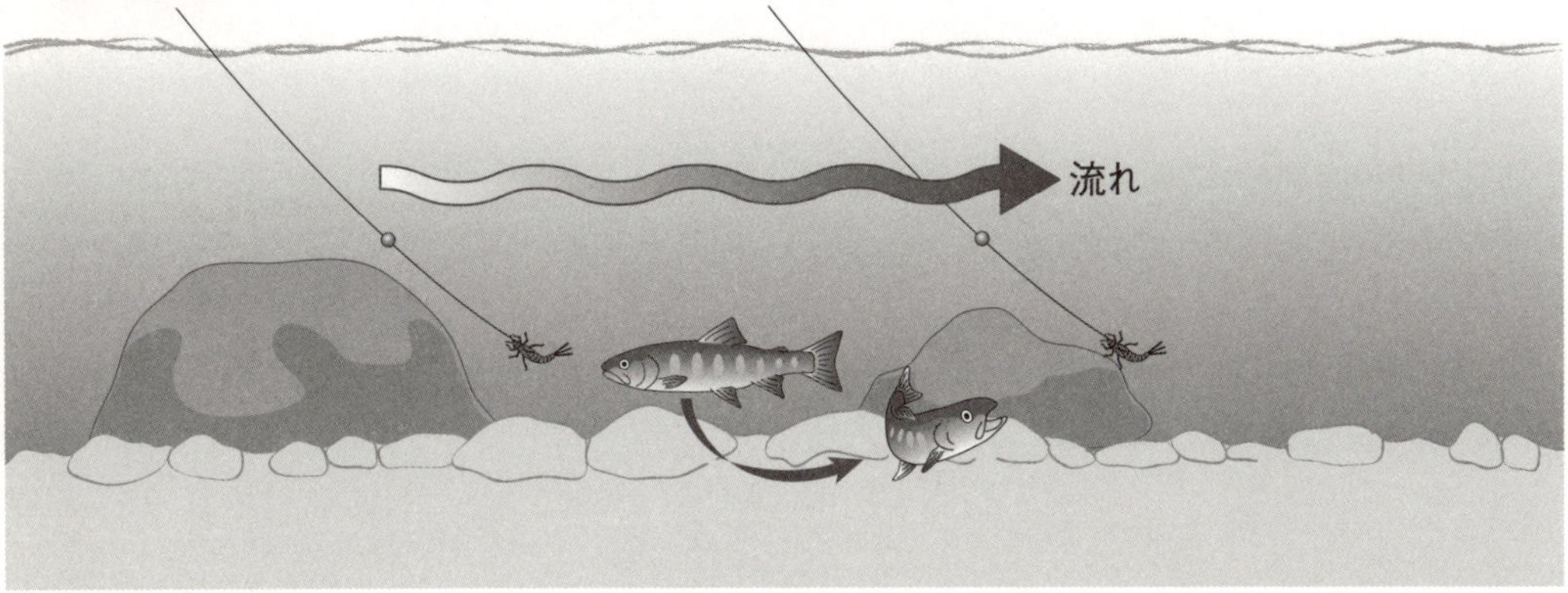


## 仕掛けをなじませやすい場所

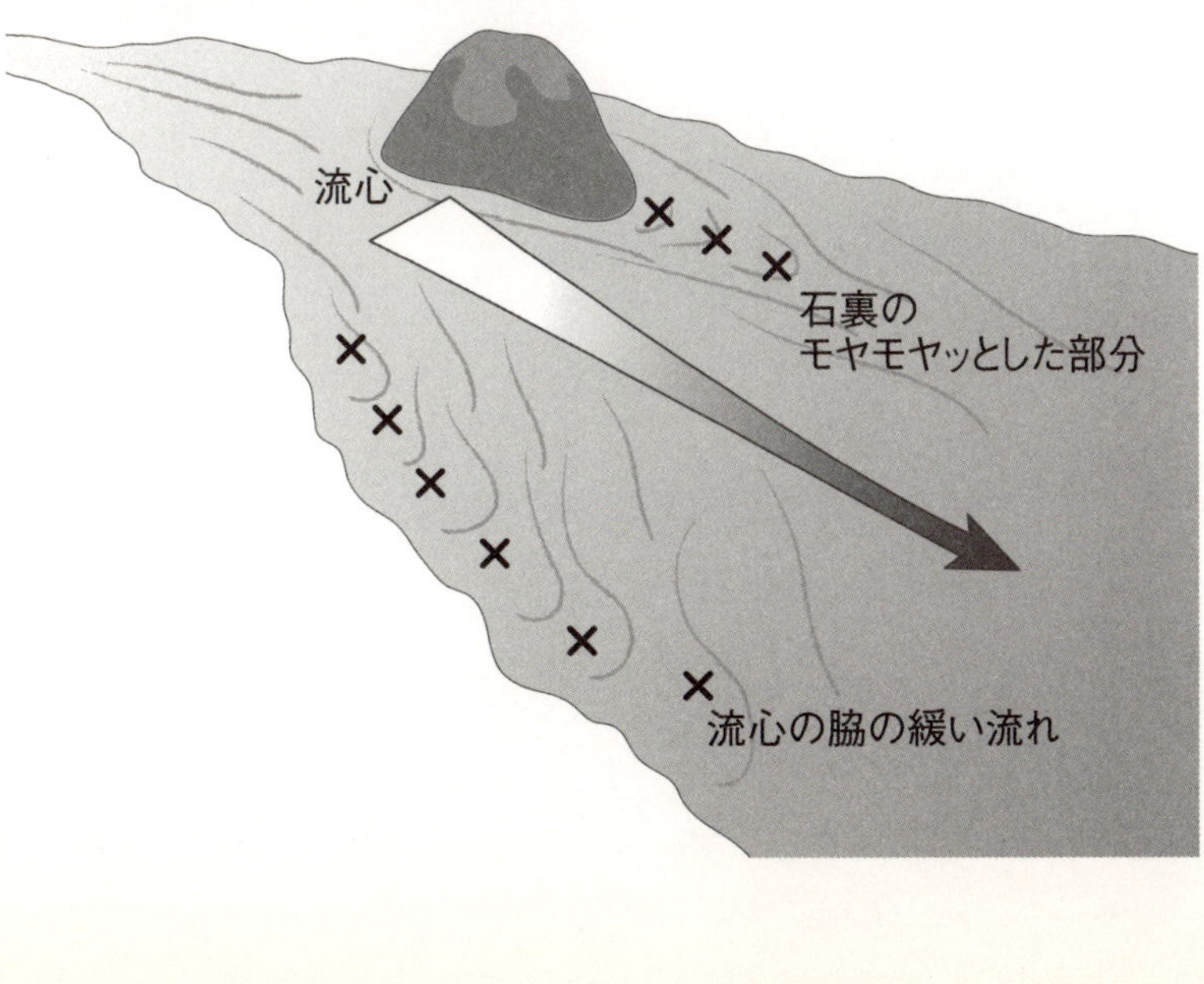

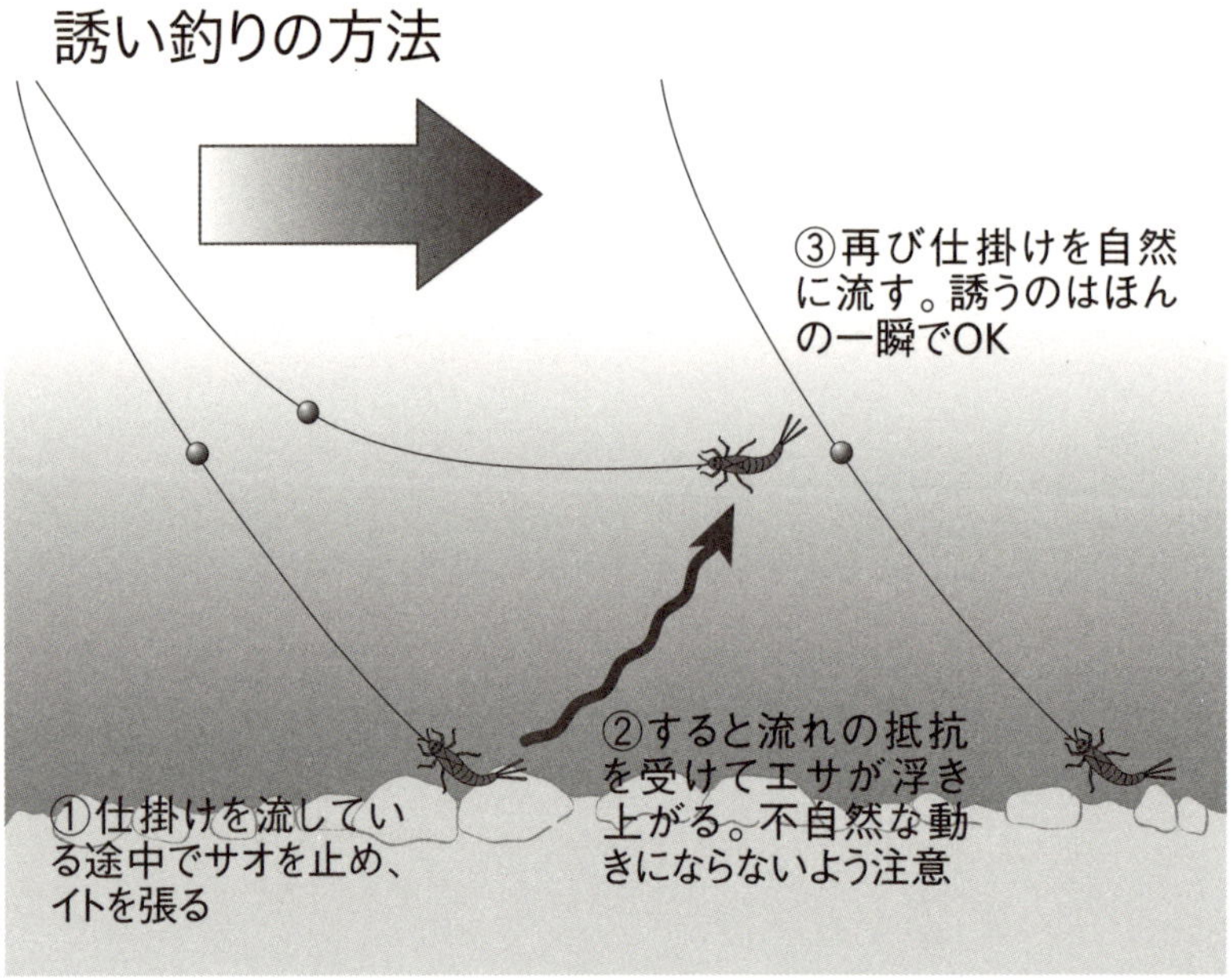


〈誘い釣り〉

エサを自然に流すのは、ヤマメの食性に訴える釣り方である。これだけでも充分釣果は上がるが、さらなる釣果アップと大ものを求めるなら、「誘い釣り」も覚えておいて損はない。渓流魚の闘争心を刺激する釣り方である。

誘う方法は人それぞれだが、私の場合、仕掛けが自然に流れている途中でストップさせて少しエサを浮かせ、そしてまた普通に流す、という操作を行なう。魚が警戒するほどのアクションではなく、「わずかに仕掛けを止める程度」とイメージしてほしい。

エサが浮き上がるのを見たヤマメは、逃げられると思って思わず反応するのではないかと思う。いずれにせよ、これが効果的な誘いになるらしい。沈黙していたポイントからアタリが出ることもしばしばである。特に戻りヤマメなどの遡上魚に効果があるようだ。

次に私のマル秘テクニック(?)を紹介しよう。1尾釣った時、または釣り損なったあとに、少し休憩を挟むのである。

たしかに、渓流魚は警戒心が強い。しかし生きものである以上、エサを食べなければ生きていけないのも事実である。だから、いずれ警戒を解く(捕食する)タイミングがやってくるはずだ。警戒心が薄れれば渓流魚は釣れる、または釣りやすくなるのである。

たとえば、次のような場合は絶対に休憩が必要だ。

目の前のポイントは大場所で、良型が多く潜んでいそう。仕掛けを振り込むと予想どおりにヒットした。しかし残念、うまくハリ掛かりさせることができなかった。ここで焦って再び仕掛けを投じても、渓流魚は警戒してしまい、再びエサを食うことは少ない。そこで、しばらく時間を置くのである。魚の活性などの条件にもよるが、10分程度休憩しよう。それからサオをだすと簡単にヒット、ということも珍しくない。

魚を釣りあげたあとも、考え方は同じである。魚たちは周辺を常に観察しているので、1尾が異常な動きをすれば、その周りに潜む魚は警戒するだろう。そこで休憩を入れることで、連続ヒットの可能性を高めることができる(警戒させないやり取りの方法については、68ページも参照)。

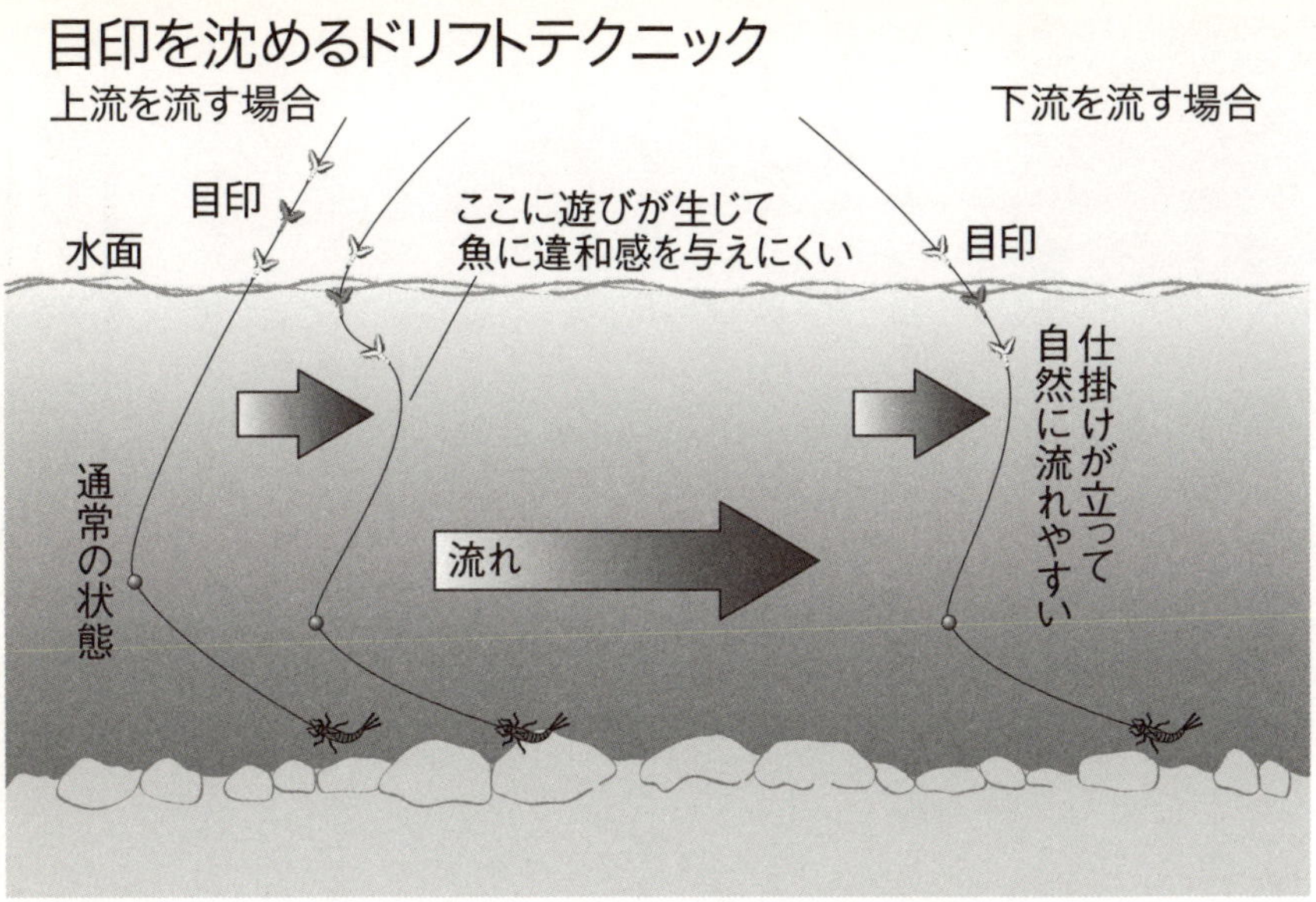


〈ドリフトテクニック〉

渓流域では比較的太いイトを使うので、オモリも重いものを選ぶことが多い。だが、重いオモリほど魚に違和感を与えやすい。エサをくわえても、テンションを感じるとすぐに吐き出してしまう。

このテンションを和らげるために、水中に目印を沈めて流すというテクニックがある。

私の仕掛けには目印が3個付けてあるが、このうち下のふたつを水中に沈めて流すのである。目印を水に沈めると、その部分は流れの抵抗を受け、半円状に下流へ膨らむ。こうすると、仕掛けをいっぱいに振り込んでも穂先からオモリまでが一直線になりにくく、イトに遊びが生じるため、エサを食べた時の違和感を和らげてくれるのだ。

また、自分の立ち位置から正面、そして下流部を釣る場合は、水中に目印を沈めることで流速の抵抗を受けて仕掛けが立ちやすくなり、より自然に流すことができる。

さらに、淵尻やトロ場などの緩い流れでも、水中目印の浮力を最大限に活かすことで攻略できる。たとえば、淵頭の1級ポイントには活性の高い魚が着くが、大ものは少ない。逆に流れの緩い淵尻のカケアガリには、活性は高くないが大型が着く傾向が強い。この流れの緩い部分をうまく流すことができれば、大型をゲットできる可能性が高くなる。

そこで役立つのが水中目印だ。水中目印の浮力が、表層からでは分かりにくい複雑な流れを捉え、仕掛けを自然に流すことが可能になるのである。

水中目印のドリフトテクニックは、ただ目印を水中に沈めれば効果が出るというものではない。イトの太さとオモリ、そして目印の浮力のバランスを考えなければならない。さらに、水中をイメージしながら流すようにしなければならない。若干の経験が必要となるが、後述する本流釣りにおいても効果のあるテクニックなので、ぜひ身につけてほしい。

# アタリの取り方

〈アタリが分からない理由〉

渓流釣りでの魚のアタリは千差万別である。目印がスーッと消し込むような、きれいで合わせやすいアタリもあれば、チョンと揺れたり、フワッと浮いたり、モワッ動いたり、横へツツッと移動したり、フッと止まったり、また手元にコツコツときたり……と、実にさまざまだ。

目印が少しでも変な動きをしたら、即アワセが基本である。目印の変化は、根掛かり以外はすべてアタリと考えてよい。しかし、渓流釣りを始めて間もないビギナーのみならず、ある程度キャリアを積んだ人でも「アタリとアワセのタイミングがいまいち分からない」という人は意外と多いようだ。

アタリが分からないのは、フォームなどに問題がある場合が多い

最も多いのが、アタリがよく分からないせいで、アワセのベストタイミングをモノにできない、というケースである。これには、主な原因がふたつあると思われる。

まず、流している間のフォームの甘さからくる目印のブレである。流し始めから流し終わりまで、始終目印が踊っているようでは、いつアタリがあったのか分からない。

解決方法は、フォームを修正して目印をブレさせずに流すこと。思い当たる人は52ページを読み返して、自分のフォームを再点検する必要がある。

〈食うポイントを予想する〉

原因のふたつ目は、魚がエサを食うポイントを読むことができない、という場合である。どこで食うかを予想していないと、アタリを見逃したり、アワセのタイミングを逸してしまう。魚がエサを食う場所を予測していれば、そのポイント付近だけ目印の動きに集中し、アワセの準備態勢に入ることができるのだ。

これを実践するには、何よりもポイントを読む目を洗練させること。初めは分からなくても、どこでアタリが出たかを毎回意識し続ければ、徐々に当たるポイントを予測できるようになるはずだ。

また、このほかに大事なのは、「合わせやすい大きなアタリ」をいかに出すかという点である。基本的には、ヤマメが警戒心なくエサを捕食すれば「目印がスーッと消し込むような明確なアタリ」が出るはずだ。しかし、実際はなかなかうまくいかない。

これは、流す層やスジが合っていないのが原因だろう。ヤマメが警戒して捕食するため、アタリが小さくなってしまうのだ。また、エサ付けが雑でハリが丸見えだったり、イトが太すぎたり、オモリが重すぎてエサが不自然に流れている時などのアタリも同様にシビアである。

つまり、アタリが取りにくい状況というのは、魚に原因があるとは限らないのだ。むしろ釣り人側の仕掛けや振り込み、流し方といった技術に問題があることも多い。

# アワセと取り込み

〈アワセ〉

アタリを感じたら、すぐに合わせる。通常、魚はエサをくわえてすぐ飲み込むことは少なく、口のなかに保持している。魚の口というのは、人間でいう手の役割に近い働きをしているらしい。魚には手がないので、エサを口でつかんで確認しているのではないだろうか。

こうしてエサをくわえた時にアタリが出る。ここで合わせるとハリが口の中に刺さるが、合わせないでいると、魚はハリの異常を感じてエサを吐き出してしまう。吐き出してから合わせたのでは遅すぎるわけだ。もちろん、警戒心のあまりない魚は、くわえてすぐ飲み込むこともあり、俗にいう「飲まれた」状態になる。

なお、使うエサによってはアワセを遅らせることもある。カワムシなどの小さなエサであれば早アワセだが、キヂのような大きめのエサを使う場合は、一瞬の間を置いてから合わせるくらいがちょうどよい。

さて、釣りを始めたばかりの頃は誰でもアワセ切れを経験するだろう。原因ははっきりしている。アワセが強すぎるのだ。細イトを使う渓流や本流釣りでは、アワセは小さく、鋭く、早くが鉄則である。

具体的には、片手持ちと両手持ちではやり方が異なる。短ザオを片手で持っている場合は、肘をわずかに上げるようにする。短く瞬間的に動かすのがコツで、手首を返したり腕を大きく上げたりするオーバーなアワセはトラブルの元である。

アワセは手首のスナップを利かせて

サオを両手で構えている時は、サオ尻を持っている右手（利き腕）に少し力を加え、わずかに下げるだけでよい。添えている左手は、何もしなくていい。慣れないうちは左手でサオをあおろうとしてしまうが、その必要は全くない。アワセはサオ全体ではなく、サオ先を動かせば充分なのである。

〈取り込み〉

バッチリと決まったアワセ。鮮やかに伝わる魚の重量感。やり取りがスタートする瞬間は、釣りのプロセスのなかで最も胸躍る一瞬だ。

まずは、掛かった瞬間に魚の大きさや種類を判断する。ある程度の経験を積めば、魚の重量感で判断できるようになると思うが、参考までに簡単な判断基準を紹介しよう。

①底に引き込んだあと、スーッと浮いてくるのは小もの。

②ドン、と下流へ一直線に走る手応えは、ハヤの場合が多い。スタートダッシュが

速いので一瞬「大きい」と興奮するが、速いだけでトルクが効いていない。すぐ浮き上がってくる。俗に「ハヤのひと押し」などと呼ばれている。

③「重い」と感じたら、これは大ものの証拠である。最初はじっとしているが、一気に下流へ走りだすことが多い。

さて、いよいよ取り込みである。渓流釣りの取り込みには、大きく分けて「引き抜いて取り込む」方法と、「寄せて取り込む」方法の2種類がある。

「引き抜き」は、イトの太さとサオのパワーにもよるが、20㎝前後の小型が掛かった時に使う。掛かった魚を空中に抜き上げ、飛ばしてタモで受けるという方法である。ポイントを荒らすことなく、スピーディーに魚を取り込めるので、合理的なテクニックといえるだろう。

一方、寄せて取り込む方法は、魚が中～大型の場合に使用する。水中から魚を出さないようにして手元まで寄せ、タモですくったり、イトをつまんで取りこむ方法である。25㎝前後の中型の場合は、走る魚をいなしながら弱るのを待つ。そして、弱ったと判断したら魚の頭を水面に出し、水面を滑らせるように手元に引き寄せてすくう。

問題は尺を超す大型である。特に初心者のうちは大ものが掛かると頭がパニック状態になり、何をやってよいか分からなくなってしまう。結果、逃げられてしまうことが多々ある。

こういった悔しい事態は、準備によってある程度防ぐことができる。取り込みの手順を事前にシミュレーションしておくのだ。掛かったらどこで弱らせ、最後にどこでタモですくうのか。これを決めておけば、大型が掛かった場合でも冷静にやり取りができるはずだ。

常に取り込む場所を想定しておけば、突然の大ものにも対処しやすい

〈連続ヒットをねらう取り込み方〉

最後に、私なりのマル秘テクニック（？）を紹介しよう。

良型が多く潜んでいそうな大場所でも、1尾ヒットしただけであとが続かない、といった経験はないだろうか。これは、掛かった魚が異常な動きをしたために、他の魚が警戒してしまったのだ。これを防ぐために、私は魚が掛かったら下流部に誘導してからやり取りをするようにしている。

エサは上から流れてくるため、ヤマメたちも通常は上流を向いて泳いでいる。下流でやり取りをすることで、暴れる魚をほかの魚の目から遠ざけることができ、警戒心を与えにくくなるのだ。

やや強引なやり取りが必要なので、ある程度強いタックルが必要ではあるが、効果は絶大だ。そして、取り込んだあとは「ポイントごとの攻め方」（64ページ）で紹介したように10分ほど休憩するといい。それから改めて釣りはじめるようにすれば、ひとつの淵で良型連発、などということも珍しくない。

# テンカラ釣り

〈テンカラとは〉

テンカラ釣りとは和式毛バリ（疑似バリ）釣りのことである。渓流魚は、主にカワムシなどの水生昆虫を食べている。それを効率よく釣るために編み出されたのが、この毛バリ釣りである。

テンカラは、イワナやヤマメなどを釣って売る山間地の職漁師たちが発展させ、伝えてきた釣り方であり、その呼び名の由来には諸説がある。学術的なことはさておき、本項では現代のテンカラ釣りについて解説しよう。

エサと毛バリを比べると、年間を通じての釣果に注目すれば、やはりエサのほうが断然有利といえるだろう。しかし、季節や時間帯によっては毛バリのほうが反応がよくなることもしばしば起こる。

私は夏場以降の渇水期によくテンカラを振る。この時期はカワムシ類の流下が減るため、渓流魚は水面に落ちる昆虫などを意識している。こんな時こそテンカラの出番なのだ。

また、手返しがよいという利点もあるので、山岳渓流（源流部）のイワナもテンカラで釣ることが多い。

〈テンカラ釣りの魅力〉

目印でアタリを取るエサ釣りとは異なり、テンカラ釣りでは魚が水面の毛バリをねらって飛び出し、その姿を見て合わせる。これが最大の魅力だろう。警戒心の強い渓流魚が飛沫をあげて姿を見せる瞬間は、何度体験しても興奮する。

また、テンカラ釣り特有のテンポのよさも大きな魅力である。毛バリを打ち込みながら、水面のエサを食おうと待ち構えている魚をねらう。出るか、出ないか、勝負は一瞬でケリがつく。テンカラの勝負はとにかく早い。数を釣らなくてはならない職漁師たちが好んだのもうなずける。

そして、テンカラ釣りはいたってシンプルな釣りである。サオと仕掛け一式を車のなかに入れておけば、いつでも、どこでも気軽に楽しめるのだ。

# テンカラ釣りの道具

〈サオ〉

テンカラはオモリのない仕掛けを操り、イトの重さを利用して軽い毛バリをピンポイントに打ち込む釣りである。そのため、エサ釣り用のサオとは違った調子や性能が求められる。

エサ釣り同様に、テンカラザオもフィールドやねらう魚種、使うラインなどによって、さまざまな調子や長さのモデルがある。大きく分類すると、ロングラインを使用する4・5mほどの「本流テンカラ」用のサオと、3・6m前後で源流や渓流域を釣るためのサオがある。

前者は、思うぞんぶんサオが振れる本流域で大ヤマメをねらうサオである。後者は仕舞い寸法が短く作られていて、ボサや障害物の多い渓流～源流域を想定して作られている。

テンカラのサオを選ぶ場合は、まずラインとの相性を考える必要がある。ラインにはテーパーラインとレベルラインの2種類があり、どちらを選ぶかによって適したサオの調子も変わってくる。テーパーラインを使う場合は、やや胴に乗る調子のほうが毛バリを飛ばしやすいだろう。一方、レベルラインにはやや先調子のサオが適している。

ちなみに私は、渓流域や源流域での釣りが多いことから、シマノの「渓峰テンカラNX LLS」の3・6mを愛用している。これに5～6mのテーパーラインを付けるのが基本だ。このサオは胴に乗る調子で、キャストのタイミングが取りやすく、初心者でも振りやすいだろう。また、軽量なので1日中振り続けても疲れないという利点もある。

渓流や源流では3.6m前後のサオが扱いやすい

〈ライン〉

テンカラ用のラインは、レベルラインとテーパーラインに分けられる。

レベルラインとは、サオ先から先端まで同じ太さのイトのこと。多くの場合、ライン自体に重さのあるフロロカーボンの3～5号を使用する。市販のフロロカーボンを適当な長さに切って、サオにセットすればOKだ。

自作のテーパーライン

# 自作テーパーラインの構造(5mラインの場合)

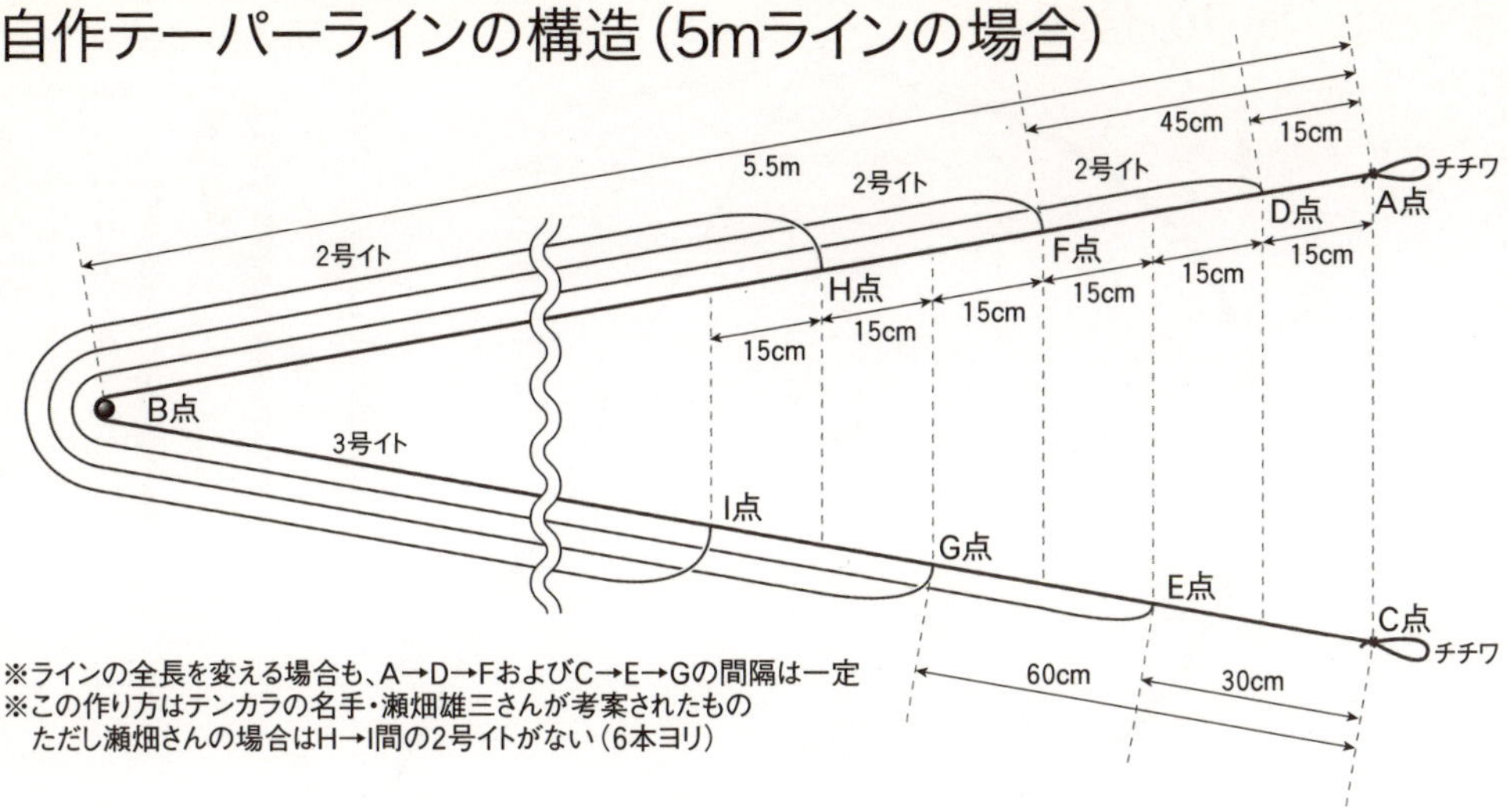


※ラインの全長を変える場合も、A→D→FおよびC→E→Gの間隔は一定
※この作り方はテンカラの名手・瀬畑雄三さんが考案されたもの
　ただし瀬畑さんの場合はH→I間の2号イトがない(6本ヨリ)

## ①材料と工具

・ナイロンライン
（2号&3号、蛍光イエローがおすすめ）
・画びょう
・瞬間接着剤
・電気ドリル(回転数1500RPM)
・針金(ビニール皮膜のハンガー等で作る)
・ライター
・ハサミ
・リリアンイト

## ②

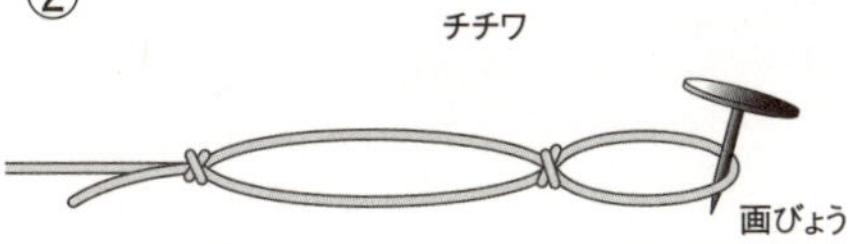


3号のイト11mの端にチチワを作って、壁などに画びょうで固定(A点)。図のようにB点で折り返し、再びチチワを作って、イトを張ったまま、30cm離れたC点で固定する。
この際、A→B間とB→C間の張りぐあいを均一にすることが非常に重要である

## ③

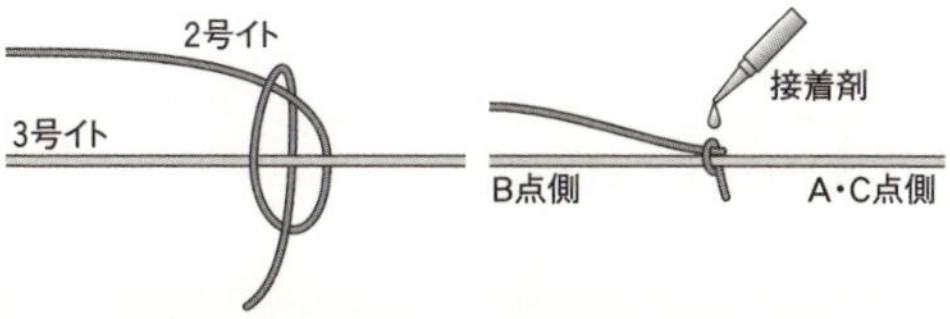


次に、2号のラインを接続していく。「D点にとめ結び→B点で折り返す→E点でとめ結び」の順。F→B→GおよびH→B→Iも同様。この時もイトの張りぐあいが均一になるよう注意する。
※上図は見やすいよう1重結びになっているが、実際は2回結んでから接着すること

## ④

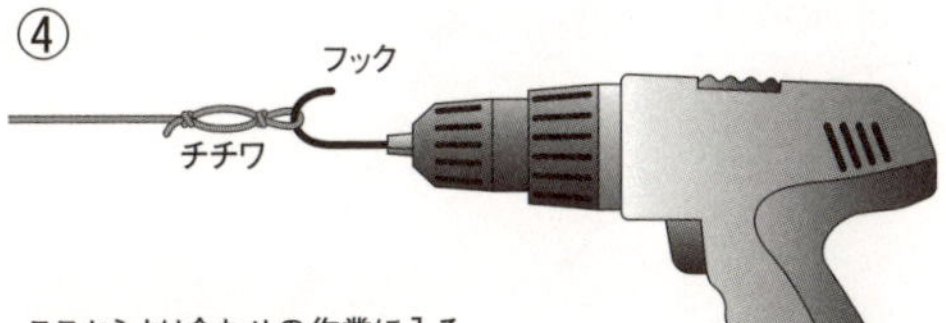


ここからより合わせの作業に入る。
針金でJ字型のフックを作り、ドリルの先端にセット。
Aのチチワを画びょうから外してフックに掛け、ドリルを正確に25秒回す(正回転・マックスパワーで)。この際、イトを緩めたり張ったりせずに、最初の画びょうの位置で回すこと。
終わったらヨリが戻らないようにして再び固定。もう一方(C)も同様にヨリをかける

## ⑤

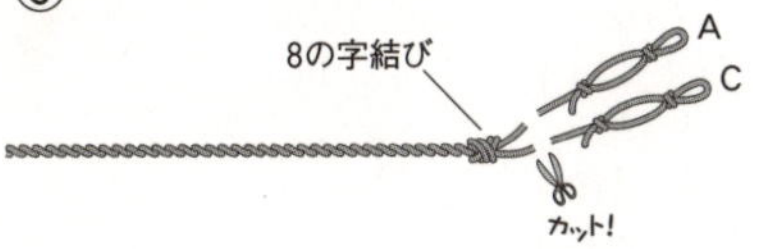


次に、AとCのチチワを両方ともフックに掛け、逆回転・マックスパワーで30秒間回す。これで2本がより合わされて1本になる。
終えたらチチワを持ってフックから外す。手を緩めて(離さないこと!)、自然にヨリが戻るところまで開放してやる。
ふたつのチチワを合わせて、その手前を8の字結びにし、チチワは切り捨てる。切った端をライターで軽くあぶっておく

## ⑥

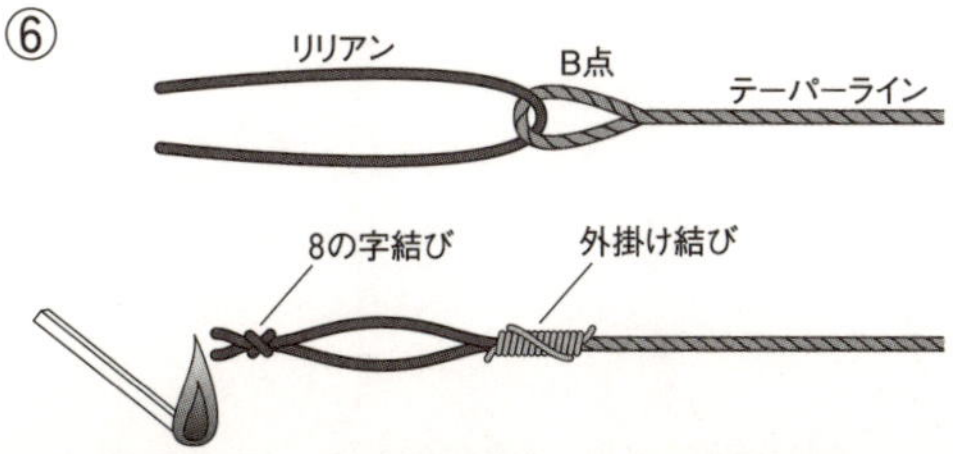


B点の画びょうを外し、リリアンイトを通して5～8cmほどのチチワを作る。この先端もあぶっておく。最後に、リリアンを通した部分に2号イトを外掛け結び(46ページ)の要領で巻いて補強すれば完成だ

# テンカラ釣りの仕掛け

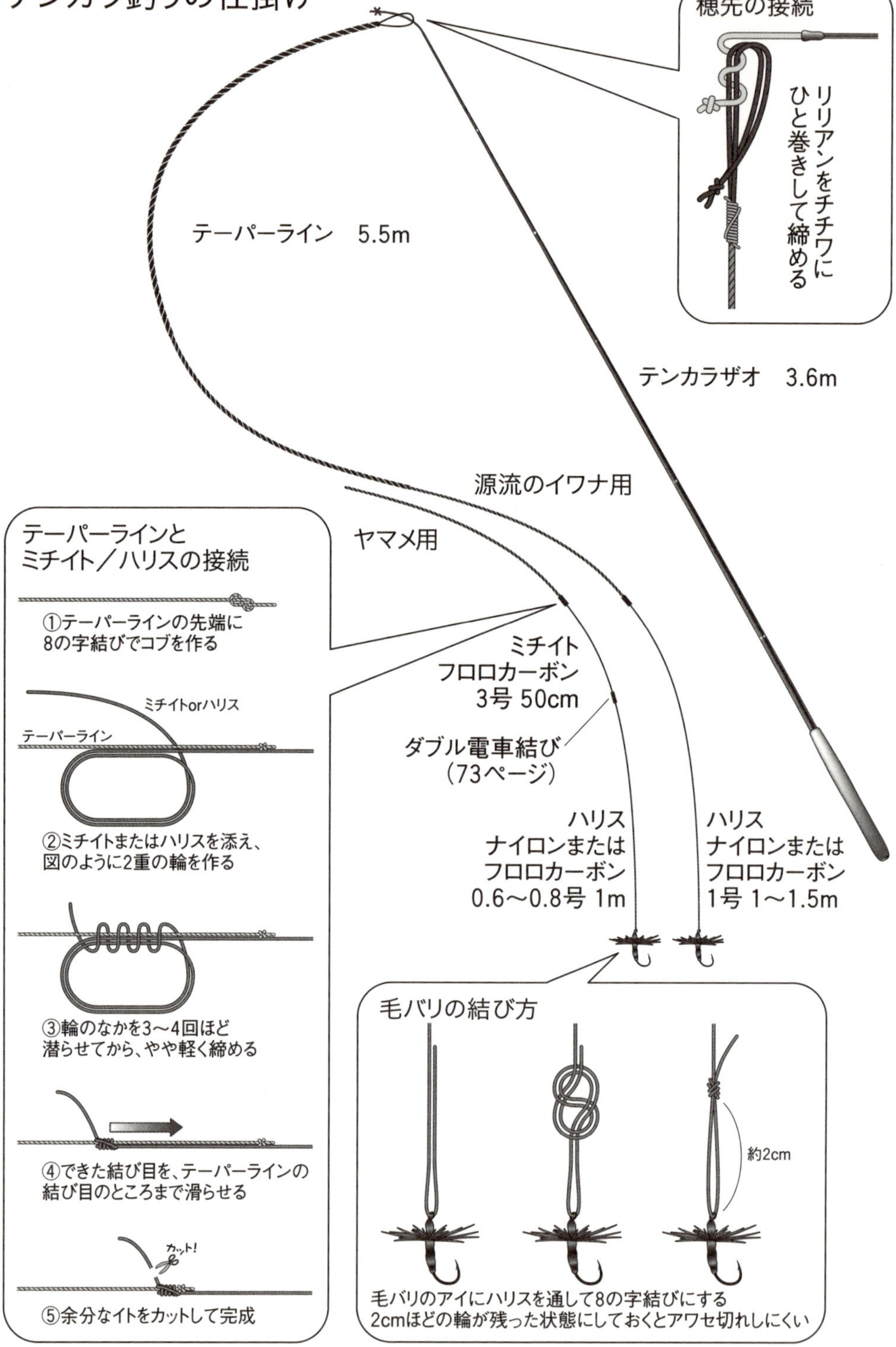
穂先の接続
リリアンをチチワにひと巻きして締める
テーパーライン　5.5m
テンカラザオ　3.6m
源流のイワナ用
ヤマメ用
テーパーラインと
ミチイト／ハリスの接続
①テーパーラインの先端に
8の字結びでコブを作る
ミチイトorハリス
テーパーライン
②ミチイトまたはハリスを添え、
図のように2重の輪を作る
③輪のなかを3〜4回ほど
潜らせてから、やや軽く締める
④できた結び目を、テーパーラインの
結び目のところまで滑らせる
カット！
⑤余分なイトをカットして完成
ミチイト
フロロカーボン
3号 50cm
ダブル電車結び
（73ページ）
ハリス
ナイロンまたは
フロロカーボン
0.6〜0.8号 1m
ハリス
ナイロンまたは
フロロカーボン
1号 1〜1.5m
毛バリの結び方
約2cm
毛バリのアイにハリスを通して8の字結びにする
2cmほどの輪が残った状態にしておくとアワセ切れしにくい

ヨリイトにする必要もないので、簡単に作ることができる。ただし、テーパーラインと比較すると軽いので、イトを長くすればするほど毛バリを飛ばしにくくなる。また、風に弱いという欠点もある。

フロロカーボン以外のレベルラインとしては、フライリールの下巻き用のバッキングラインなどを使っている人もいる。これはライン自体が編んであるために重く、使っていると水を吸ってさらに投げやすくなる。テーパーラインと同じような感覚で使うことができる。

テーパーラインとは、サオ先に結ぶ側が太く、先端に行くにしたがって細くなるように作られたラインのこと。元部に近いほうから8本、7本、6本……と、ナイロンラインの数を変えて接続し、より合わせたものだ。市販品も多く出ている。市販品はヨリイトの本数を変える段差がなく、仕上がりもきれいだ。ただし長さが決まっていて、軽く作られているので、サオの長さとのバランスを考えて購入する必要がある。

私は、テーパーラインを自作して使用している。長さは3・6mのサオに対して5mを基本とし、川の規模によって4〜6mを使い分けている。ラインは、黄色いナイロンライン（安価なものでOK）の3号を1本と2号を3本、計4本をよったものである(それぞれふたつ折りにするので、実際には8本ヨリになる)。

これは視認性もよく、市販のものと比較しても丈夫である。木の枝に毛バリを掛けてしまった時など、ラインを引っ張ってもヨリがもつれたりしない。

### ダブル電車結び

結ぶのに少し時間がかかるが、強度は抜群

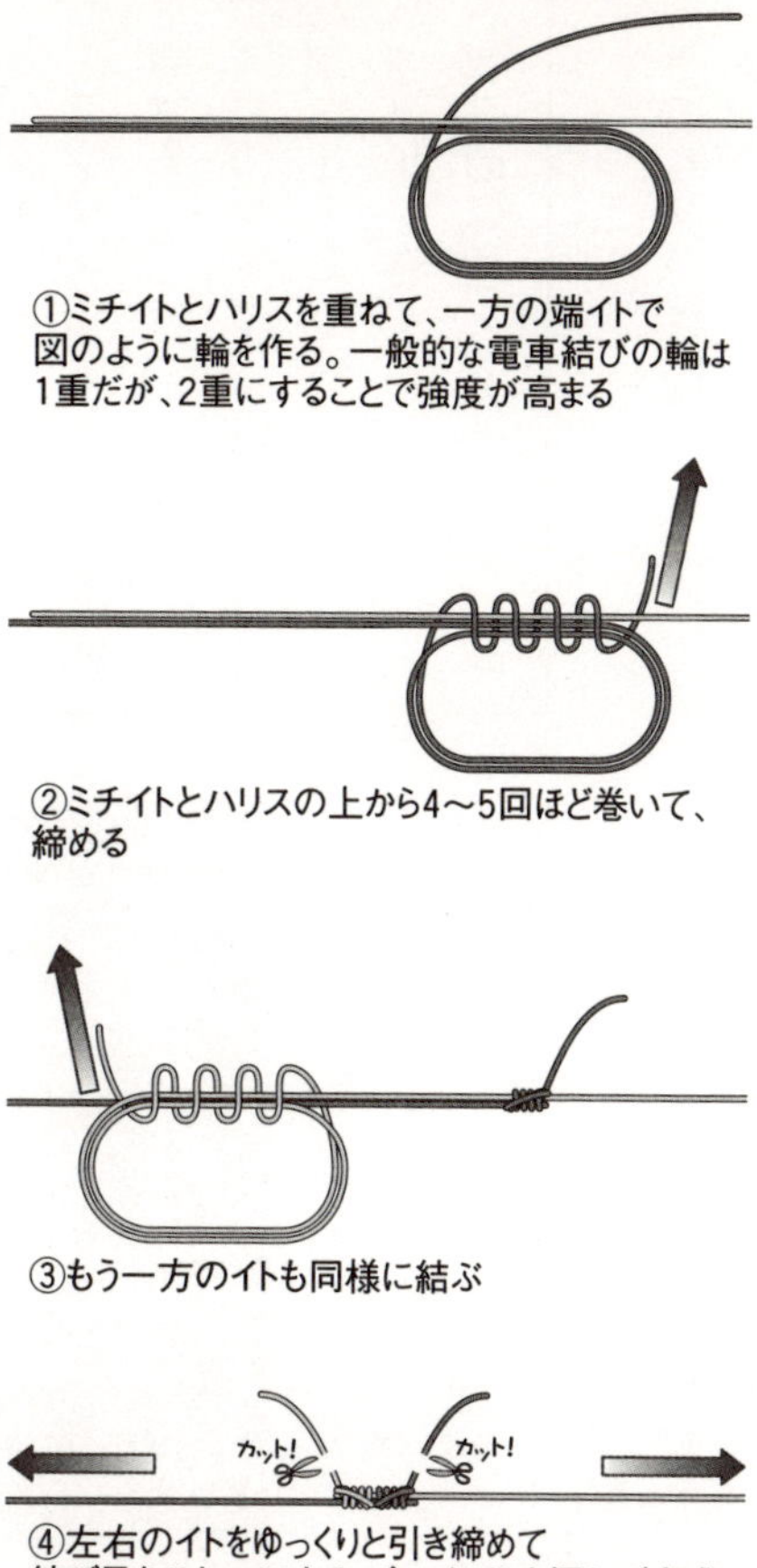


①ミチイトとハリスを重ねて、一方の端イトで図のように輪を作る。一般的な電車結びの輪は1重だが、2重にすることで強度が高まる

②ミチイトとハリスの上から4〜5回ほど巻いて、締める

③もう一方のイトも同様に結ぶ

④左右のイトをゆっくりと引き締めて結び目をひとつにする。余ったイトを切れば完成

〈毛バリ〉

私のこれまでの経験では、テンカラ釣りでは毛バリの種類にそれほどこだわる必要はない。標準的なサイズの毛バリであれば、色や形、巻き方などはあまり釣果に影響しないように思える。私は毛バリを自作しているが、市販のドライフライなどでも充分だ。

テンカラ釣りでは、毛バリを浮かせる人と沈める人がいる。フライフィッシングのドライフライを使えば、毛バリは浮きやすい。浮いた毛バリに反応した魚は水面をバシャッと割って出るので、スリリングな釣りが楽しめる。

一方、沈める場合は、ラインを引くとハックルがフワフワと動く「逆さ毛バリ」

を使うのが一般的。アタリはラインの動きに出るので、それを見て合わせる。

毛の色もさまざまだが、基本的に黒色系と白色系の2種類を準備すればよいだろう。夏の盛期は黒色系の毛バリによく反応するようだ。また、甲虫類を意識したテレストリアル系の毛バリも、源流ではかなり有効である。ハリのサイズは10～12番が標準である。なお、私の毛バリの作り方を簡略的に紹介しておく。

1 フライフックをバイスにセット
2 アイ側からスレッドを巻く
3 カッパーワイヤー、ピーコックを取り付ける
4 ピーコック(ファーかポリ)を巻きつける
5 カッパーワイヤーを巻きつける
6 ハックルの取り付け
7 ハックルを巻く
8 トップの処理・完成

私の自作毛バリの特徴は、カッパーワイヤーを巻いていることだ。このキラキラが渓流魚(特にイワナ)を誘ってくれると感じている。また、ワイヤーを巻くことで毛バリが丈夫になり、型崩れすることのないまま相当数の魚を釣ることができる。


〈その他の道具〉

毛バリを収納する「毛バリボックス」。ラインを切る「ハサミ」。そして、「仕掛け巻き」があれば、ほぼこと足りるだろう。

毛バリの色は黒と白、それぞれ数種類を用意すればOK

## テンカラ釣りの振り込み

テンカラではオモリを使わないため、仕掛けを振り込む際は、サオの反発力をしっかりとラインに伝えることが重要である。サオのグリップはしっかり握ったほうがよい。

まず、ラインを後方に跳ね上げ、サオを曲げてラインにパワーを与え、時計の12時の位置で止める。サオを止めてもラインは後ろに引かれるので、ラインが後方に伸びきるまでポーズを入れる（ためを作る）。

そして、今度は前方へ振り、時計の10時の位置で止める。手首をあまり動かさず、きっちりと12時と10時の位置で止めてやることを意識して振ればよい。そうすれば、ラインがきれいなループを描くはずだ。大振りをせずにコンパクトにサオを振ることで、ラインに効率よく力が伝わって毛バリを飛ばすことができる。

シュート（前方へサオを振り下ろすこと）の際は、ラインで水面を叩かないように注意する。ラインで水面をピシャリとやってしまっては魚を驚かすことになる。前方10時の位置で振りを止めたら、わずかにサオを寝かせるようなイメージで力を抜いてやろう。そうすると、ラインと毛バリを静かに着水させることができる。

テンカラはノベザオの釣りなので、ラインの長さが常に一定だ。だから、決まった位置でサオを止めれば、毛バリは必ず同一の距離を飛ぶことになる。この距離感を覚えておくと、毛バリをねらった所へ打ち込めるはずだ。

頭上に枝があって側面からしか振り込めない場合や、風が強くてオーバーヘッドキャストだと抵抗が大きくなる場合などに有効なのが「サイドキャスト」である。オーバーヘッドのサオのストロークを横にしたと考えればよい。

また、上から木がかぶさっている場所など、サイドキャストでも難しい時は「ロールキャスト」を使う。

振り込み

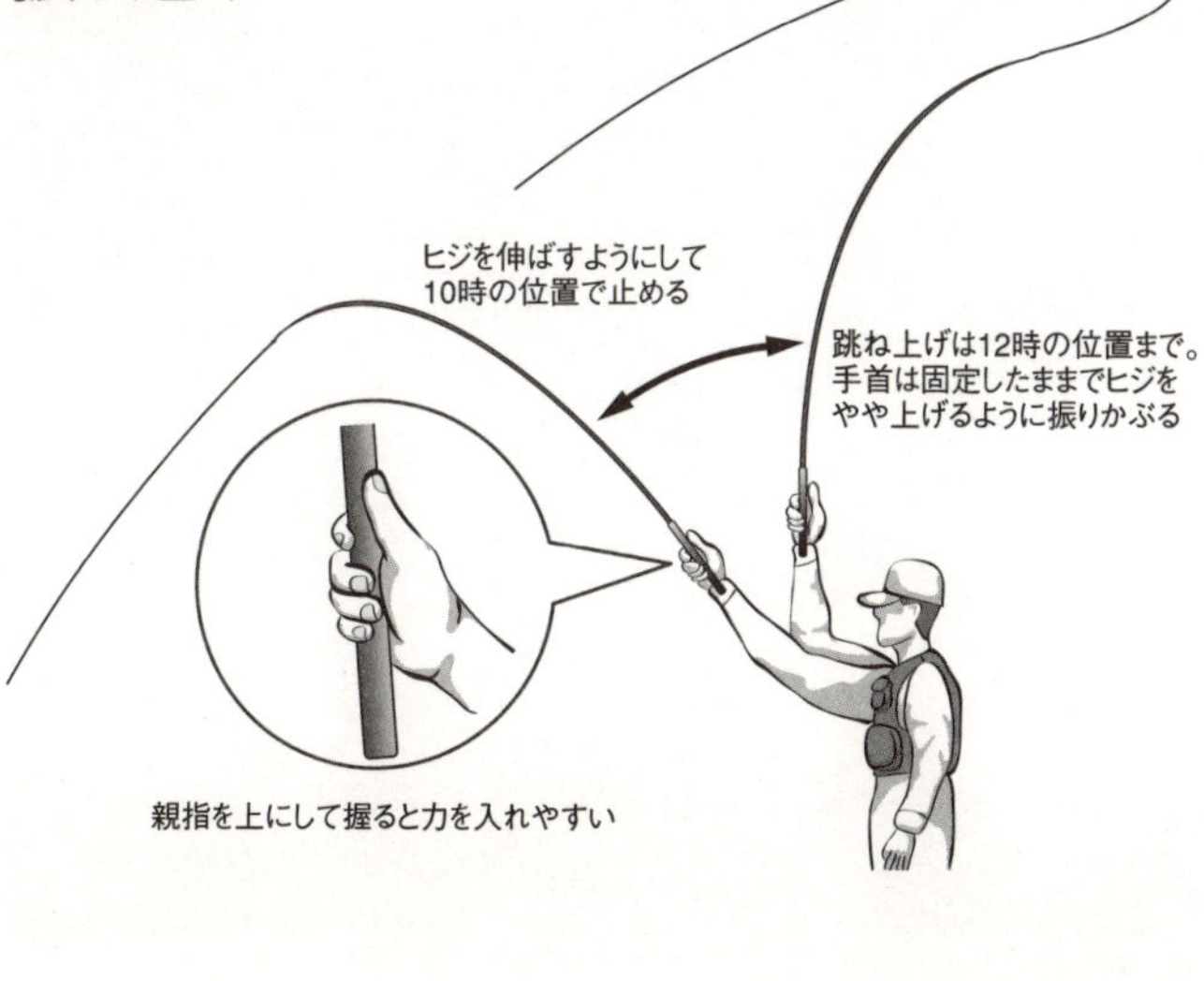

ヒジを伸ばすようにして
10時の位置で止める
跳ね上げは12時の位置まで。
手首は固定したままでヒジを
やや上げるように振りかぶる
親指を上にして握ると力を入れやすい

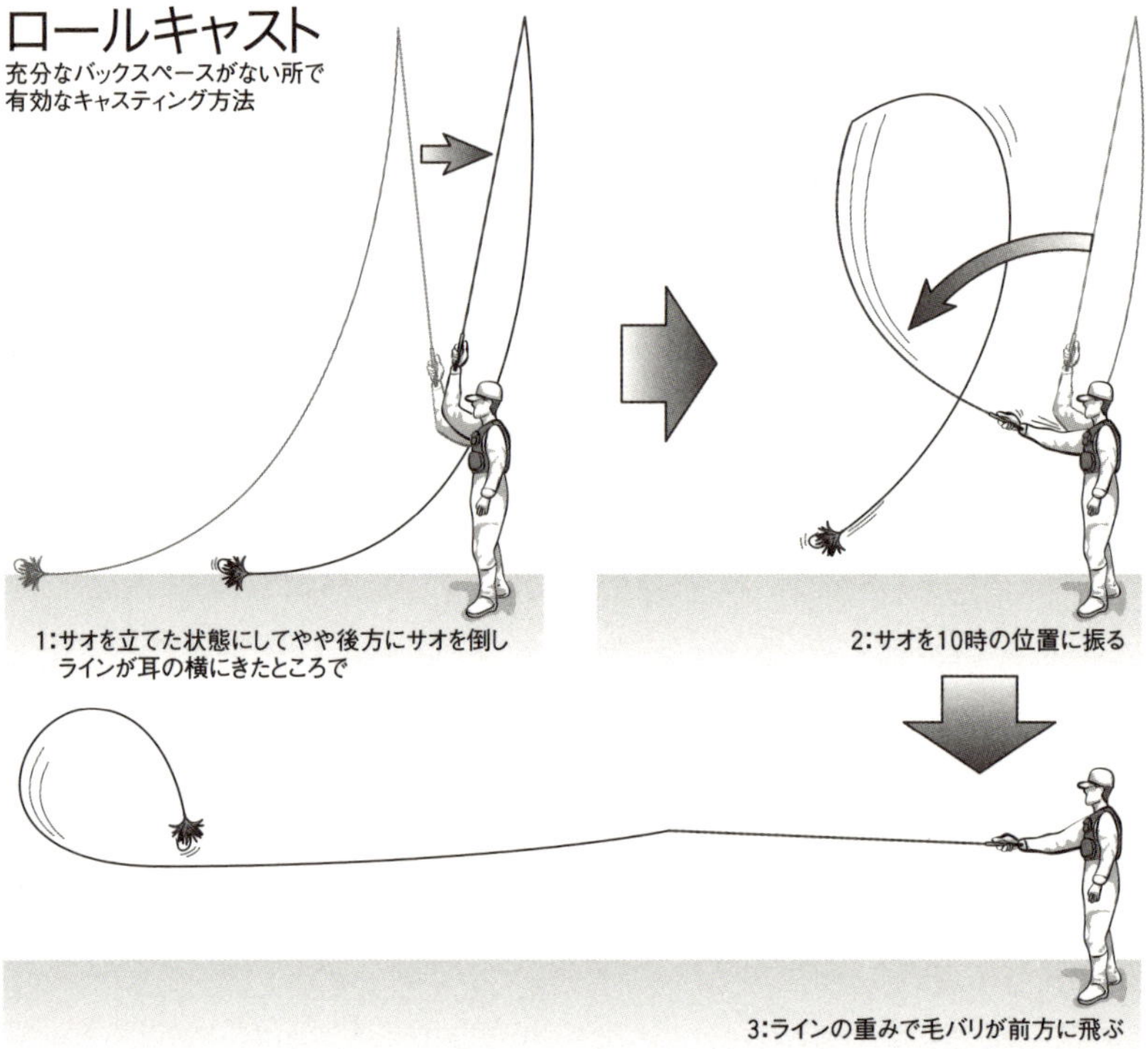
ロールキャスト
充分なバックスペースがない所で
有効なキャスティング方法
1:サオを立てた状態にしてやや後方にサオを倒し
ライ ンが耳の横にきたところで
2:サオを10時の位置に振る
3:ラインの重みで毛バリが前方に飛ぶ

このように後方に煽るのは逆効果。真上でしっかりサオを止めてから前方に振り込むのがコツ

# テンカラ釣りのポイント

渓流釣りの章で、渓流魚が生息しているのは「身を隠しやすい場所で、しかもエサが捕食しやすい場所」と書いた。もちろんテンカラ釣りのポイントにおいてもこれは当てはまる。

しかし、テンカラ釣りは表層または水面の少し下をねらう釣りである。また、適しているのは昆虫が水面を流れている時期や、水中のカワムシが羽化する時期である。そのため、魚がいても表層の流れが速すぎるとうまく捕食できない場合がある。

また、軽い毛バリを流すという点も考慮しなければならない。川の流れは表層と底層では速度が違う。流速のあるポイントの底付近に着いているヤマメを、軽い毛バリで釣るのは至難の業である。

したがって、テンカラ釣りにおけるポイントとは、「魚が隠れることができる場所の近くで、しかも表層のエサが捕食できる流速の場所」である。具体的には、流芯脇のタルミや瀬脇、淵のカケアガリなどが中心となる。

〈落ち込み〉

①下流部のカケアガリに着いている番兵を釣る

②続いて流れの落ち込みの手前に振り込み、スジに沿って流すと、泡が消えるあたりでアタリが出る

③落ち込み脇の左右のタルミも見逃せない

〈淵〉

水面が鏡のようになっている淵ではア

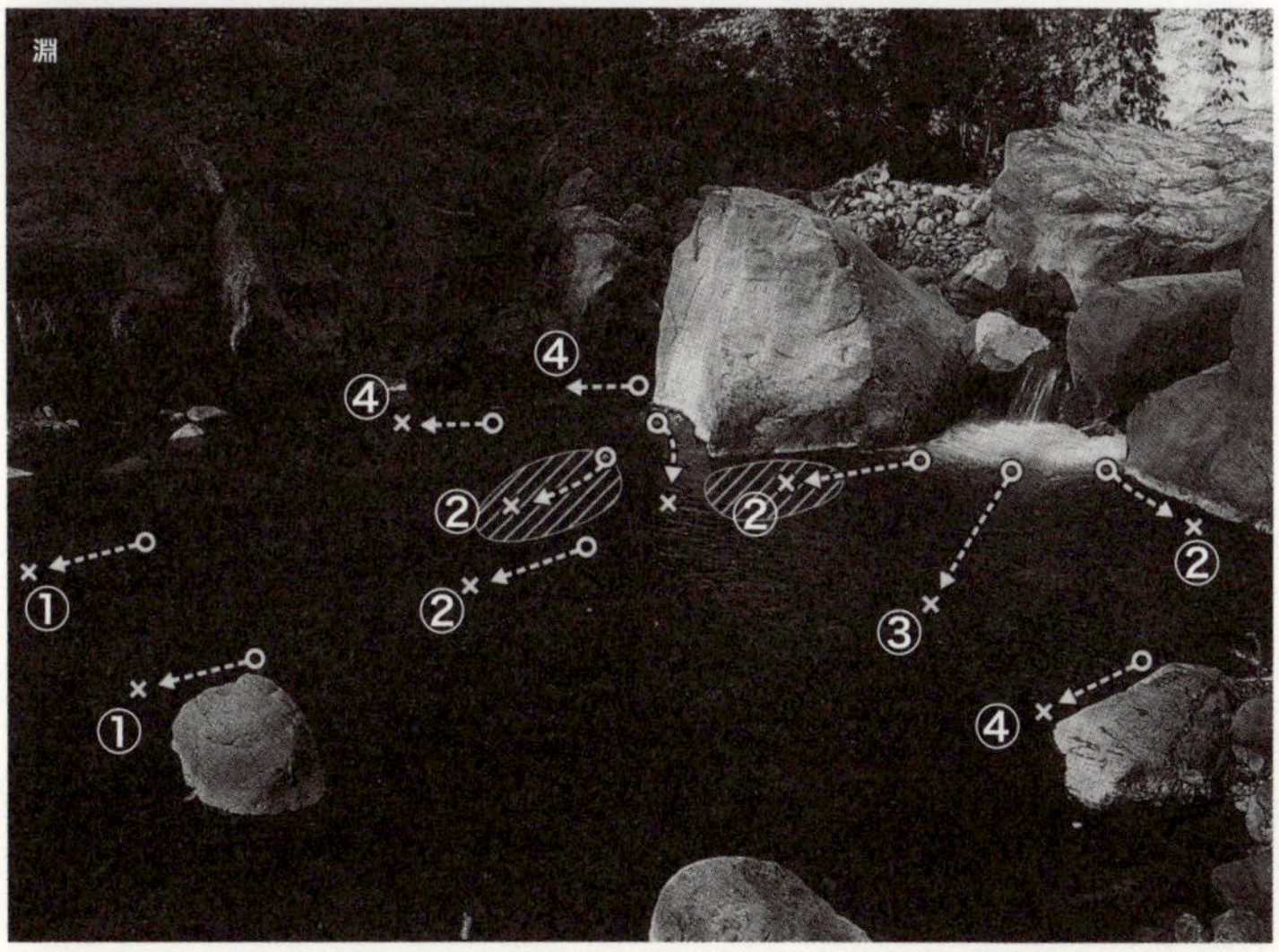

プローチには最新の注意が必要だ

①下流部のカケアガリに着いている番兵を釣る

②落ち込みからの流れのスジ付近は、どこでも魚が出る確率が高い

③深い淵では魚が見えなくても、何度か打ち込みを繰り返すと魚が浮いてくることがある

④イワナは淵のヘリにいることもある。不意に追い込まないように注意が必要だ

〈トロ瀬〉

ユッタリとした流速のトロ瀬は、テンカラ釣りのベストポイントといえる。

本筋、流心脇、そして下流部や中流部から上流まで、至る所がポイント。下流(①)から上流方向(②)へ順に釣り上がる。

水の透明度が高いので、アプローチは魚に悟られないよう、低姿勢で行なうとよい。

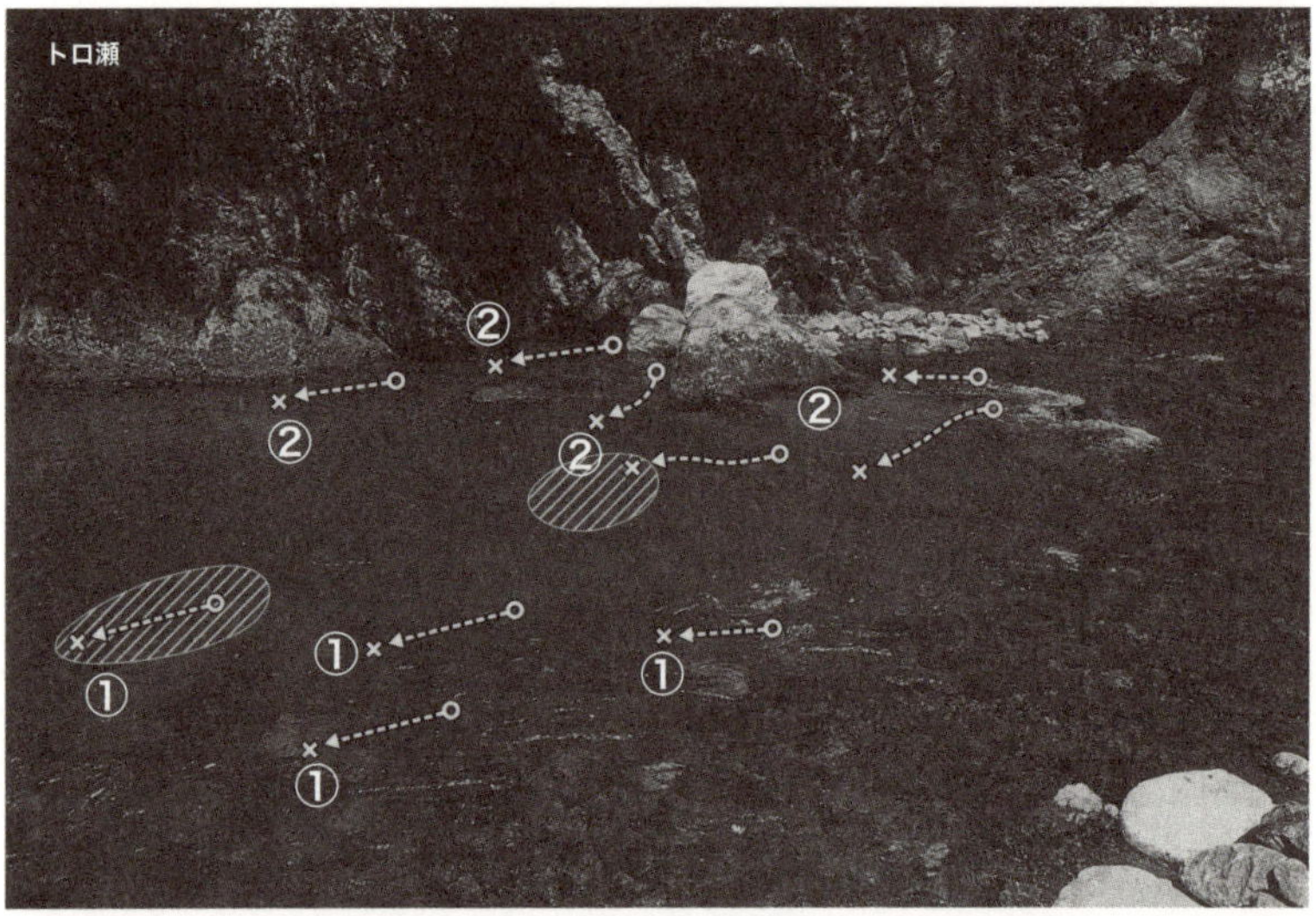


〈チャラ瀬〉

エサ釣りだと超浅場は敬遠される傾向にあるが、オモリを使わないテンカラには持ってこいのポイントである。それだけにエサ釣りに荒らされていないサオ抜けの可能性が高い。

魚がいればすぐに食ってくる反面、慎重なアプローチを心掛けたい。

全体がポイントだが、わずかでも深みが形成されているスポットは本命ポイントだ。

## テンカラ釣り／実践編

〈ポイントへのアプローチ〉

テンカラ釣りにおいてもアプローチはできるだけ静かに、できるだけ遠くから、そして必ず手前側から釣ることを心掛けてほしい。釣り場に立つと、どうしても1級ポイントばかりに目が向いてしまうが、まっすぐにそのポイントへ近づいては万事休すである。

通常、淵のヒラキ（手前）などにいる魚は、そのエリア全体の魚に対する番兵のような役割を果たしている。この魚が危険を察知して本命ポイントに逃げ込んだら、エリア全体の魚が警戒してしまう。誤って手前の魚を走らせてしまったら、そのポイントはほぼ終わりと考えたほうがよい。

ポイントへのアプローチは、可能なかぎり下流から近づくようにする。そして流れ出しを丁寧に釣り、まず番兵の魚を釣りあげてしまうことだ。それから1級ポイントを攻めるという手順である。また、できるだけ下流側から上流を釣る。こうすることで、横のブッシュに毛バリを引っ掛けるなどのトラブルも少なくてすむ。

エサ釣りと同様にポイントから離れてアプローチするのが基本

〈毛バリの流し方〉

毛バリは自然に、流れに沿って流すのが基本である。毛バリが不自然な流れ方をすると、魚は見向きもしてくれないか、出てもピシャッとした鋭い反応になる。これを合わせるのは至難の業だ。

しかし、自然に流れる毛バリには魚もゆっくりと素直な出方をする。毛バリに反応はするが、魚がうまく掛からない時は、流し方に問題があることが多い。

さて、テンカラ釣りをしていると、近くで「パシャッ」とライズが起こることも珍しくない。こんなシーンに出会ったらしめたものだ。ライズする魚は、「水面を流れるエサを食べてますよ」と、自分でアピールしているようなものだ。

しかし、そこにいくら毛バリを打ち込んでも釣れない、という経験をした人も多いのではないだろうか。この場合、ライズがあったのは魚が「捕食する位置」であって、「定位している位置」ではない場合と考えられる。

私の経験では、ほとんどの場合、魚が定位している位置と捕食する位置（ライズする位置）は異なる。多くの魚は毛バリを見つけてから追尾し、反転しながらくわえて、自分が定位していた所に持ち帰ろうとするようだ。

したがって、ライズよりもさらに上流

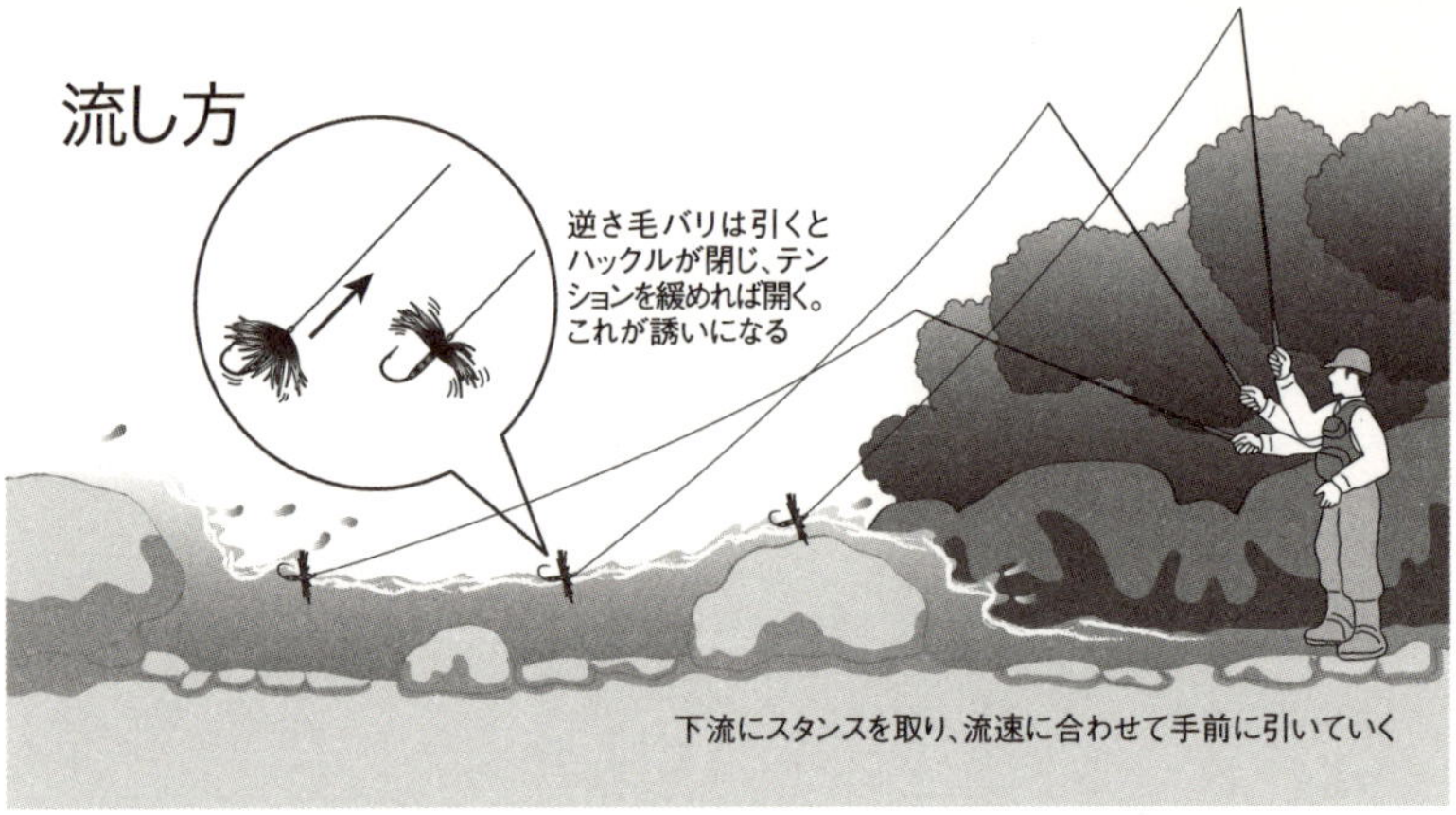
流し方
逆さ毛バリは引くと
ハックルが閉じ、テンションを緩めれば開く。
これが誘いになる
下流にスタンスを取り、流速に合わせて手前に引いていく

に毛バリを打ち込み、自然に流さなければ、魚は反応しない。常に魚が定位している位置を想定し、それよりも上流に毛バリを打ち込めば、釣果も上がるはずだ。

〈テーパーラインでの流し方〉

テーパーラインを使う場合は、それなりの重さがあるのでラインが半円形にたるむ。そこで、毛バリが流れるのに合わせて徐々にサオを立て、このたるみを維持しながら流すことを心掛けよう。

魚が掛かれば、一定のたるみを維持したラインがスーと張られたり、不自然な動きをする。これを見逃さないようにして合わせればよい。

〈誘い〉

どうしても毛バリに反応しない場合には、誘いをかけてみるのも効果的である。それまで全く出なかったのに、誘いをかけた毛バリの動きで活性が高まることもある。

誘いの方法としては、水面で毛バリをスーッ、スーッと数回大きく引いて水面に注目させたあと自然に流す方法や、一定のリズムで引きと停止を繰り返して流す方法などがある。

また、私はよくやるのだが、ラインを引きながら手を震わせる方法も効果的だ。いずれの場合も魚が警戒するほどの強いアクションではなく、虫が逃げるような自然なイメージを演出することが大事だ。

毛バリが不自然な動きをしないようにラインをコントロールする

〈アワセと取り込み〉

毛バリへの出方は千差万別である。だが、どんな出方をしたとしても、確実なアワセを決めるために最も大切なことは、しっかりと毛バリを食わせることである。

そのために必要なのは、前述したとおり毛バリを自然に流すこと。そしてもうひとつ、ラインにテンションが掛からないように流すことだ。

テンションが掛かっていると、魚はそれを感じとってすぐに毛バリを吐き出してしまう。これを防ぐため、毛バリが着水したらサオ先を送り込むようにしてやる。こうすると、ハリスをピンと張らずに、たるませた状態で流すことができる。

アワセの動作は、慌てずにゆっくり行なうのが基本である。水面に浮く毛バリに出た魚であっても、ラインにテンションが掛かっていなければ、がっちりくわえてくれる。水面が割れた瞬間に合わせるのではなく、ひと呼吸置くくらいのイメージいいだろう。

毛バリを沈めている場合も、ラインがスーと動いたら、ひと呼吸待ってから合わせると掛かりがよい。余裕を持ったアワセをすれば、確実に魚は掛かる。確実に合わせることができれば、寄せる途中にバレることもほとんどない。途中でバレるのは、アワセが早すぎて掛かりが浅かったのだと思って間違いない。取り込みは、ある程度魚の引きを吸収したあと、ラインをたぐり寄せるようにする。

サオよりもかなりラインが長いため、手でたぐり寄せながら取り込む

column

# 我妻徳雄の渓《たに》遊びカレンダー

## 3月

多くの河川が解禁を迎えるが、私の住む山形県米沢市はまだ冬景色。カンジキを履いて痩せた魚をねらうのは釣趣に欠ける。そこで積雪の少ない宮城県などへ出向く。とはいえ初旬は活性が低く、天然魚の反応は鈍い。たまりかねて関東方面に遠征することも。

また、山形県内の日本海側の河川からサクラマスの便りが届く。厳しいとは知っていても気分はサクラマスモード。ようすをうかがいに何度か釣行する。

## 4月

山形県内のサクラマス釣りが本番を迎え、暇を見つけては釣行を繰り返す。

米沢周辺でもフキノトウが顔を出し、渓流のヤマメ釣りがスタート。よほどの冷え込みがないかぎり、早朝は渓流へ日参。ねらいは居着きの天然ヤマメである。

同時に山菜採りもスタート。フキノトウから始まってコゴミ、ゼンマイ、タラノメ、ウルイ、ウドなどを釣りの合間に採取する。ただしゼンマイだけは我が家の重要な保存食なので、本気で採りに行くことも多い。

サクラマスの釣りは難しい。だからこそ1尾に価値がある

## 5月

1年で最も忙しい時期。ほぼ毎日早朝4時に起床し、自宅周辺で2～3時間ほどヤマメ釣りを楽しんでから出勤する。魚はすべてリリースするが、代わりに山菜が食卓を飾る。この時期ならではの贅沢だ。

まとまった時間が取れれば内陸部でのサクラマス釣りへ。毎年、この時期までには何尾かゲットしたいものだが、思うような釣果に恵まれない年も（泣）。

戻りヤマメ釣りも本格的にスタートし、宮城県白石川などへたびたび出没。県外への遠征も多くなる。ほとんどが車中泊である。

## 6月

秋田県のサクラマス釣りが解禁を迎えるため、休みが取れれば北上する。戻りヤマメを求めて県内外の河川に出撃することも多い。

地元では相変わらず4時起きでヤマメ釣り。ときおり尺クラスが釣れる。山菜はミズナの盛りで、これも保存食になるため、釣りのたびにまとまった量を採取。30kg ほど漬ければ目標達成である。

源流釣りも一部でスタート。積雪量の少ない河川を選ん

渓流沿いで採れるミズナ（ウワバミソウ）

## column

で出かける。仲間はイワナ釣り、私はもっぱらゼンマイ採りだ。その結果、ひとりでは担ぎきれずに仲間の手を借りることもしばしば。仲間はいい迷惑だろうが、宴会の肴作りや食事は私がやっているんだから、お互いさまか？

### 7月

梅雨の盛期。インターネットで雨量と河川水量を見比べながら出撃する河川を決める。ねらいは40㎝を超える大ヤマメだ。

梅雨明けからは朝日・飯豊山系などの本格的源流を楽しむ。仲間と焚火を囲んでの宴会が至上の喜び。

また、地元の河川ではテンカラ釣りがスタート。朝の釣りから夕方の釣りへと移行し、ようやく寝坊ができる（笑）

### 8月

涼を求めて仲間と源流へ。この時期しか入渓できない、厳しい遡行の渓を訪れる。釣り方はなんといってもテンカラである。

メジロアブの発生時期は釣りを控えるが、禁断症状に負けて防虫ネットを被り、完全装備でテンカラを振ることも。時にはフライロッドに持ち替えてドライフライの釣りを楽しむ。

### 9月

シーズンを締めくくるのにふさわしい大ものを求めて精力的に釣行。北海道へニジマス、アメマス、サケ釣りに出かけるのもこの時期である。

同時にキノコ採りもスタート。特にマイタケには異常なほど入れ込んでしまう。見つけると舞い踊るほど嬉しい、というわけで「舞茸」と呼ばれるという説にもうなずける。そのため、この時期の源流釣行はマイタケの出る場所を選んで足を運ぶ。イワナをちょっと釣ったら、あとは山のなかを駆けずり回っている。

香りといい大きさといい、栽培物とは比べものにならない天然マイタケ

### 10月～

渓流釣りは禁漁の時期。一抹の寂しさを補うため休日はキノコ採りに精を出す。そして一部の河川でサケ釣りがスタート。大ものの引きを楽しむと、今年の渓遊びも無事終了である。

シーズンオフは竹製のエサ箱とタモ網作りに精を出し、雪との格闘で体を鍛えて来シーズンに備えるのである。

# 第3章

# 本流釣り

## 本流釣りと渓流釣りの違い

本流釣りと渓流釣りを比べると、ポイントもその攻め方も基本的には同じである。しかし、フィールドの大きさや広さはまるで違う。

本流釣りの舞台は広い川原と圧倒的水量を擁する水深のある河川であり、ねらうターゲットも大きい。そのためサオは渓流用よりも長くなり、タックルも変わってくる。

渓流釣りは、ある程度の経験を積めばポイントの見極めや仕掛けの流し方などが分かるようになり、それなりに釣れるだろう。ただし、釣行回数を増やすだけでは、上達の度合いはあくまで「それなり」に留まる。それ以上を望むのであれば、ピンスポットへの振り込みの習得など、技術的研鑽を積まなければならない。

また、アプローチに気を使ったり、取り込みでは引き抜いたり場所を移動するなど、渓流魚を警戒させせないためのテクニックも必要だ。さらに、ポイントを変えながら釣り上がるスタイルなので、遡行の技術も求められる。

一方、本流釣りでは、広い川の流れから魚の着き場を見極める目が重要になってくる。波や流れのスジ、ヨレなどを読んで魚の居場所を想像し、そこに的確にエサを流し込む技術が要求される。エサを振り込む場所が少し違うだけで流れるスジが変わり、それが釣れる、釣れないの分かれ目になることもしばしばだ。

だから、ひとつの場所で長時間粘ることも多いし、先行者がいてもあまり気にすることはない。フィールドが広いだけに、先行者が見逃したり、釣り残した魚がたくさんいるからだ。

そして何より魅力的なのは、ねらう魚の大きさだ。本流の魚はデカイ。水量が多く、エサが豊富な本流域では、魚たちは渓流域よりもひとまわり大きく成長する。そして、広く強い流れがそこに棲む魚たちをさらに逞しくする。当然、ファイトも強烈だ。渓流域ではなかなかお目にかかれない尺上はもちろん、40㎝を超える大ヤマメも多く潜んでいる。したがってサオや仕掛けにも、強い流れのなかで大ものを手にできる性能が要求され、それらを使いこなす腕も必要になる。

美しい姿形の戻りヤマメ

## 本流釣りのタックル

フィールドの広さやねらう魚種によって、必要なサオの長さや硬さ、調子は変わる。当然、イトの太さやハリの大きさなどの仕掛けも異なるわけだ。

ここでは、本流釣りのタックルについての基本的な内容を解説し、具体的な詳細は魚種別の項目で解説する。

〈サオ〉

広いフィールドを釣る本流釣りでは、8m前後の長さのサオを使用することが多い。初めて本流ザオを手にした人は、その長さと重さに戸惑うのではないだろうか。実際にサオを伸ばすと持ち重りのぶんが加わり、相当な重さを感じるだろう。

8mクラスになると、片手でのサオ操作は無理。振り込みもエサを流しているときも、サオは両手で持って構える。サオの操作は、52ページで紹介した両手持ちの方法で対応できるはずだ。サオの長さが違うため戸惑うかもしれないが、基本は同じである。

〈仕掛け〉

本流釣りの仕掛けは、サオよりも50cmほど長くするのが基本だ。たとえば8mのサオを使う場合、仕掛けの全長は8m50cmが目安となる。

仕掛けが長ければ、そのぶんだけ長くポイントを探ることができる。また、魚の強力な引きに耐えるためにも、仕掛けが長いほうが有利である。仕掛けがサオより短いと、魚が掛かって疾走された時、サオを曲げて食い止めようにも手遅れになる場合が多い。

一方、長仕掛けであれば走られてからも時間的余裕ができ、サオを曲げて胴に乗せることがたやすくなる。これにより、魚の疾走を止めるというサオの性能を最大限に活かすことができるのだ。

イトの太さは、もちろんねらう魚種や大きさによって異なる。20cmほどのヤマメをメインに釣るのであれば0・1号の太さでも充分だろう。しかし40cmを越す大ヤマメがターゲットなら、0・1号など一瞬のうちに切られてしまう。できれば0・5号以上の太さが欲しい。

ねらう魚種や大きさに対して、必要最小限の強度の号数を使用するのが基本的な考え方である。必要以上に太いイトを使えば魚に警戒されやすいし、サオが破損する心配もある。だが、細すぎるイトを使うと、せっかく大ものを掛けても切られて悔しさだけが残る。適切な号数を選ぶようにしたい。

魚種ごとに使うイトの太さの目安は、90ページ以降を参考にしてほしい。

〈その他の装備〉

装備は、渓流釣りの流用でほとんど事足りるだろう。最近は本流釣り用のベストやタモ網など、用途に応じた専用装備も発売されている。

## 本流釣りの基本テクニック

〈アプローチ〉

渓流釣りの章で「ポイントに近づく時はできるだけ静かに、そして、できるだけ遠くから、しかも必ず手前から釣ること」と書いた。本流釣りにおいても基本は同じである。

釣り場が広いからといって、いきなり川へジャブジャブ入って、深場の本命ポイントにサオをだしてはいけない。手前にいた魚を沖へ追い込み、本命ポイントの魚にも警戒されてしまう。

まずは川岸近くの浅い場所から攻めるべきである。特に早朝、腹を空かせた魚は暗さと静けさから警戒心を解いて、エサを獲りに浅場に出てくることが多い。こんな所で？ と思うような浅場で意外な大ものに遭遇するチャンスがあるのだ。大ものは深い所にしかいない、と思うのは大間違いである。

浅場にいる魚は、エサを探しに来ているのでむしろ釣りやすいといえる。浅場のスジから順々に深場のスジへと釣り移り、本命ポイントにたどりつくのが最良の手順だ。とにかく、手前から順に釣ることを心掛けたい。

浅い場所からねらうのがアプローチの基本

岸際から離れ、
身を低くするなどの工夫が必要

〈立ち位置／ポジション〉

釣り人の立ち位置も重要である。確実にヒットさせるため、そして、掛かった魚を確実に取り込むためだ。

本流釣りでは、自分の正面かやや下側でアタリが出るように立ち位置を決めるのが基本である。

本流域はエサが豊富なので、魚は渓流以上に選り好みする傾向が強い。エサをじっくりと観察しているようだ。そのため、仕掛けをできるだけ長い距離に流せばヒットの確率が上がる。

しかし、下流側へ流すのもほどほどにしなければならない。サオとイトが伸び

本流釣りでの立ち位置

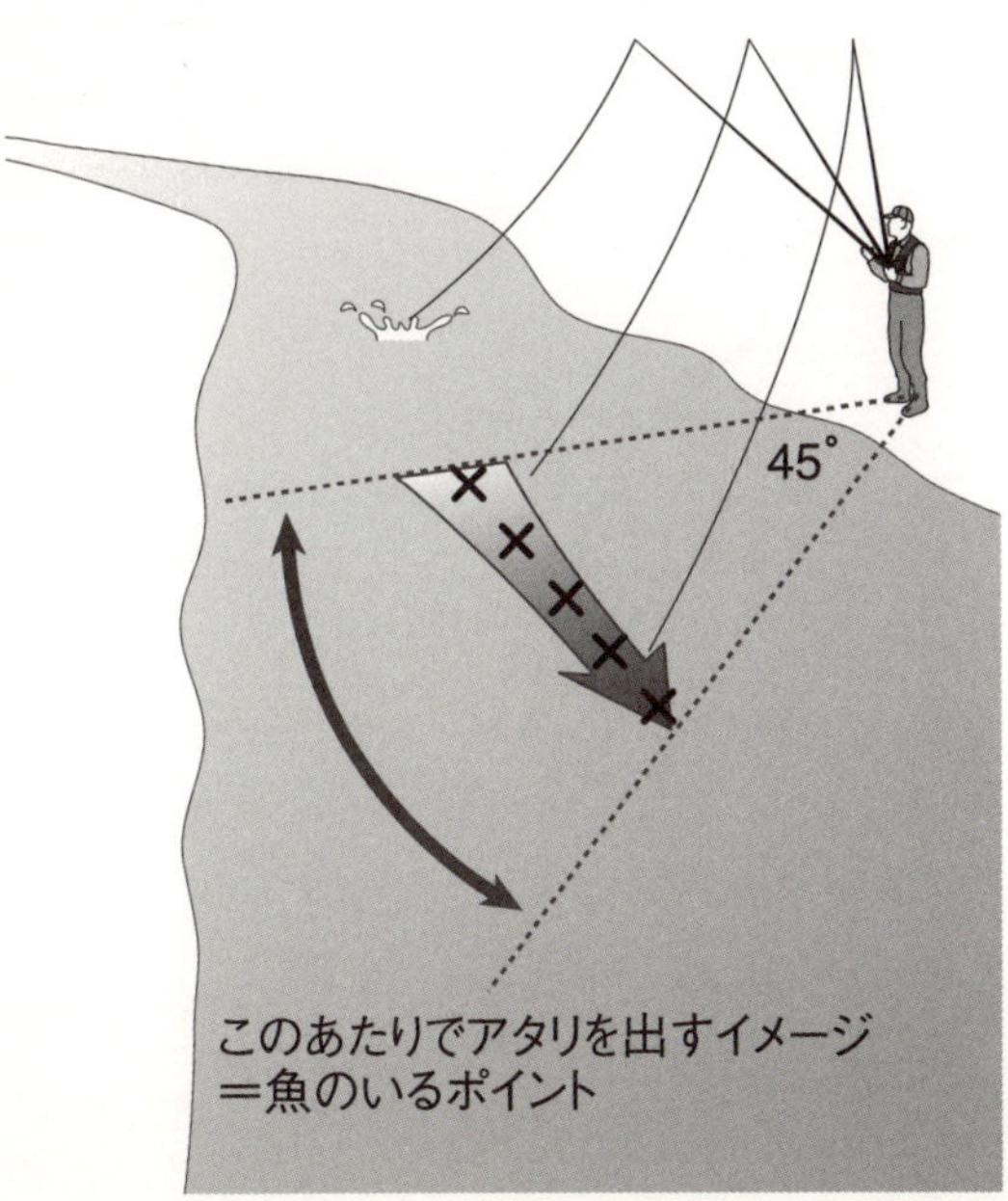
45°
このあたりでアタリを出すイメージ
＝魚のいるポイント

切った状態で魚がヒットしても、サオのタメが利かず、イト切れを起こす可能性が高いからだ。小型であれば何とかなるだろうが、大型の魚はハリ掛かりすると流れを利用して一気に下る傾向がある。それをサオのタメで食い止める必要があるのだ。

釣り人の正面か、やや下流側で掛けた時には、アタリと同時にサオに充分なタメができるので大型でも対応しやすく、その後のやり取りもスムーズに行なえる。流し終わりの目安は、せいぜい自分より下流へ45度までだろう。それより下流を釣りたい場合は、立ち位置自体を下流へ変えることである。

〈振り込み〉

本流での振り込みは、サイドキャストができれば充分である。

・流れを利用した振り込み

通常は、サオを立てラインが張るのを待ってサイドキャストを行なう（53ページ）。これだけでも充分なのだが、開けた本流域で繰り返し同じスジを流す場合は、流れを利用した振り込みが効率的である。この振り込みを覚えると手返しが一段と早くなる。簡単な方法なので、覚えておいて損はない。

・風を利用した振り込み

長ザオ、長仕掛けの本流釣りは、どうしても風の影響を受けやすい。そよ風程度であれば歓迎だが、仕掛けが吹き上がるほどの風ならば釣りをするのもひと苦労である。

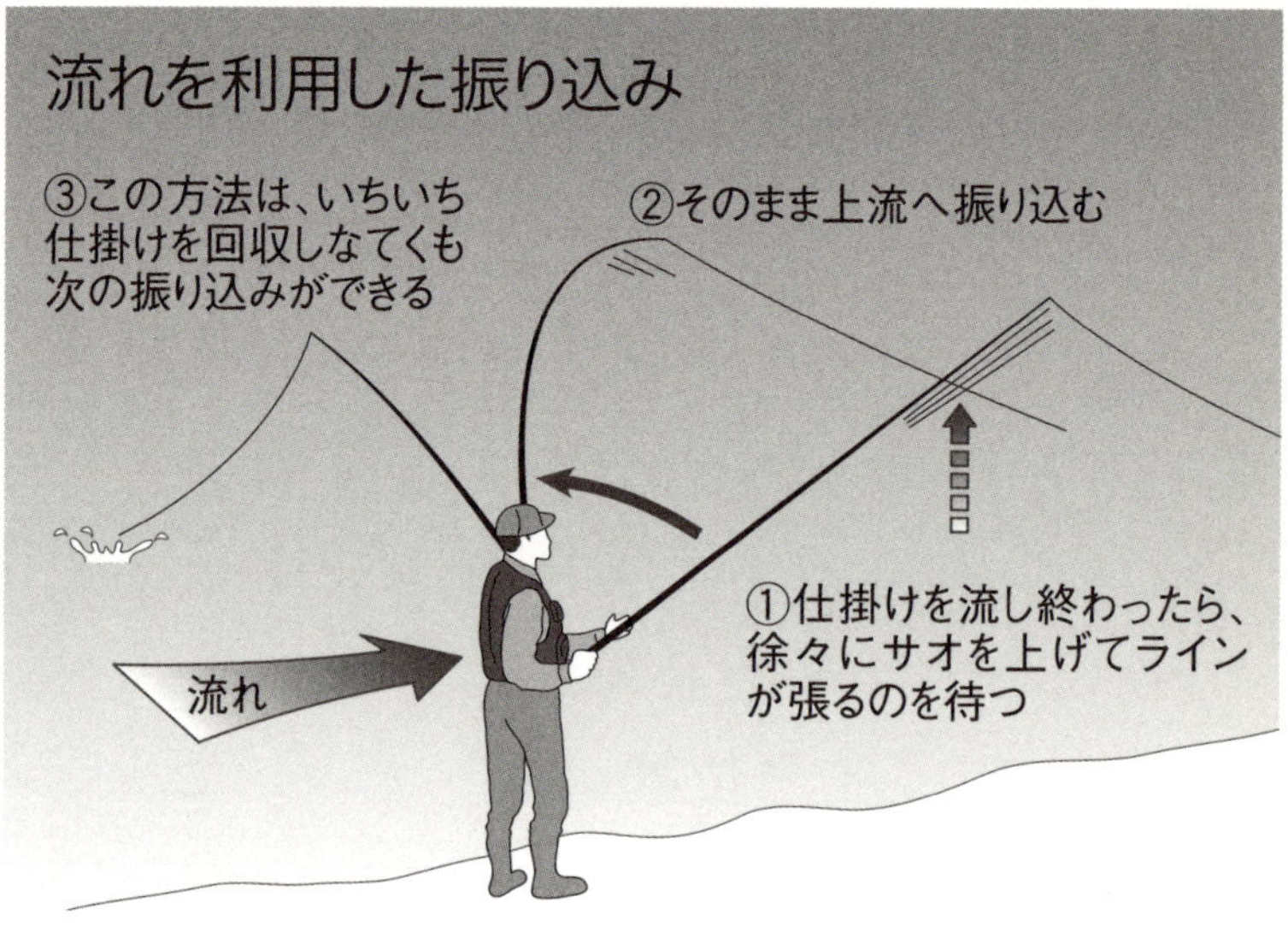
流れを利用した振り込み
③この方法は、いちいち仕掛けを回収しなてくも次の振り込みができる
②そのまま上流へ振り込む
①仕掛けを流し終わったら、徐々にサオを上げてラインが張るのを待つ
流れ

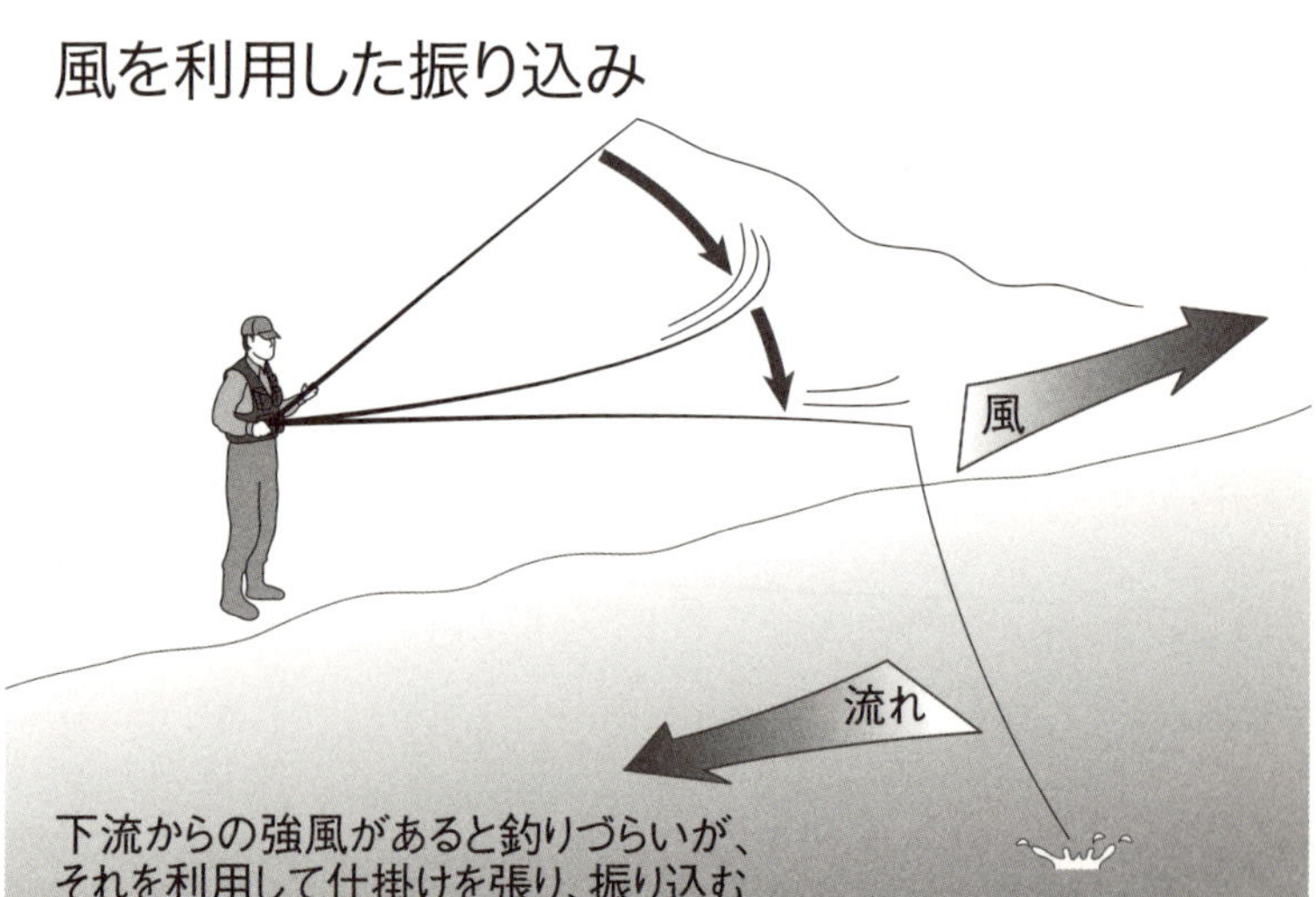
風を利用した振り込み
風
流れ
下流からの強風があると釣りづらいが、それを利用して仕掛けを張り、振り込む

下流からの風が強く、手前に仕掛けが吹き流され、どうしても対岸側に振り込めない時は、仕掛けを風に乗せて張り、上流側からキャストすると対岸側に飛ばせる。風は大敵だが、うまく利用することを考えよう。

〈取り込み〉

小型や中型魚の取り込みは渓流の章で紹介したとおりである。ここでは、超大ものの取り込みについて解説しよう。

大型魚とのやり取りは「掛けたら、まず魚の動きを止める」ことから始まる。サオが持っている性能を効率よく引き出すことが大事だ。

魚が掛かり、大ものだと判断したら、すぐにサオを上流側に寝かせて絞り込む。寝かせる理由は、立てザオで魚の引きに耐えると対岸に走られやすいからだ。サオは立てすぎず、寝かせすぎず、45度ほどの角度を保つ。そして、タメを作り魚のようすをうかがう。

次に、ターゲットの急な動きに即応できるような態勢をとる。たとえば、魚が急に下流に走り出したらサオの角度を保ちながら自分もついていく。上流へ移動しても同様である。フットワークが大切だ。

私の場合は、合わせた直後に、サオが耐えられる限界の少し手前までサオを絞り込む。これができると、大ヤマメの最初の突進を封じ込めることができ、その後のやり取りを有利に展開できる。つまり、魚に走られた結果としてサオが曲がるのではなく、自分の意思で確実にサオを絞り込むのだ。主導権を相手に渡さないことが、大ものと上手くやり取りするコツである。

さて、最後の取り込みはとにかく焦らないこと。魚が弱ったら、サオのパワーを使って引き寄せると同時に、サオを立てて魚を水面に出し、空気を吸わせて弱らせる。足元まで来たら、サオをズームアップしてタモですくう。

タモ入れの際には、こちらから網を動かしてすくうのではなく、魚をゆっくりとタモに誘導して、頭から入れるのがセオリーである。タモを動かしてすくいに出ると、魚が暴れて土壇場で逃げられることがある。

## 超大型を取り込む際の注意

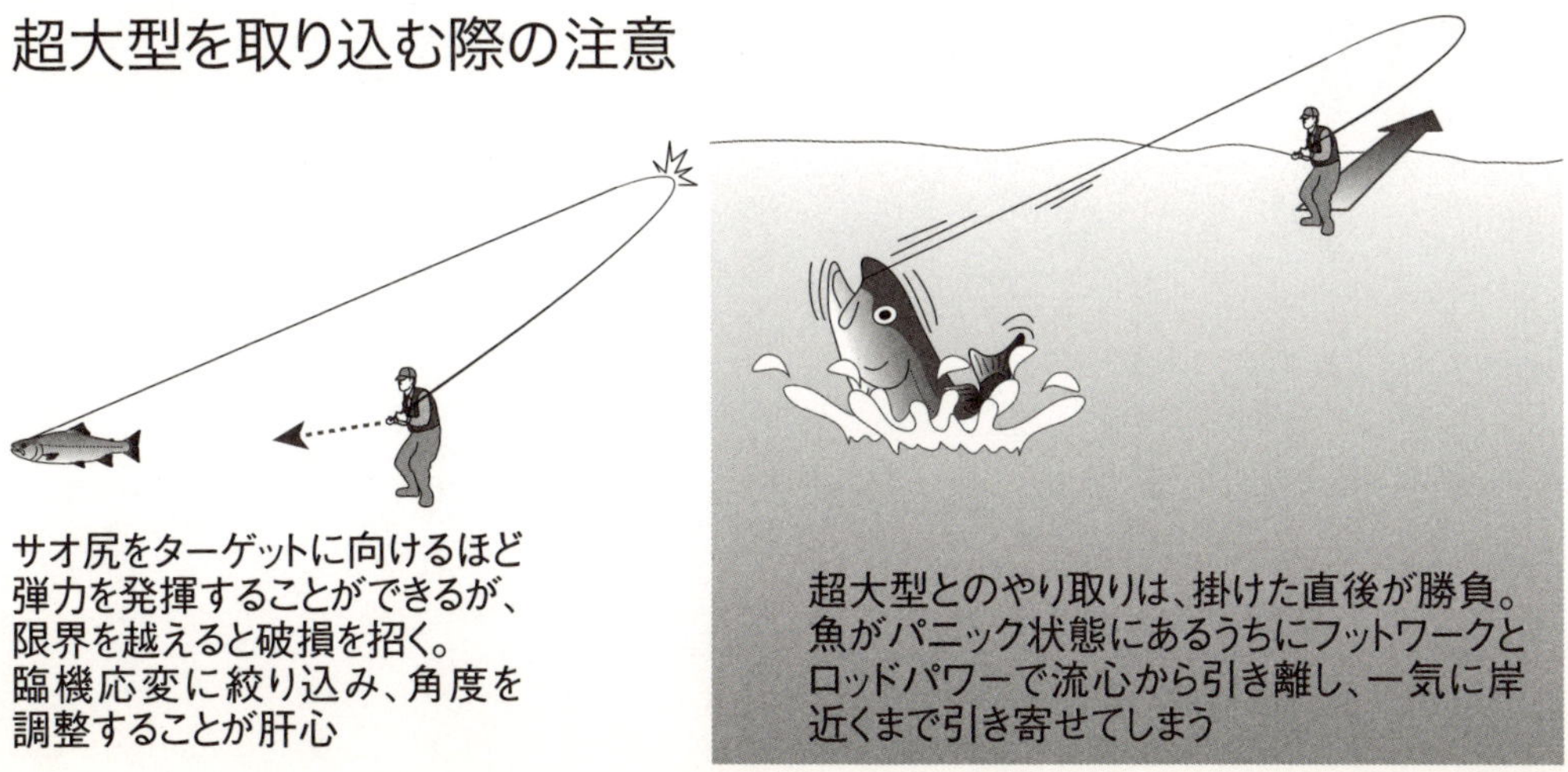
サオ尻をターゲットに向けるほど弾力を発揮することができるが、限界を越えると破損を招く。臨機応変に絞り込み、角度を調整することが肝心
超大型とのやり取りは、掛けた直後が勝負。魚がパニック状態にあるうちにフットワークとロッドパワーで流心から引き離し、一気に岸近くまで引き寄せてしまう

# ヤマメ／戻りヤマメ

## 居着きのヤマメ（河川残留型）

本流域でも渓流でも、ヤマメはヤマメである。釣り方は基本的に同じ、着くポイントも同じと考えてよい。

渓流域では、落ち込みや淵のカケアガリ、瀬脇のタルミなど、ポイントの見極めはさほど難しくない。本流域では流れのスジがいくつも絡み合っているため、ねらいが絞りづらいが、基本は渓流と同じである。川が大きいからといって不用意に立ち込まず、ひとスジ、ひとスジを丁寧に探り、「川底の流れ」をエサが自然な形で流下するように流すことである。

居着きのヤマメはとにかく釣りづらい。釣り人や外敵が多い河川で暮らしているのだから、当然学習し、かなりスレている。パーマークのしっかりした、尺を超えるきれいなヤマメを釣るのは至難の業ともいえる。だからこそ価値があるのだ。

エサは、断然カワムシに分がある。特にヒラタは食いがよい。また、大ものにはクロカワムシが効果的である。増水後や濁りが入れば、キヂも有効だ。いずれの場合も、ハリを隠すようにきちんとエサ付けすることが大事だ。

## 戻りヤマメ

〈戻りヤマメの生態〉

戻りヤマメとは、渓流域を離れていったん大堰やダムまで下り、稚アユなどを捕食して、水温上昇とともに再遡上してくるヤマメのことである。ヤマメ特有のパーマークがほとんど見られず、全体が銀白色になる。体長は尺前後がアベレージで、最大では40㎝を超える魚もいる。

戻りヤマメをねらうには、何といっても情報収集が肝心だ。魚の遺伝子の関係なのか、下流にダムや大堰があったとしても、戻りヤマメが釣れるとは限らない。釣り雑誌などで最新の情報を集め、実績のある場所に足を運ぼう。代表的な河川は、関東ならば利根川や鬼怒川、東北なら白石川や広瀬川などである。

しかし、自分の足で戻りヤマメのポイントを発見するのも楽しい。ダム湖などのある川、大堰のある川、水量が豊かな大河の支流などを目安に、探索してみるのもよいだろう。そして新たなポイントを発見したら、ぜひ私にも教えてほしい（笑）。

戻りヤマメは、ひと雨ごとに遡上を繰り返す。先週このポイントで釣れたからといって、また今週も同じポイントで釣れるとは限らない。

また、群れで行動することが多いのも特徴だ。ひとつのポイントで良型が何尾も釣れた、などということも珍しくない。遡上のタイミングを読みながら、ポイントを絞り込むことが大切である。

戻りヤマメの遡上が始まるのは、早い

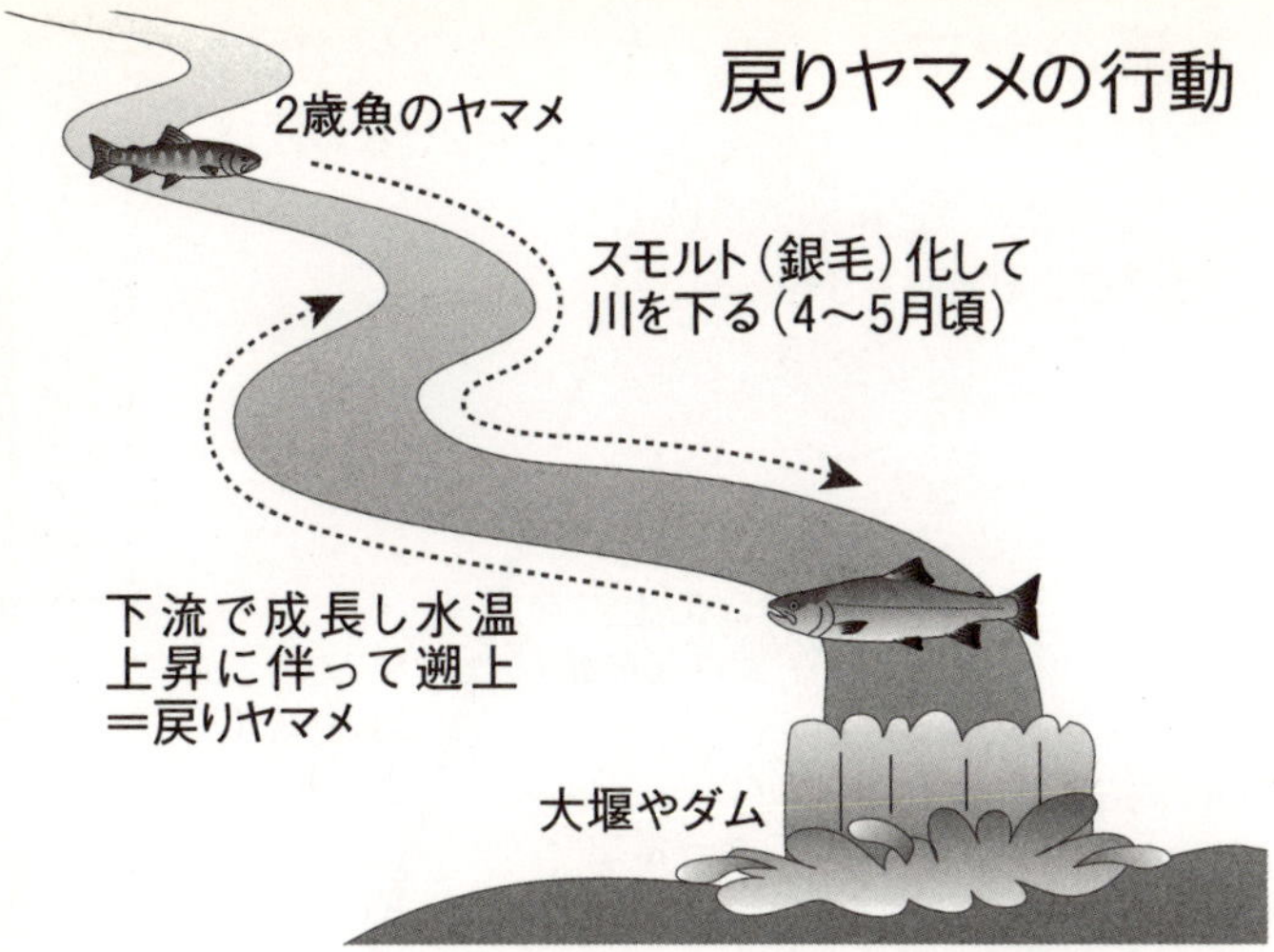


川で5月頃からである。遅くても入梅の頃までには、ほとんどの河川で遡上が始まっている。私のホームグラウンドである白石川のダム下は、5月上旬頃から戻りヤマメの便りが聞こえる。しかし、同じ白石川でもダムの上は6月中旬頃からである。このように、同じ河川でも場所によって状況が違うこともある。

また、戻りヤマメは年によって遡上数に相当なバラつきがある。原因ははっきりしないが、私の経験では、遡上数の増減には一定の周期があるように感じている。

いずれにせよ、本流釣りのターゲットとしては最高に楽しい魚である。

〈仕掛けとサオ〉

サオは、釣り場の川幅に応じて7〜9mを準備しておけば充分対応できるだろう。私は『翠隼本流ZZ S中硬70-75』、『スパーゲーム スペシャルZJ・H85-90』や『スパーゲーム ライトスペックZJ・M85/90』を使い分けている。

イトは渓相や流速、取り込み場所を考慮したうえで、0・3〜0・8号を選択する。流れが強かったり、取り込みづらい場所であれば太めのイトが安心だ。

〈戻りヤマメのエサ〉

基本的にはキヂとクロカワムシだと考えればよい。なぜふたつ挙げたかというと、河川によって好みが違うからである。

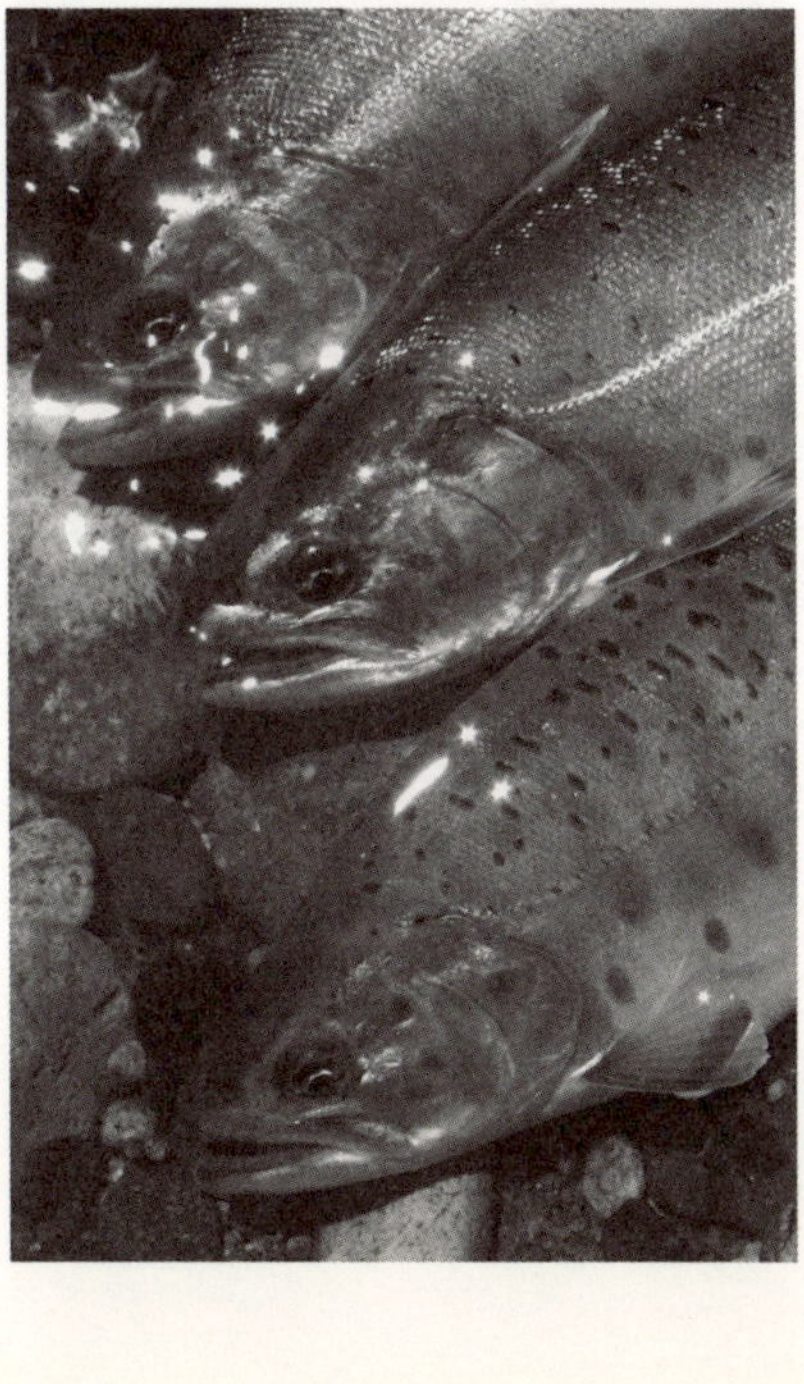

たとえば、白石川はキヂのほうがアタリエサになることが多いが、鬼怒川ではクロカワムシでないと見向きもしない。

私は、戻りヤマメをねらう場合はこの2種類を常に準備している。どちらをメインに使うにせよ、魚は同じエサを見せられ続けると、やがて警戒心を抱く。時折違うエサを見せることで目先を変えると、魚がスレるのを最小限に抑えることできる。

また、絶対の自信を持って準備したエサでも、天候や水量などの影響で見向きもされないことがある。そんな時のために、エサは最低でも2種類は準備しておこう。

## 本流のヤマメ／戻りヤマメの仕掛け

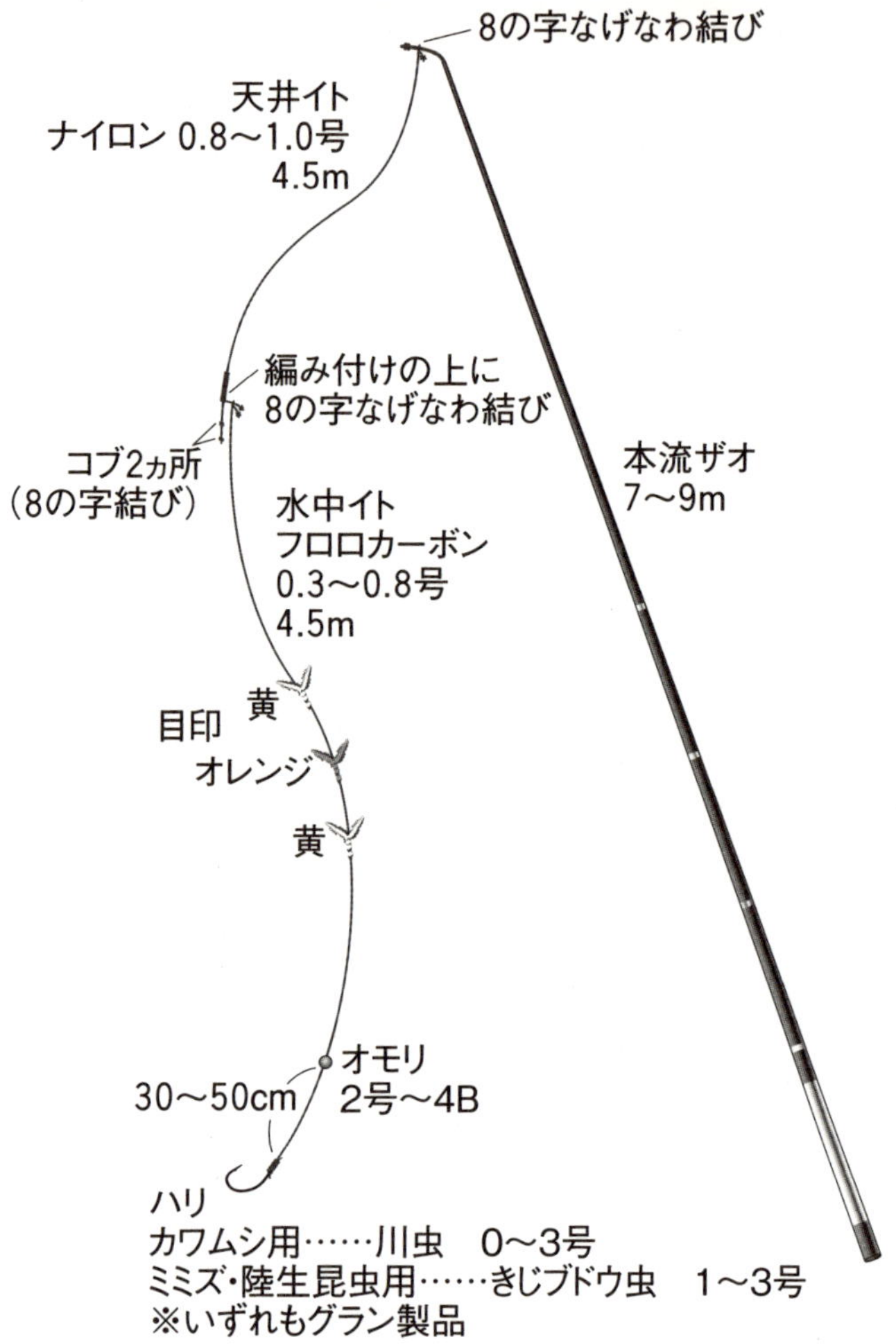


〈戻りヤマメのポイント〉

下流から遡上してくる魚なので、まだ釣り人の怖さを学習していない。堰やダムから川に入ってきたばかりの魚体なら警戒心も薄く、容易に口を使うだろう。

しかし、戻りヤマメも遡上を重ねると徐々に学習し、居着きヤマメ並みにスレてくる。まして、40㎝を超える大型を釣るのは至難の業である。ポイント選び、流し方、そして取り込みのテクニック。これらすべてがマッチしなければ、大ものを手にするのは難しい。

ポイントは、瀬のなかでも流れ込みでも「深さ」があり、「押しの強い流れがある所」。そして、キーになるのは底の状態である。底に大石や岩盤があり、受けを形成している場所は一級ポイントといっていい。大ヤマメは体力（遊泳力）があるため、水深のある強い流れのなかにいることが多いのだ。

また、大ヤマメほど視界が開けた場所を好む傾向にある。これは、定位している場所から捕食地点までの距離が長ければ長いほど、エサか異物かをじっくりと観察して判断できるためではないか、と私は考えている。実際のところはヤマメに聞いてみないと分からないが……。

また、淵のカケアガリなどにある石の前や、岩盤の前など、比較的浅いポイントも見逃せない。ここは遡上した魚が瀬を遡ったあとに休む場所である。まだハリの怖さを知らない魚が定位しているかもしれない。

なお、戻りヤマメは遡上の当初は比較的緩い流れに着き、遡上を繰り返して川になじんでくると速い流れに着く傾向があるようだ。もちろん、河川によっても違いはある。

ここでは典型的な戻りヤマメのポイントを紹介したが、エサを捕食する際は当然、居着きヤマメと同じ所に着く。こうした場所をを攻めることも忘れずに。

# サクラマス

〈サクラマスの特性〉

本流で釣れるサクラマスは、ヤマメが海に下り、産卵のために再び川へ戻ってきたものだ。サクラの花の咲く頃、海から川へと遡上してくる。

春が近づくと、サクラマスは生まれた川に戻るために接岸する。そして、雪シロで川の水が増えると遡上を開始する。サケのように短期間でいっせいに遡るのではなく、1尾、また1尾と、春から秋口までダラダラと遡上が続く。特に雨で増水した後などは遡上が多く見られる。

ヤマメとサクラマスは種は同じだが、釣りに関しては全くの別ものと考えたほうがよい。海育ちのサクラマスは豊富なエサを食べ、魚体は大きく、ハリに掛かると強い引きとローリングで激しく対抗する。だから、サオもイトもハリも、ヤマメよりも大きくて強い物が必要だ。

そして、ここが最大の問題なのだが、サクラマスは川に入るとほとんどエサは食べないと言われている。エサを食べない魚が、どうしてエサで釣れるのか？

この矛盾を簡単に説明しよう。人間ならば、蚊やブヨが目の前に来れば手で追い払うだろう。しかし、サクラマスには手がない。そこで、追い払ったり威嚇する行為を口で行なうと考えられている。

自分が気持よく定位している目の前を、必要のない物（エサ）が何度も流れれば、「このやろう！」と、思わず口を使ってしまうのではないだろうか。あくまで私の推測だが、いずれにせよ、サクラマスはエサで釣ることができるのである。

捕食しないサクラマスをエサでねらうのだから、当然釣りは難しい。また、主に威嚇のために口を使うので、アタリは総じて小さい。かすかなアタリも見逃さないようにしなければならない。

さらには、サクラマスの個体数が少ないことも、この釣りをさらに難しくしている。私自身も空振りだったことは数知れず、いや、むしろ釣った日のほうが少ないだろう。アタリすらないこともしばしばである。それだけに、サクラマスを手にした時はとてつもない感動と興奮を得られることだろう。私が初めてサクラマスを釣ったのは鮭川であった。それから子吉川、赤川、五十川……。1尾、1尾がよい想い出である。

〈サクラマスのポイント〉

サクラマスのポイントは、ヤマメとは全く違うと考えよう。当然だが、ヤマメは生きるためにエサを捕食している。だから、エサが多く集まり、取りやすい流れがポイントになる。

一方、サクラマスは川に入るとエサを捕食しない。産卵のためだけに上流を目指して遡上を続けるのである。だから、エサを食べやすい所ではなく、遡上の途中で体を休める場所がポイントとなる。

まずは、河口から遡って最初の深いトロ場がポイントになる。ここはサクラマスにとって海の延長のような場所であり、口を使わせやすいポイントでもある。

次に挙げられるのは、サクラマスの遡

上を妨げる堰堤の下や、長く続く急瀬など、乗り越えるのに苦労しそうな場所の前後にある深い淵。このようなポイントは、体力の回復を待つサクラマスが潜む可能性が高い。そして、増水を待って一気に障害を越えるのである。その後も、同じような場所でサクラマスは体を休めて遡上の機会をうかがうため、障害の上流側の淵もポイントになる。

### 〈ピンスポットの見つけ方〉

　数が少なく、いつ口を使うか分からないサクラマスを釣るためには、魚の居場所で効率よくサオをだすことが重要だ。そのためには、ポイントのなかでさらにピンスポットを絞り込まなければならない。

　具体的には、流れの変化や特に大きな石の前、カケアガリ、テトラの前、または岩盤など。このようなポイントで発生する「吹き上がる流れ」に注目する。

　サクラマスは、強い流れの当たる大石（「受け石」と呼ぶ）の前に好んで定位していることが多い。受け石は、ぶつかった流れが上下左右に分かれるスポットであり、流れが安定し、魚が定位するのに適した場所だと考えられる。

　ただし、サクラマスが定位するためには、受け石がある程度大きくなければならない。さらに、その場所で「吹き上がる流れ」がきちんと発生している必要がある。これを「吹き波」と呼ぶ。

　吹き波の存在を頭に入れながら釣り場を見回すと、ポイントが案外たくさん見

## サクラマスのおもなポイント

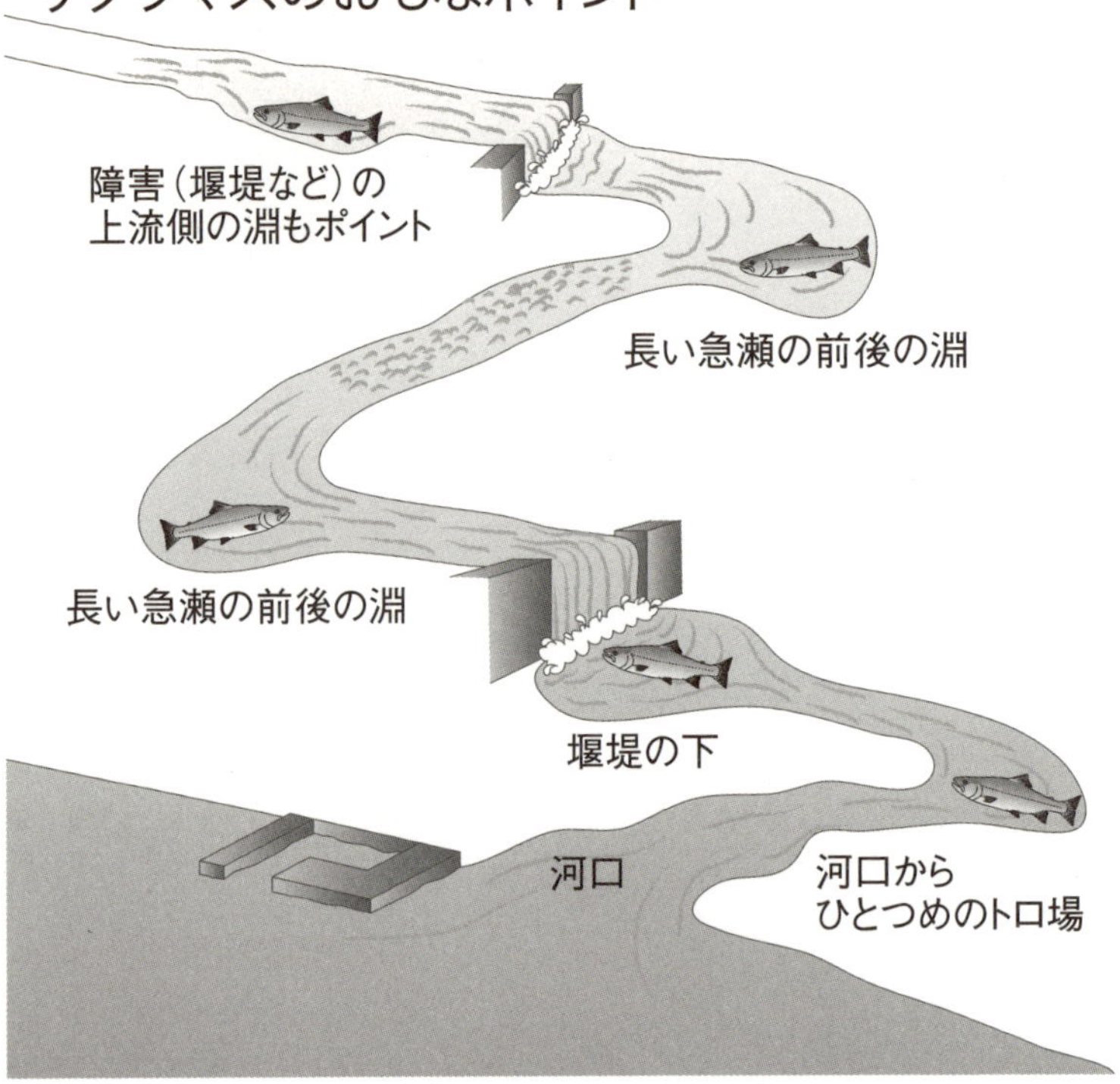


## サクラマスの好む「受け石」

水中の大きな石には、上流側に吹き上げる水流が発生している。
これを「吹き波」と呼び、サクラマスの絶好のポイントだ。
また、下流側のエグレに良型がつくことも多い

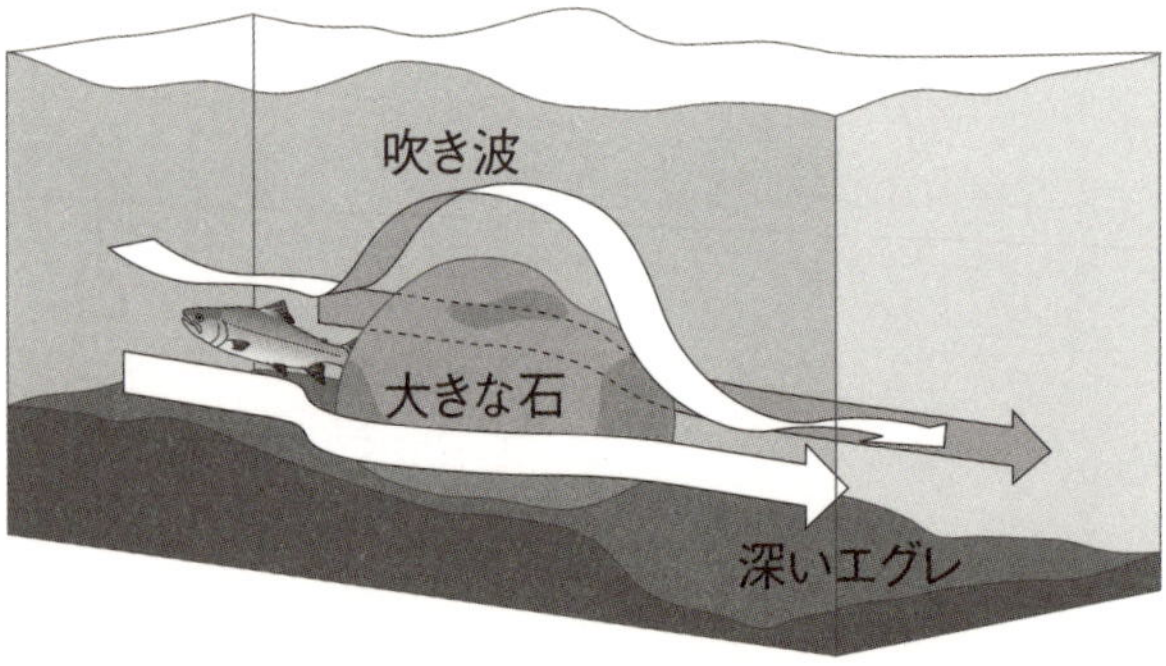

### ポイント＋受け石＝絶好のピンスポット

流れ込み付近のカケアガリも受け石が絡めば好ポイントになる

サクラマスは淵などの流れ出しにあるカケアガリを好むが、なかでも受け石の絡むピンスポットをねらいたい

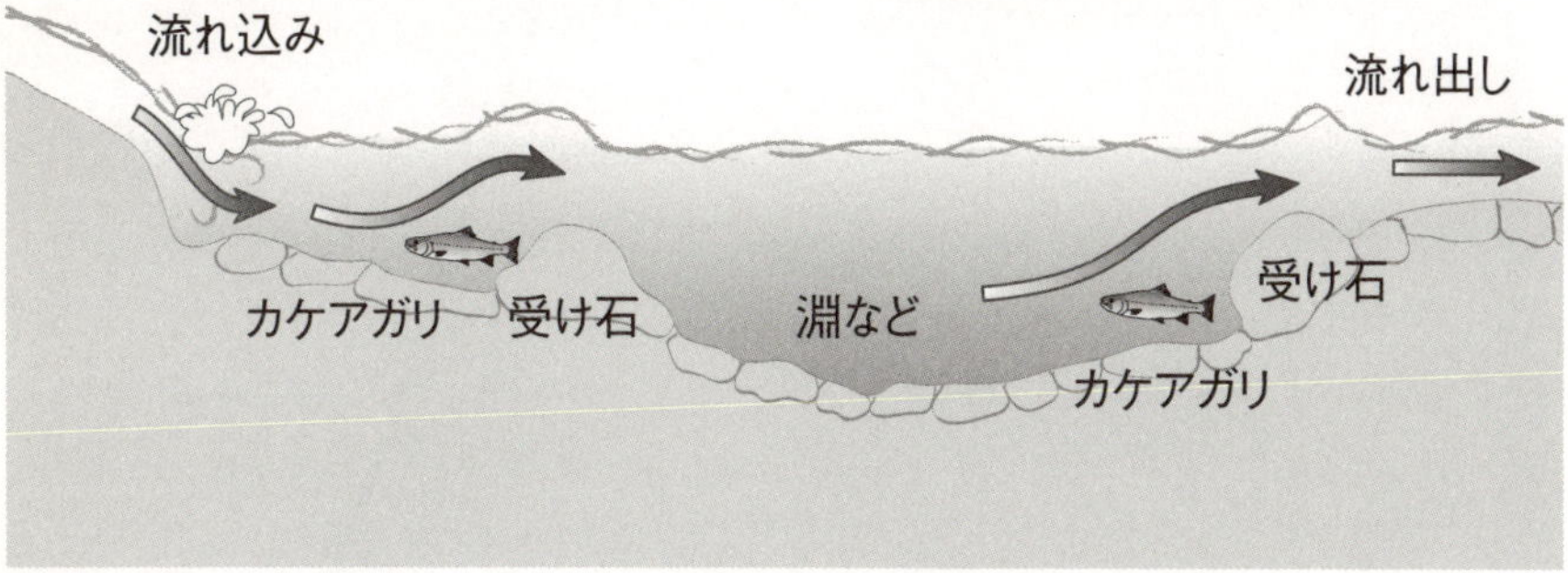


つかることに気づくだろう。これをヒントに、自分なりのポイントを探すのもおすすめだ。有名ポイントは連日のように釣り人に攻められていて、魚も相当スレているため、新たなポイントを探したほうがサクラマスと出会うチャンスも増える。決して簡単ではないが、これがサクラマス釣りの楽しみのひとつでもあるのだ。

〈時《じ》合《あい》を読む〉

サクラマスは、たとえサオをだした場所にいたとしても、簡単にはエサを食わないケースが多い。いや、むしろ口を使うことのほうが稀かもしれない。

端的にいって、釣れる日と釣れない日があり、1日のなかでも釣れる時間帯、いわゆる「時合」がある。これには潮の満ち引きが影響しているという説が一般的だ。海で生活していた魚だけに、川に入っても潮の影響を受けて活動している可能性が高い。実際、海の魚と同じように、干満の差が大きい大潮の日によく釣れる傾向がある。

また、雨が降ったあとの増水時も魚が動くタイミングだ。増水を利用して下流から次の棲み家に移ってきたばかりのサクラマスは、まだ気が立っており、近付いてきたものに対して攻撃的である。

これらを総合すると、ねらうべき時合はまず大潮、そして増水後の水が治まった時といえるだろう。このふたつが重なれば、さらに釣れる可能性はアップする。私も常にこのふたつを頭に入れながら釣行計画を立てているが、それでも思惑どおりに魚が応えてくれることは少ない。

ただ、釣りをしているなかで、何となくサクラマスが釣れる予感がすることがある。ヤマメやハヤがエサにイタズラしたり、ハリ掛りするなどして、魚の活性が明らかに上がったと分かる時だ。こんな時はサクラマスの活性も上がるようなので、チャンスを逃さないようにしよう。

〈仕掛けとサオ〉

サオは、サクラマスの強力な引きに耐えるだけのロッドパワーを備えたものを選ぶ。さらには振り込みのコントロール性に優れ、1日振り続けても疲れないものがベストだ。私は『スパーゲーム パワースペックZS・HH83-90』を愛用している。70㎝クラスまでのサクラマスなら問題なく取り込めるだろう。イトは1・0〜1・5号を使っている。

〈エサ〉

本流のサクラマス釣りで使用するエサ

はキヂである。ドバミミズを使う人もいるが、私は大きめのシマミミズを使用している。ドバミミズはシマミミズと違い、クネクネ、モニョモニョといった細かな動きが少ないからだ。

　私は、サクラマス釣りではこのキヂの動きが大事だと考えている。動きによってサクラマスを刺激し、苛立たせ、最後には口を使わせる誘いとなるからだ。だから、ハリへセットする時も基本的にはミミズ通しを使わず、ハチマチの部分にチョン掛けして動きやすくしている。

　ただし、水があまりにもクリアだったり、魚がスレていて釣れないと判断した時は、ミミズ通しを使ってハリを隠すようにセットしている。この場合はキヂを2匹掛けにする。始めの1匹はミミズ通しでしっかりと刺し、2匹目はチョン掛けでクネクネ、モニョモニョ効果を発揮させるのだ。

## サクラマスの仕掛け

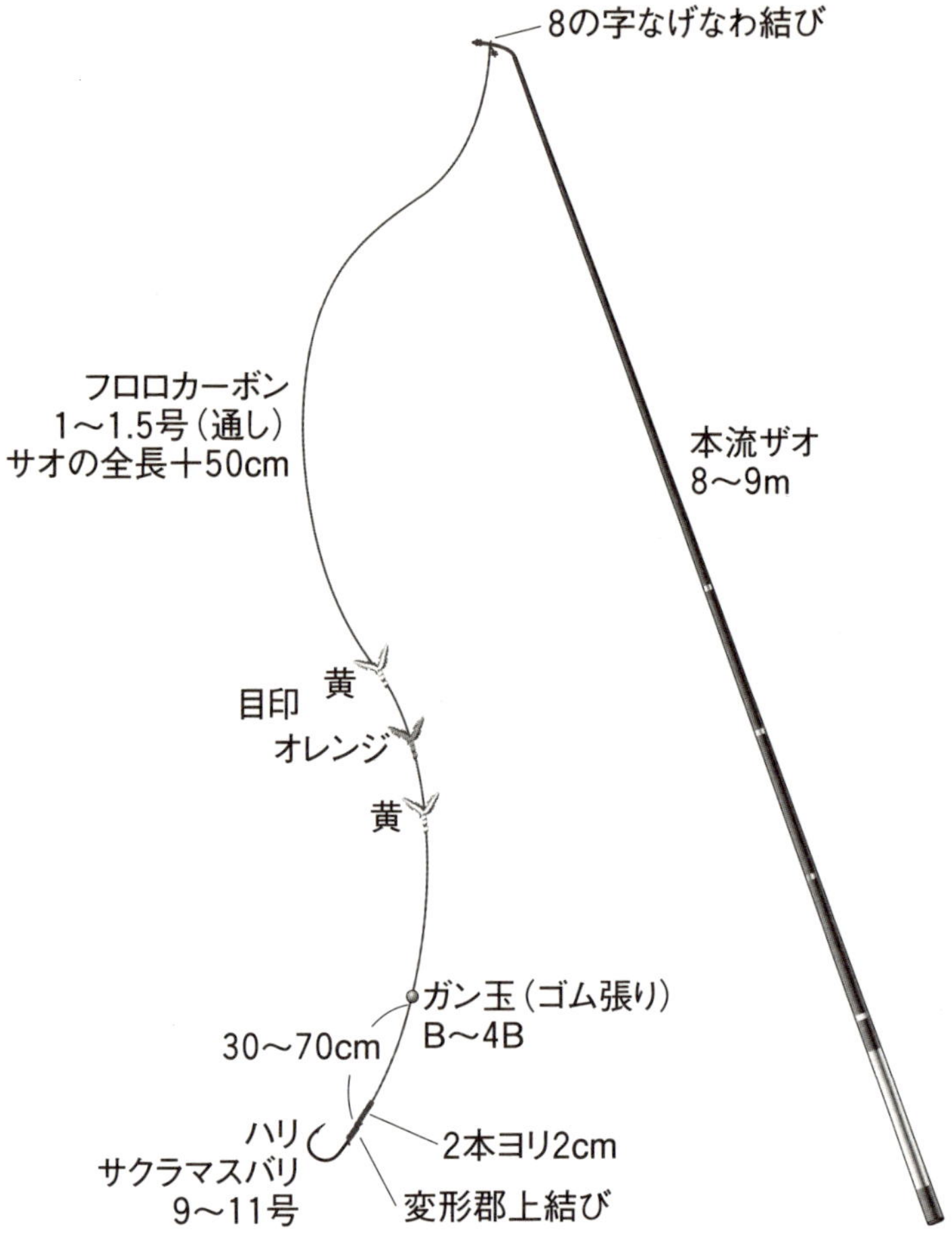


## ミミズのつけ方

〈仕掛けの流し方〉
　87ページで紹介したように、サクラマスをねらう場合も自分の正面、もしくはやや下側でアタリが出るように立ち位置を決める。くどいようだが、これはサクラマスの強力な引きに即座に対応するために不可欠だ。
　仕掛けが着水したらサオを上流に倒し、イトを斜めにしてややテンションを掛けながら、低層の流れにうまくなじませるように流す。ベタ底ではなく、10〜15㎝底を切った状態で、川の流れよりもゆっくりと流すイメージだ。

また、状況に応じて誘いをかけるのも有効である。サクラマスは、エサが吹き上がるような動きをした時に反応する傾向がある。そこで、サクラマスの目の前で意図的に同じ動きを演出するのだ。

誘い方には、仕掛けの流れを止めてハリス部を吹き上がらせる方法と、吹き波に仕掛けを乗せたままサオを上げる方法がある。不自然な吹き上げで誘いをかけるのではなく、あくまでも自然に流れていくような動きをイメージしよう。

繰り返すが、仕掛けを流した場所にサクラマスがいても、簡単には食わないことのほうが多い。いつかは食う時が来る、と信じて粘ることも大切である。

〈アタリと取り込み〉

サクラマスのアタリは、体に似合わず小さいことが多い。ガツンと強力な手ごたえが伝わったり、目印を派手に引き込むケースもあるが、ほとんどの場合は目印がわずかに変化するだけで、注意していないと見落としそうなアタリである。わずかな目印の変化でもすかさず合わせられるよう、常に神経を研ぎ澄まそう。

アタリを察知したら、すぐに合わせる。硬いアゴにしっかりと掛けるため、素早く、鋭く合わせてハリを貫通させる。

取り込みに関しては、本流釣りの「取り込み」の項目（89ページ）で紹介した要領で、ロッドのパワーを最大限活用しながら、魚の動きを見極めてサオの操作を行なう。サクラマスの引きはとにかく強力なので、絶対に主導権を渡さないことが大事である。

……と、ここまで偉そうに解説してきたが、実は私は最初のサクラマスを手にするまでに6度バラし、7度目の正直でようやくゲットした。今考えると、魚を掛けた位置が悪かったり、アワセが弱かったり、サオさばきに問題があったりと原因はさまざまだ。私の腕ではサクラマスが釣れないのかと、一時は本気で悩んだものだった。誰でも初めはビギナーだ。難しい釣りだからと諦めず、挑み続けるしかない。私も今でこそキャッチ率は上がったが、それでも時々バラしている。まだまだ挑戦あるのみ！　である（笑）

仕掛けの流し方①

水深に応じて仕掛けの角度を変える。
深くなれば仕掛けを立て、浅ければ寝かせて流す

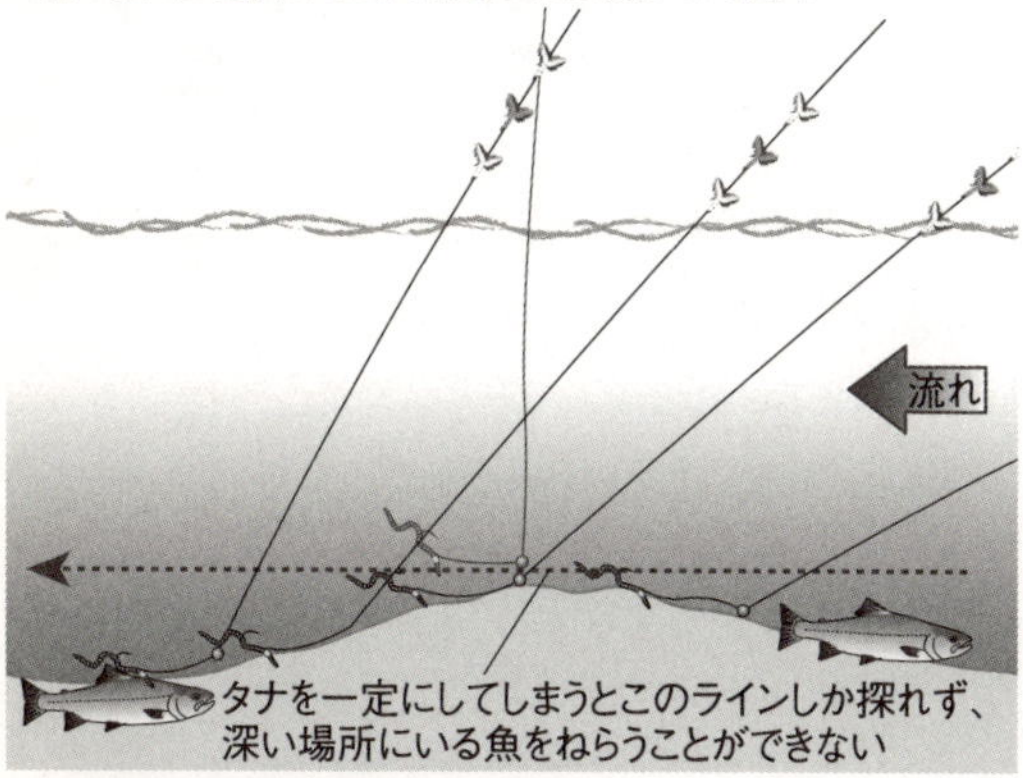
流れ
タナを一定にしてしまうとこのラインしか探れず、
深い場所にいる魚をねらうことができない

仕掛けの流し方②

仕掛けを立てたまま流すとエサを先行させづらく、
アピール度が乏しい

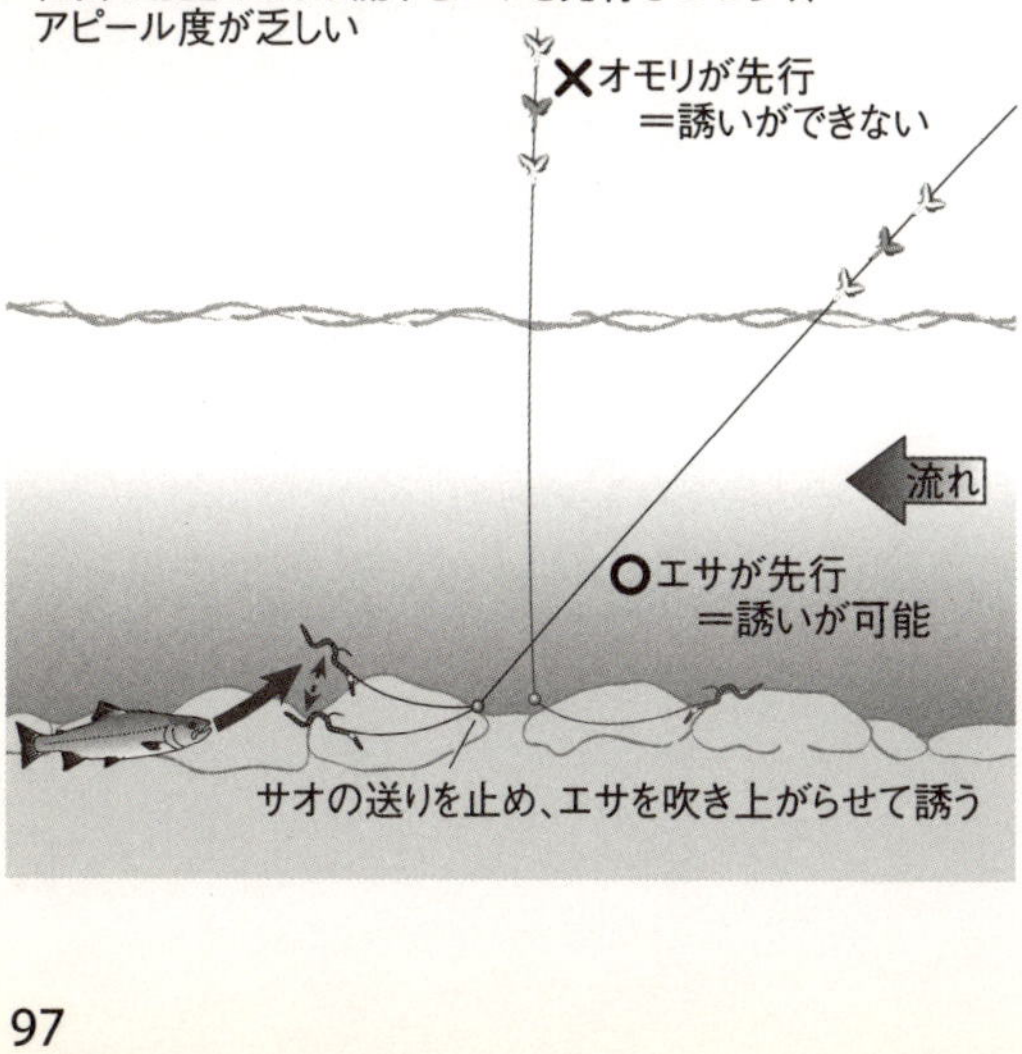
✕オモリが先行
＝誘いができない
流れ
○エサが先行
＝誘いが可能
サオの送りを止め、エサを吹き上がらせて誘う

# サケ

〈サケ釣りをするには〉

サケの魅力は、なんといってもその強力なパワーである。強烈な突っ込み、首振り、ジャンプをノベザオ1本で受け止めるという、格闘にも似たパワフルな釣りが楽しめる。

北海道の一部で始まったサケ釣りは、今では本州の多くの河川で「サケ有効利用調査」の一環として楽しめるようになった。2009年現在、北海道では虫《ちゅう》類《るい》川、茶路《ちゃろ》川、元浦川、浜益《はまます》川。本州では青森県の奥入瀬《おいらせ》川、宮城県の小泉川、山形県の寒河江《さがえ》川、月光《がっこう》川、小国川、鮭川、また新潟県の荒川、福島県の請戸《うけど》川、木戸川、石川県の手取川などでサケ釣りが可能である。

サケを釣るには事前の申し込みが必要だ。いずれの河川もウェブサイトで申し込みの時期などを公表している。本州の場合、調査期間は渓流が禁漁となった10月以降から始まる。申し込みはおおむね7月頃から始まるようだ。詳細は管轄の漁協等に問い合わせてほしい。

強力な引きを楽しみたいなら、充分に体力のあるフレッシュランをねらおう。それにはまず海に近い釣り場を選ぶこと、そして解禁直後に足を運ぶのがポイントである。

また、確実に数をねらうのであれば後期がおすすめだ。

〈サケのポイント〉

「サケ有効利用調査」では釣りができる区間が限られているので、事前に確認しておこう。

サケ釣りのポイントは基本的に障害物周辺やカケアガリなどである。水深のあるトロ瀬の流芯や、その脇などもポイントになる。

サケは群れで遡上するので、遡上数が多い時はあちこちに魚影が見える。サケの姿を見つけたら、その周辺にも必ず潜んでいると思っていい。特にビギナーは流れの変化を見ながら、水中を常に観察してサケを探すことをおすすめしたい。

〈仕掛けとサオ〉

サオはただパワーがあればよいというものではない。振り込みがスムーズに行なえて、アワセの力がサオ先にきちんと伝わるものがベストである。できれば本流ザオを流用するのではなく、サケ釣り専用ロッドをおすすめしたい。

私は『スパーゲーム パワースペックZS・HHH83-90』を愛用している。このモデルはサケ釣り専用に開発されたもので、大型の引きにも充分対応できるモデルだ。イトは2・0〜3・0号を状況によって選ぶ。

〈エサ〉

サクラマス同様、サケも川に入ると基本的にエサを食べない。したがって、闘争心をいかに煽るか、いかにエサに飽きさせないかがカギである。食紅で赤く染めたイカを使うのが一般的だが、サンマの切り身を使う人もいる。

生イカの薄皮をはがして幅1・5cm、長さ6cmほどの短冊に切る。それをビニール袋に入れ、食紅の粉末と混ぜて染める。真っ赤に染まれば完成だ。なお、釣り場には食紅で染めたものと、着色していない短冊の2種類を持参すること。エサに慣れさせないよう、交互に使うためだ。サンマの場合は、生のサンマを3枚におろし、イカと同サイズの切り身にすれば完成である。

エサ付けは、短冊の上から2cmほどの部分にハリを通して刺し抜く。ハリ先とフトコロが大きく露出するが、それでよい。さらにアピール度を高めるため、下部に3cmほどの切れ込みを2～3ヵ所入れる。

私はタコベイトや赤いワームで釣ってみたことがあるが、いずれもそれなりに釣れるようだった。サケの闘争心を刺激するものなら何でも効果があるのではないだろうか。なお、どのようなエサでも、サケに慣れさせないためのローテーションを忘れずに。

〈仕掛けの流し方〉

本流の大もの釣りの基本どおり、自分の正面か、やや下流でアタリが出るように立ち位置を決める。イトを斜めにしてややテンションを掛けながら、10～15cmほど底を切った状態で流す。

川へ入ったばかりで海の記憶が鮮明に残っているサケは、動きに変化があるもの

## サケの仕掛け

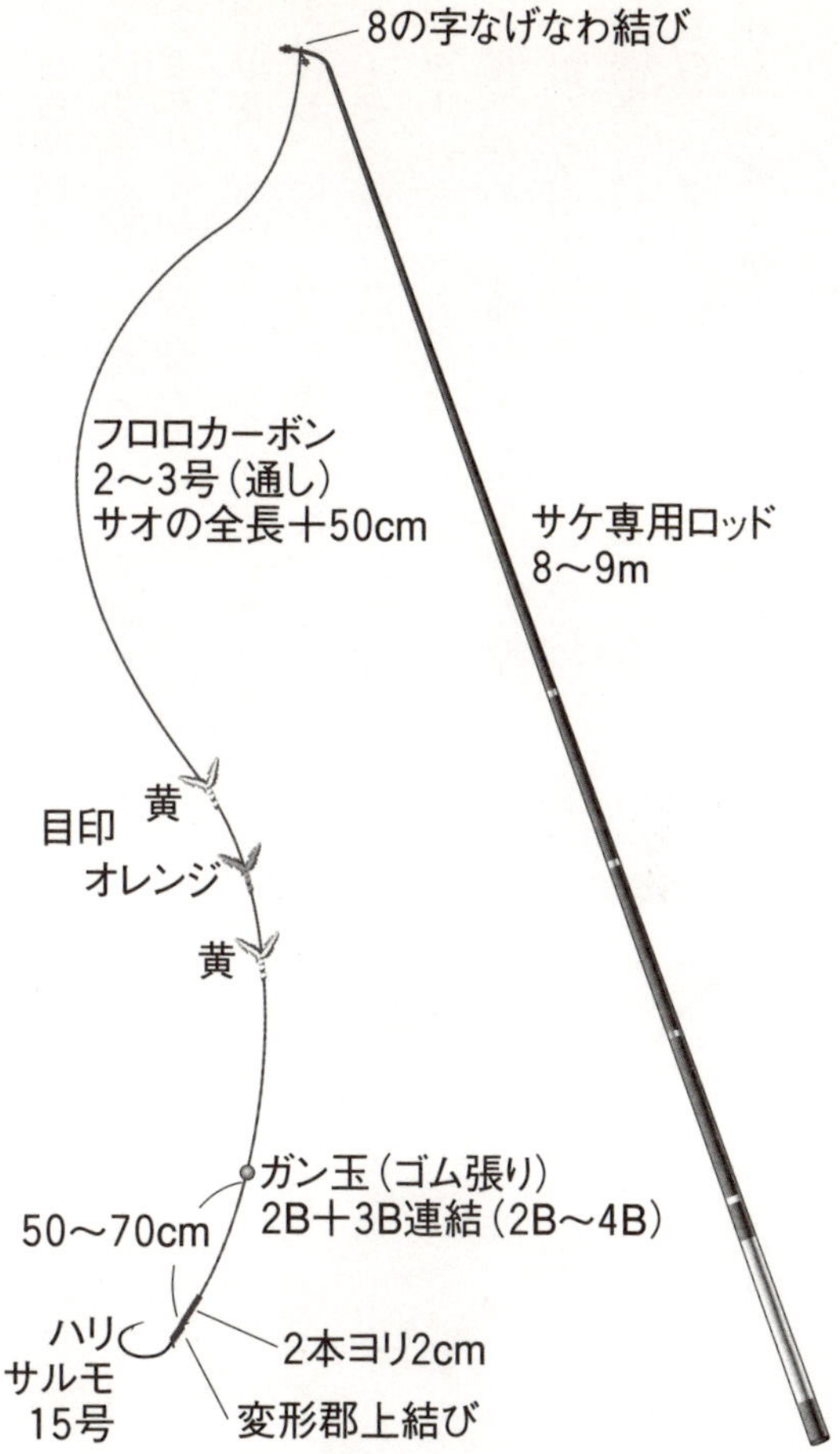


## エサのつけ方

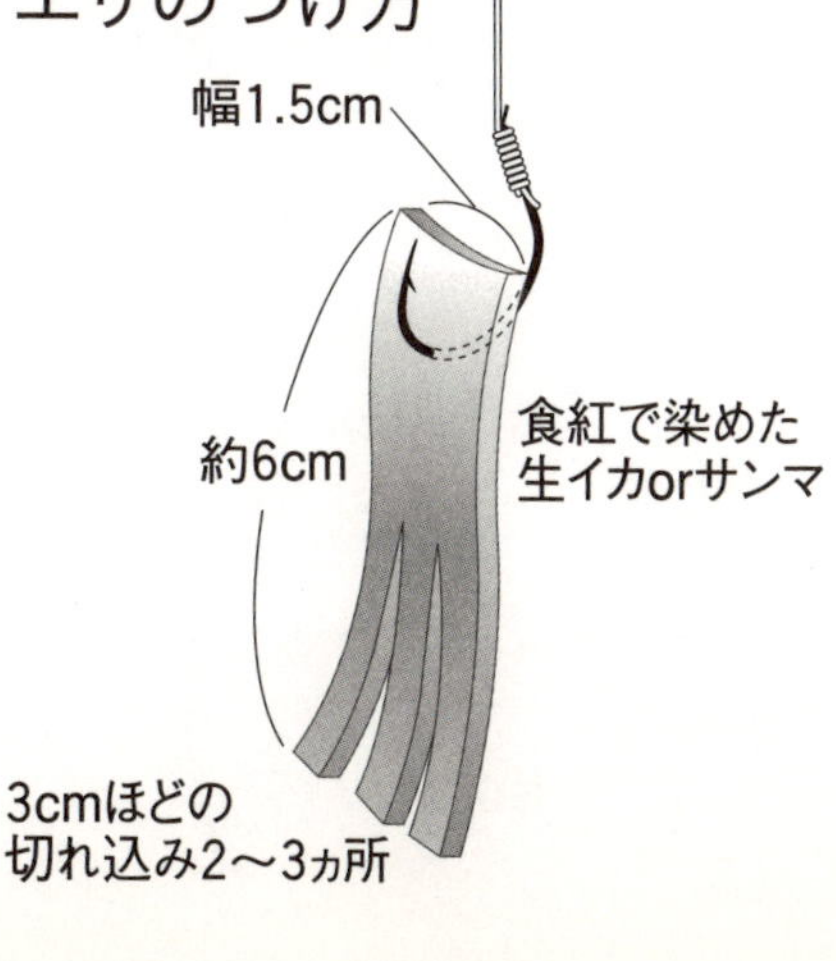

や目の前を横切るエサに強く反応する傾向がある。まずは右記の流し方を試し、アタリが遠のいたら積極的に誘いを入れよう。

　誘い方には、サオのストップ&ゴーを繰り返してエサを上下させる方法や、サオ先を小さく上下させ、エサを小刻みに動かす方法などがある。このふたつを組み合わせるのも有効だ。


〈アタリと取り込み〉


　サケのアタリは、遡上直後の魚であれば「ひったくられる」「沈み込む」などの明確な反応が出ることが多い。川に入って日数が経過し、釣り人に攻められ続けると警戒心が強くなるのか、目印が止まるようなアタリが増える。

　アタリがあったら、すかさず鋭いアワセを入れる。魚の重さを感じたら、もう1度サオをあおって追いアワセ（2度アワセ）を入れよう。これは、サケの硬いアゴを貫くためと、使っているエサが厚いので掛かりが浅いことがあるためだ。ハリが確実に貫通するように、強めに合わせるのがコツである。

　取り込みはサケとのパワー勝負だ。ロッドのパワーを最大限に活かしてサケの疾走を止める。特にフレッシュランのサケは強烈で、釣り人にも相当の体力が必要になる。

　私は腕力が強いほうではない。それでも北海道の忠類川では3時間で10尾ほど、最大80㎝オーバーのサケを釣ることができた。非力な私が心掛けているサオさばきのコツは「腕掛け」と「腹テコ」である。

　腕掛けとは、上部に添える手をサオに巻きつけ、腕全体を使って魚の重量と引きに耐える方法だ。魚の引きが強いうちはこの体勢でこらえ、弱ったら通常の構えに戻る。

　腹テコというのは、サオ尻をヘソの少し横に固定し、両腕でサオを抱える方法である。ヒットしたサケを川底から水面近くまで一気に引き上げ、この体勢のままバックして岸近くまで引き寄せる。これならば、非力な人でもサケの強力な引きに耐えられる。サオさばきに自信のないビギナーにもおすすめの方法だ。

　取り込みは、あらかじめ岸寄りの水流の弱い場所を見つけておき、そこへ魚を誘導する。サケが岸に寄ってきたら、沖に出さないように陸に上がり、魚が充分に弱ったら、先ほどの場所にズリ上げながらタモ入れしよう。

この角度をキープしたまま
バックしてサケを寄せる

# 第4章

# 源流釣り

# 源流に行く心構えと準備

　私たちの祖先は太古より山を生活の場にしていた。四季を通じて、山菜やキノコ、木の実、そしてイワナを含めた野生動物など、多くの山の恵みをいただいて生かされてきた。だからこそ、山を大切にし、感謝と畏敬の念をもって接してきたのである。

　源流釣りとは、イワナ釣りに加えて、さまざまに変化する渓谷美、そして遡行そのものを楽しむ釣りでもある。瀬音のなかに時折聞こえる鳥のさえずり、沢風に乗って聞こえる葉擦れの音。日常の喧噪を離れ、ブナの森に抱かれながら無心にイワナを追い求める。

〈源流釣りの楽しみ〉

　源流釣りは、自然が大好きな人にとって本当に楽しい遊びといえるだろう。イワナ釣りはもちろんだが、難所をひとつひとつクリアしてようやく目的地にたどり着くと、たとえようのない充実感が体中にみなぎる。初めて入渓した渓ならば、この充実感はさらに高まるだろう。実際に経験した者にしか、この喜びは味わえない。

　厳しい遡行のあとに焚火を囲み、仲間と語り合うキャンプ釣行もいいものだ。酒を酌み交わしながら、たわいもない話に花を咲かせる。たとえそこが源流の奥深くでなくても、仲間と過ごすひと時がまた楽しいのだ。もしかすると私は、このために源流に通っているのかも知れない。源流釣りは、絶対にキャンプ釣行がお勧めである。

〈ベテランと一緒に行こう〉

　滝をよじ登り、ゴルジュを突破し、激流を遡る源流釣りにおいては、釣りの技術よりも、山歩きや渓を遡行する技術のほうが大きなウエイトを占める。それなりの体力と経験も必要である。

　大イワナを釣りたい一心で、ビギナーだけで入渓するようなことは絶対に避けよう。天気の急変による急な増水への対処や、遡行を妨げるゴルジュや淵の突破など、困難な事態に遭遇した時ほどベテランの適切な判断が必要だ。常に安全を最優先にした行動が何より大切である。安全に源流釣りを楽しむため、充分な経験のある人と一緒に出かけるようにしてほしい。

　身近に経験豊富なベテランがいない場合は、釣りクラブなどの団体へ入会することを勧めたい。クラブには優れた技術と経験を積んだ多くの方々が所属しているから、行事に参加しながら腕を磨くのが確実な方法だろう。山行や釣行に毎回参加できなくても、話を聞くだけでも面白いはずだ。

〈遡行の注意事項〉

　源流釣りでは、1日で相当の距離を移動する。2～3時間の山歩きは普通で、釣りの時間を含めればほぼ1日中歩いているようなものだ。キャンプ釣行となれば、さらに大きな荷を担ぎ、何日か渓で過ごすことになる。

　それには相応の体力が必要である。い

くらクラブに所属していても、これだけは個人の努力で何とかしなければならない。だから日常的なトレーニングは欠かせない。私は今でも時間を見つけてジョギングやウォーキングを行なっている。

また、遡行中は絶対に無理は禁物だ。源流はケガだけでなく、時には死とも隣り合わせの世界である。高抵差のある高巻きや激流の徒渉では「たぶん行けるだろう」ではなく、「必ず行ける！」でなければ、進んではならないのである。少しでも不安があったら、きちんと安全確保を取るか、ルートを変えるか、あるいは潔く撤退するかである。

また、源流には、釣り人の怖さを知らない無垢なイワナが多い。自分が腕を上げたと錯覚するほど釣れることもある。しかし、いくら釣れるからといって、バカバカ釣ってすべて持ち帰るようなことは絶対にやめるべきだ。キャンプで仲間と酒の肴にいただく程度、最小限の殺生に留めてほしい。

私は日帰りであっても、ひとりで源流に行くことはほとんどない。いくら自信があるからといって、事故を起こさないという保証はないからだ。万が一、事故を起こしてしまった場合でも、仲間がいればなんとかなる可能性があるし、関係機関に連絡して救出方法を考えてくれるだろう。源流には最低でも2名以上で入渓するようにしてほしい。

〈地図を読む〉

最近は、雑誌の紹介記事やガイド本などで、渓の概要をおおかた把握できる。これらを頼りに入渓する人も多いだろう。さらに私は、2万5000分の1の地形図に水線や尾根などの情報を書き込み、全体像をイメージできるようにしている。

渓の全体像が把握できれば、釣行計画も立てやすい。また、アプローチやおよその魚止の位置を、水線上の等高線と側壁の等高線から予測することも可能になる。釣り場までの入渓ルートのバリエーション探しや、天候の急変による増水など、緊急事態に対応するエスケープルートの選択にも役立つ。なお、エスケープルートはほとんどの場合、渓でなく尾根に求めるほうがよい。

2万5000分の1地形図を持たないで源流に行くのは、よほど通い慣れた渓でないかぎり無謀だといえるだろう。地図を頼りに自らルートを探すのが普通である。

地図には、事前に以下のような書き込みをしておこう。見やすくなり、ルート判断にも大いに役立つ。

①尾根を書き込む。

②24ページ「基礎的な技術」で紹介したように、幅が1・5m以下の川は地図に記されていない。そこで、小沢にも青色で水線を書き込む。

③ガイドブックなどに書かれている情報を書き込む。テント場の位置、滝の巻き方などだ。

④入渓したことがある場所では、要所までの所要時間を書き込む。たとえば「山越えに3時間」というように、おおよその目安タイムでよい。

# 源流釣りの主な装備

〈ザック〉

源流釣りに必要なザックの大きさは、季節や宿泊数にもよるが、50~70ℓの容量が使いやすい。沢登り用に防水タイプのザックも発売されているが、一般縦走用のものでも充分だ。

背負った時に上部が自分の背丈よりも高くなるものは、ヤブ漕ぎで引っかかったり、泳ぐ際に首が上げられないなどの問題がある。やや幅広のタイプで、しかも外側に余計なものが付いていないシンプルなザックがよい。購入時に実際に背負ってみて、自分にフィットする物を選ぶことである。

泳いだり、ザックを浮き袋にしたりなど水に濡らすことが多いので、防水にも気を遣う必要がある。具体的には、ザックに防水インナーを入れ、さらに個別にしっかり防水することである。

また、ザックに水が入ってもすぐ抜けるように、水抜き用の穴がザックの底にあれば便利だ。私は自分で穴をあけ、金具を取り付けて自作している。

〈シュラフ&シュラフカバー〉

寝具は、軽量でコンパクトな夏用シュラフと、濡れを防ぐためのゴアテックス製シュラフカバーをセットで使用する。ダウン製のシュラフは軽いが、濡れると保温性が失われるという欠点がある。真夏ならシュラフカバーだけでもよいだろう。

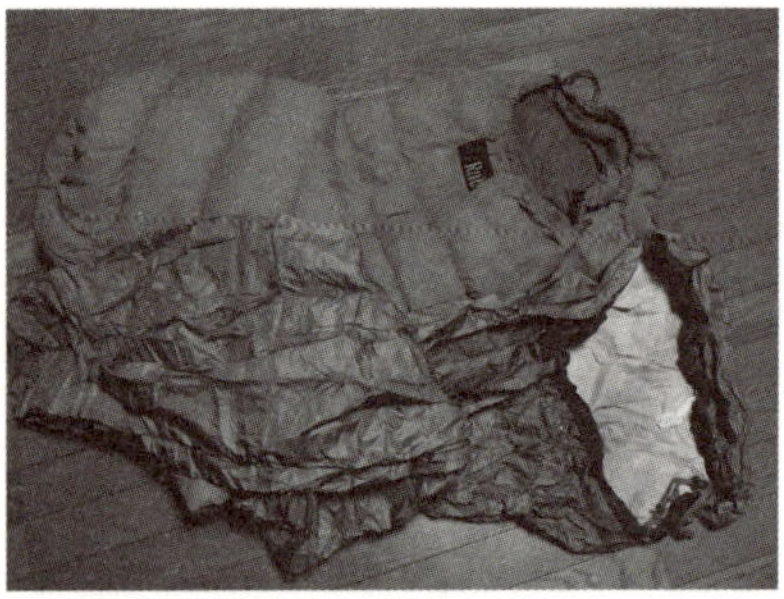

〈マット〉

マットはシュラフの下に敷いて使う。地形のデコボコを軽減してくれるほか、地面から来る冷えから身を守る働きがある。マットがないと快適に眠ることは難しい。

材質や形状によってエアーマット、銀マット、インフレータブルマットなど、数種類が市販されている。安眠を約束する必須アイテムなので、忘れずに持参しよう。

〈テントとタープ〉

渓で泊まるということは、「衣食住」のすべてをザックに入れて行動する、ということである。当然、装備品はコンパクトで軽量でなければならない。

タープ、テント、ツェルト、ビニールシートなど、さまざまな物がテント場で使われている。いずれも一長一短がある。

どこにでも張れるタープは暖かい時期の必携アイテム

早期の源流は特に冷えこむのでテントが手放せない。風雨をしのげるだけでなく、薄いナイロンシート1枚でも別世界の温かさである。一式を背負うと重いのが難点だ。

5月以降は、軽いタープがおすすめである。シンプルだが、きちんと張れば案外快適な夜を過ごせる。地面に凹凸があるとテントは張りづらいが、タープならどこでも張れるのも大きなメリットだ。

側壁がないので、雨の日などは沢の増水ぐあいを寝ながら確認することもできる。また、雨が降ったらタープを上げて、その下で小さな焚火をすることも可能だ。ただし、蚊やアブなどの虫の侵入は避けられない。

〈炊事用具〉

飯炊きや湯沸かしなど、源流での調理には焚火を使うことが多い。しかし、風雨の関係などで焚火ができない場合もある。そんな時に備えて、ガスコンロとガスボンベは必ず携行したい。

焚火での調理には、飯ごうや、ビリーカンと呼ばれるコッフェルが便利だ。これらは焚火の上に吊るしたり、じかに火にかけても使える。

また、天ぷらや炒め物用にはフライパンも便利だ。フライパンを使って調理する時は、火力が調整できるタイプのガスコンロが使いやすい（その他の必需品は下記の一覧参照）。

〈ヘッドランプ〉

源流では天気の急変など、何が起こるか分からない。ヘッドランプがあれば、暗くなっても薪を集めたり、テント場の設置などの作業もできる。夜道を歩くことも可能である（ただし、夜の渓の遡行は事故の元である。絶対にやってはならない）。

入渓する場合は、たとえ日帰りであっても必ずヘッドランプを携帯しよう。最近は、発光ダイオード（ＬＥＤ）の軽量なヘッドランプが主流である。電池の持ちがよいのが特徴だ。

宿泊予定がなくてもヘッドランプは必携。予備の電池も忘れずに

**源流釣りの装備一覧**　★印はパーティで分担する物

**【遡行・移動用】**　ザック (50 ～ 70 ℓ)、コンパス、2万5000分の1地図

**【キャンプ用具】**　★タープ、シュラフ（スリーシーズン用）、シュラフカバー（ゴアテックス製）、マット（エアーマット）、ヘッドランプ、★ランタン、★携帯ラジオ、★細引き（数本）

**【調理道具など】**　ガスコンロ、ガスボンベ、ビリーカン（中・小）、★フライパン、食器（プラスチック製）、まな板、菜箸、マグカップ、ナイフ、★ノコギリ、軍手

**【衣類】**　トランクス、アンダーシャツ、上着、ジャージのズボン、靴下、必要によりダウンの防寒着（上下）、タオル、サンダル

**【そのほか】**　防虫ネット、★メタ（着火剤）、★新聞紙、ライター（2個）、蚊取り線香、乾電池（予備）、歯ブラシ、コンパクトカメラ、釣り具、その他の登攀具（108 ページ参照）

## 服装／足まわり

源流では水に濡れることが大前提である。激流を徒渉し、時には大淵を泳いで突破することさえある。そのため、専用のウエアと足まわりを準備する必要がある。

〈足まわり〉

一般的な渓流釣りで使うウエーダーは、水深のある源流での徒渉や泳ぎには適していない。ひとたび流されようものなら、ウエーダーが浮き袋の役割をして足が浮き、とても危険である。また、長時間歩くことの多い源流では、蒸れて汗だくになってしまう。

そのため、源流での足まわりには、靴下は保温性の高いネオプレーン製かポリエステル製、その上に渓流シューズを履くのが一般的である。

渓流シューズは、手軽に履けて足を保護する性能も高いのが特徴だ。靴底はコケなどで滑らないようにフエルト製が多いが、最近ではラバー底の沢登り用シューズも登場している。ラバー底はすり減りにくく、乾いた岩には抜群の威力を発揮する。ただし、雪渓の残る渓やコケの上では、フエルトよりも滑りやすい。いろいろな状況に対応しなければならない源流では、使える渓が限られてしまう。ビギナーにはフエルト底がおすすめである。

この渓流シューズの上から渓流用のスパッツを装着すれば、足まわりは完成だ。スパッツは砂の進入防止や保温の役目を果たすほか、向うずねを保護するためにも必需品である。

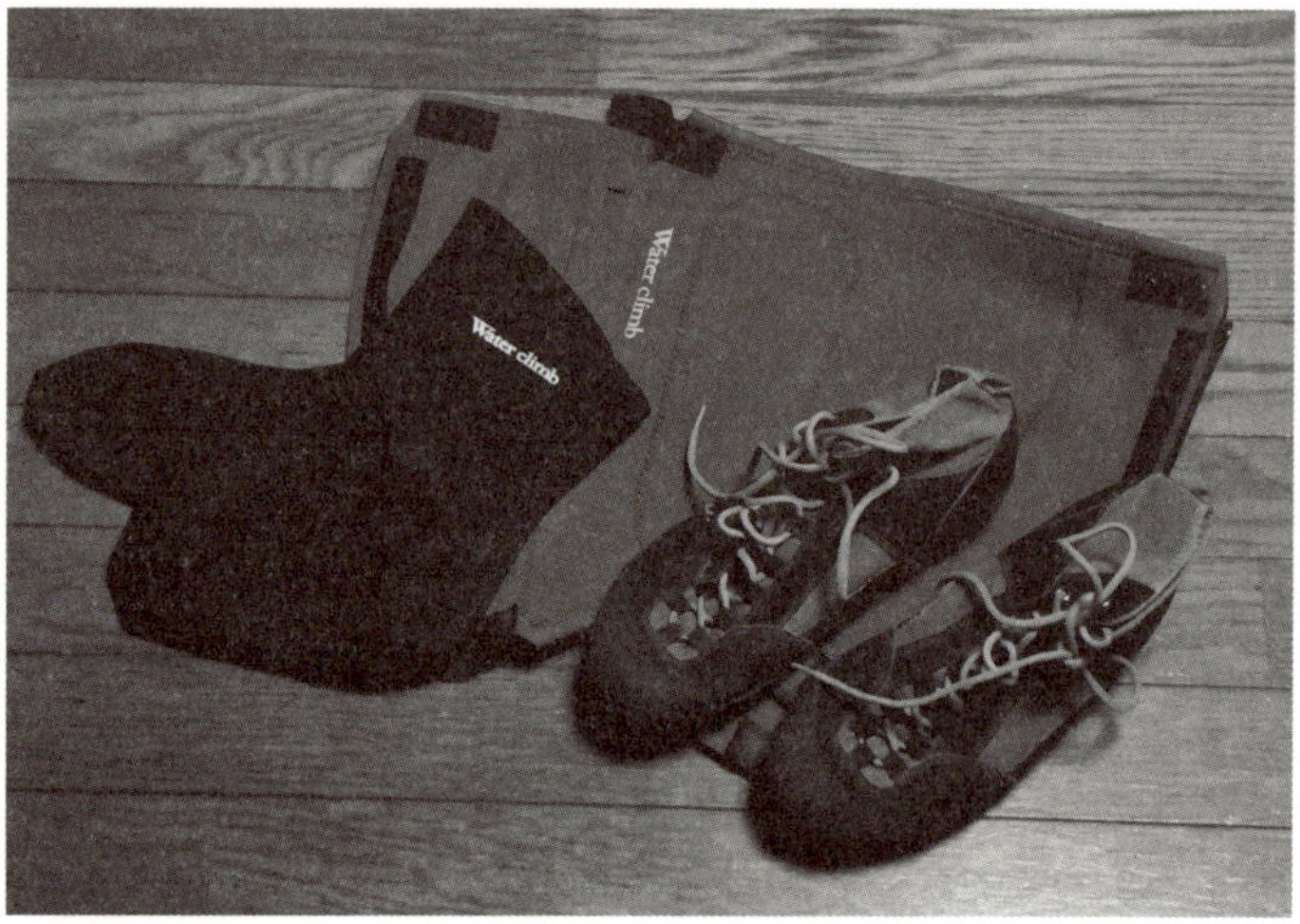


〈ウエア〉

濡れても水切れがよく、乾きやすく、しかも体温を下げないようなウエアが理想的だ。

肌に触れる衣類は綿の製品ではなく、ナイロンやポリエステル製が適している。綿製品はいつまでもジトッと濡れて不快なうえ、肌に張り付いて動きが妨げられるし、体温を奪い去ってしまう。最近では、ポリエステル製のウイックテックス製品をはじめ、沢用に適したさまざまな素材の製品が登場している。

私は下着を着用し、気温や泳ぎの有無に応じて重ね着するようにしている。初期の寒い季節なら保温性の高いもの。夏場は速乾性に優れたもの。シーズンに応じたものを選ぶようにしたい。

ズボンは登山用の製品のなかから、ポリエステル製で水切れがよく保温性の高いものを使っている。季節や水温によっては、その下にエントラント素材のズボ

暖かい時期の服装例

寒い時期の服装例

ンを履くこともある。

また、泳ぎの多い渓では、ネオプレーンのベストを持っていくと体温の低下を抑えることができる。

〈雨具〉

天候が変わりやすい源流では、雨具は必需品である。風雨をしのぎ、釣り人を冷えから守ってくれる。また、寒さ対策として雨具を着込むこともある。

やや高価だが、ゴアテックスやドライシールド製のものがおすすめだ。源流では、盛夏でも朝晩に冷え込むことがある。こんな時はゴアテックスやドライシールド製雨具の出番である。通気性があるので、着たままシュラフに潜り込めば、快適に眠ることができる。

また、泳ぎが続くような渓では、雨具を着たまま泳ぐことで体温の低下を防ぐことも可能だ。

## 登攀具

源流釣りにおいても、岩登りのザイルワークや技術を身につけておくと安全で快適な遡行ができる。

源流釣りの場合、私は滝などを積極的に登攀しようとは考えていない。高巻きができれば、絶対にそちらのルートを選ぶ。しかし、どうしても高巻きルートが見つからない場合や、難所を下降せざるをえない時は、積極的に登攀具を使う。すべて安全を優先して判断している。

源流に登攀具を持参すると、それだけ荷物も重くなってしまう。したがって渓のグレードとパーティの力量に合わせて必要なだけの装備を持参すればよい。

なお、私の場合は渓のグレードが低くても、テープ（20ｍ）と補助ロープ各種、カラビナ数個は必ず持参している。

道具は持っていても使い方が分からなければ何の意味もない。基本的な使い方を習熟しておくことが大事である。

〈ロープ〉

源流では、太さが８㎜前後で長さが30～40ｍのロープが使いやすい。太すぎると重くなるし、長すぎても扱いにくい。本格的にクライミングをやるわけではないので、この程度の太さでよいだろう。

９㎜以下のものは補助ロープに用いる。安全面を考えて、必ずダブルで使用することだ。また、大きなショックをかけないように注意することも大切である。

ロープ

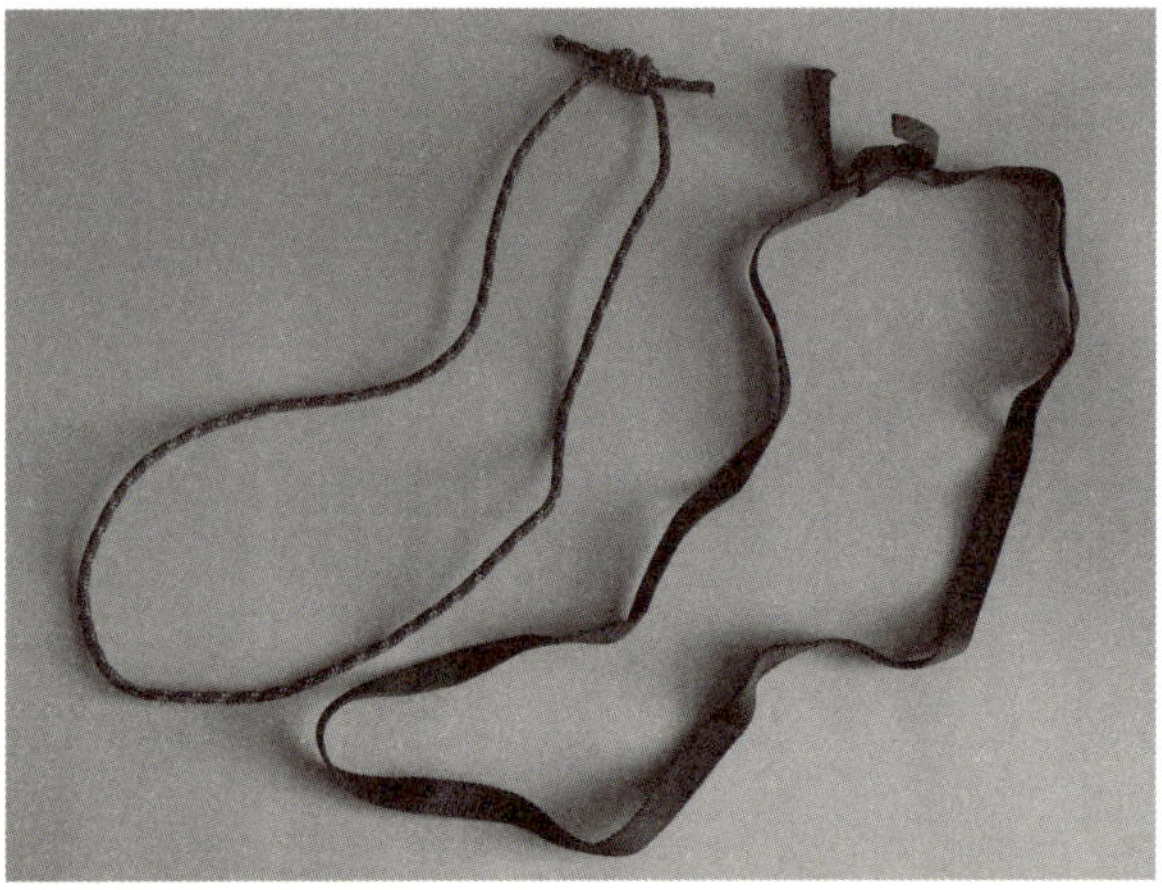

右がテープで作ったスリングだ

〈テープ〉

泳ぎの多い渓ではテープが大活躍する。大淵を泳ぎで突破する場合や、後続の同行者を引っぱる時などに使用する。長すぎると扱いにくいので、20ｍほどが使いやすいだろう。またテント場では、木と木にテープを固定してその上にタープを張るといった使い方もできる。

さほど重量もなく、用途も幅広いことから、パーティで1本は持参するとよい。

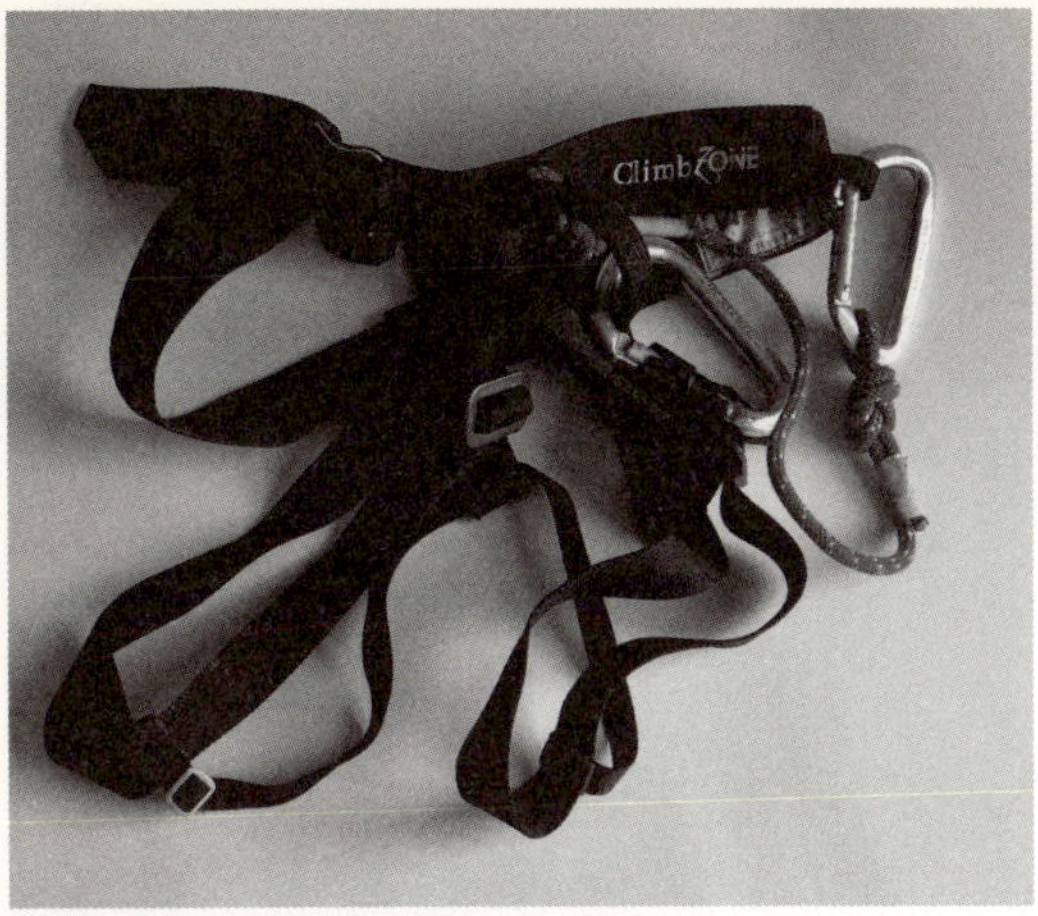

ハーネス

〈お助けヒモ〉

後続を引っぱり上げる時や荷上げなどの際、いちいちロープを出し入れするのでは手間も時間もかかる。そこで、5〜10mくらいのロープかテープを準備しておくとよい。


〈スリング〉

スリングとは、6〜7㎜径のロープを長さ1〜1・5mにカットし、結んで輪にしたものである。懸垂下降や登る途中の支点を作るのに使う。そのほか、ちょっとした場所で後続を引き上げる時にも使用できる。


〈ハーネス〉

ハーネスは、墜落時の衝撃を太ももからお尻で受けるように設計された安全ベルトのことである。レッグループタイプとシットハーネスタイプがある。

レッグループタイプは太ももにも帯を回して、腰と太ももで衝撃を受けるようにしたもので、現在はこれが主流となっている。シットハーネスは、腰を中心に落下のショックを吸収するものだ。なお、ウエストだけを巻くスワミベルトは、安全を考えるとおすすめできない。


〈エイト環〉

8の字をした金具で、ビレイや懸垂下降に用いる。安全環付きカラビナでハーネスのビレイ・ループに連結し、ロープを通して使用する。


〈各種カラビナ〉

支点にロープを掛ける際にその仲介をなす、開閉部のついた金属製の輪である。用途はきわめて広く、いろいろな種類がある。

通常はO型かD型を用いる。源流釣りでは2〜3個用意すれば大丈夫だろう。下降用にはゲートのロックができる安全環付きカラビナを使用する。

左2つがカラビナで、中央が安全環付きのタイプ。右はエイト環

〈その他の登攀具〉

上記した以外に、私は各種ハーケン、アイスハンマー、ユマール、ナッツ類なども所持しているが、源流釣りではほとんど使ったことがない。

## 遡行の基本テクニック

〈踏み跡をたどる〉

源流には「車を降りたらすぐ釣り場」のような所はほとんどない。時間の長短はあるが、車から登山道やゼンマイ道などをたどり、入渓点に到達するのが普通である。

整備された登山道以外の山道は、主にゼンマイ採りやキノコ採りの際、地元の人々が歩いてできた道である。最近は山の幸を求めて常時訪れる人も少なくなり、踏み跡程度になっている山道も多い。なかには、ガイドブックに載っていても踏み跡が消えている道さえある。

そのため、山道を歩く場合は一種の「勘」を働かせて歩くことが必要になる。崖崩れや倒木などで道が突然消えることもしばしばだ。道が分からなくなったら、地形を見て「何となく歩きやすい」「歩くのが楽」と思える方向を丁寧に探すと再発見できる場合が多い。

入渓点までは、踏み跡をたどって長時間歩く場合もある。さらに山越えルートになれば、足場が悪い所も多い。スリップ等には充分な注意が必要だ。

源流釣りでは入渓点までかなりの距離を歩くことも

疲れにくい歩き方のコツは、歩幅を小さくして、斜面に対して靴底が平行に接するよう足を運びながら、一定のリズムで歩くこと。また、まだ疲れていないからといって長時間連続して歩くのは避けたほうがいい。

私の場合は、50分歩いたら10分程度の休憩を取りながら歩くようにしている。渓は逃げていかないのだから、ガツガツ急ぐことはない。山を観察しながら、自然を楽しむ速度で歩くくらいがちょうどいい。こうすると意外に疲れにくいものだ。

上手な人の歩き方には無駄がない。上半身をできるだけ上下動させず、膝で体重を吸収するような歩き方をする。身体が縦にブレてしまうと、ザックを担いでいるため疲れやすい。

また、川原を歩く場合は足裏に神経を集中させ、体重を石にジワリと乗せて、瞬時にバランスを取るようなイメージがよい。そうすれば、石が多少ぐらついても転倒することは少ない。

〈徒渉〉

渓流や源流では、岩場や深みなどがあるので片側の岸だけをたどることはできない。どうしても岸から岸への徒渉が必要である。徒渉の基本的な方法については、「渓流釣りの基礎技術」25ページ）に記した。ここでは、源流での安全な徒渉方法について紹介しよう。

源流域では、川幅が狭まるため深くて流速がある所も多い。このような場所の徒渉は、適切な判断が必要である。水量や水勢にもよるが、増水時など濁って水中が見えないような時は決して渡ってはならない。

徒渉ができるかどうか判断するためには、まず水深を確認する。水深が腰よりも深い所では徒渉をしてはならない。ザックが浮き袋のようになって足が浮き、流されることがあるからだ。

また、渡ろうとする箇所の下流の確認も必要だ。激流の徒渉では、途中で転倒したり、流れに持って行かれることも含めて想定しなければならない。滝上や連続する激流地帯など、流された場合に生命に関わるような所では、絶対に徒渉してはならない。万一のことを考え、流されても下流で立て直せる場所でのみ徒渉することだ。自信が持てなければ面倒がらずに少し引き返し、新たな徒渉点を探すか、高巻きでクリアすることを考えよう。

徒渉地点が決まったら、やや下流を目指して進むと楽に渡れることが多い。だが、源流域では真横に進まざるを得ないこともしばしばである。この場合、上半身を前に30～45度傾け、その前傾姿勢を保って力強く渡る。

足の運びはすり足が基本。靴底で底石を探りながら進む。間違っても、途中で片足を上げないことである。徒渉中にこれをやると、一気に流れに持っていかれてしまう。

また、たとえトップが無事渡ったからといって、後続も気を抜いてはならない。力量の問題もあるが、基本的には体重によって流される流速が違うため、小柄な人は注意が必要だ。水の勢いが強い時は、しっかりした流木を杖代わりにして徒渉する方法もある。

パーティでの徒渉でよく行なうのが「スクラム徒渉」だ。2～3人で腕や肩を組み、スクラムのような形で渡る方法である。お互いにザックの肩ベルトをつかみ、相手を押しつけ合うようにして徒渉する。

2人組の場合は、徒渉に強い人が上流側に立って流れを受けとめる。下流側の人は流されないよう、もうひとりを押す

### 源流域での徒渉

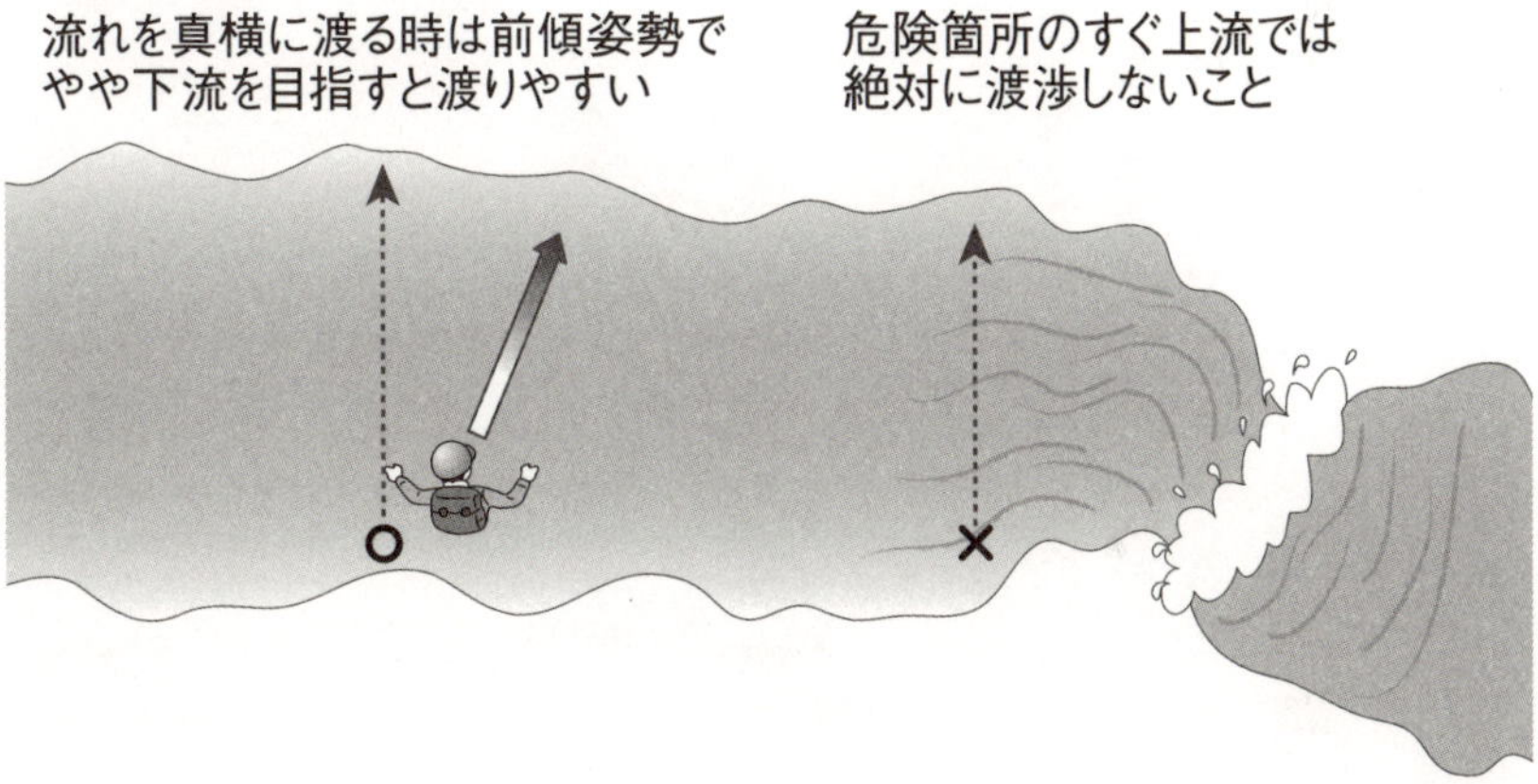

流れを真横に渡る時は前傾姿勢で
やや下流を目指すと渡りやすい
危険箇所のすぐ上流では
絶対に渡渉しないこと

### 前傾姿勢

腰よりも深い
ところは渡らない
必ずすり足で

ようにして支えるのがコツである。また、身長差がある場合は、基本的に背の高い者が上流側につき、上から押さえつけるように組んで安定させるとよい。

スクラム徒渉のようす

〈岩登り〉

岩登りの最大の基本ポイントは、限られたスタンスとホールド（足場、手掛かり）を利用して、いかに楽に、かつ安全に登るかということだ。

基本は、両手両足の4つの支点をひとつずつ動かし、ほかの3点で身体を支える「3点支持」（3点確保）である。この連続動作で登っていくのが岩登りの基本だ。

3点支持

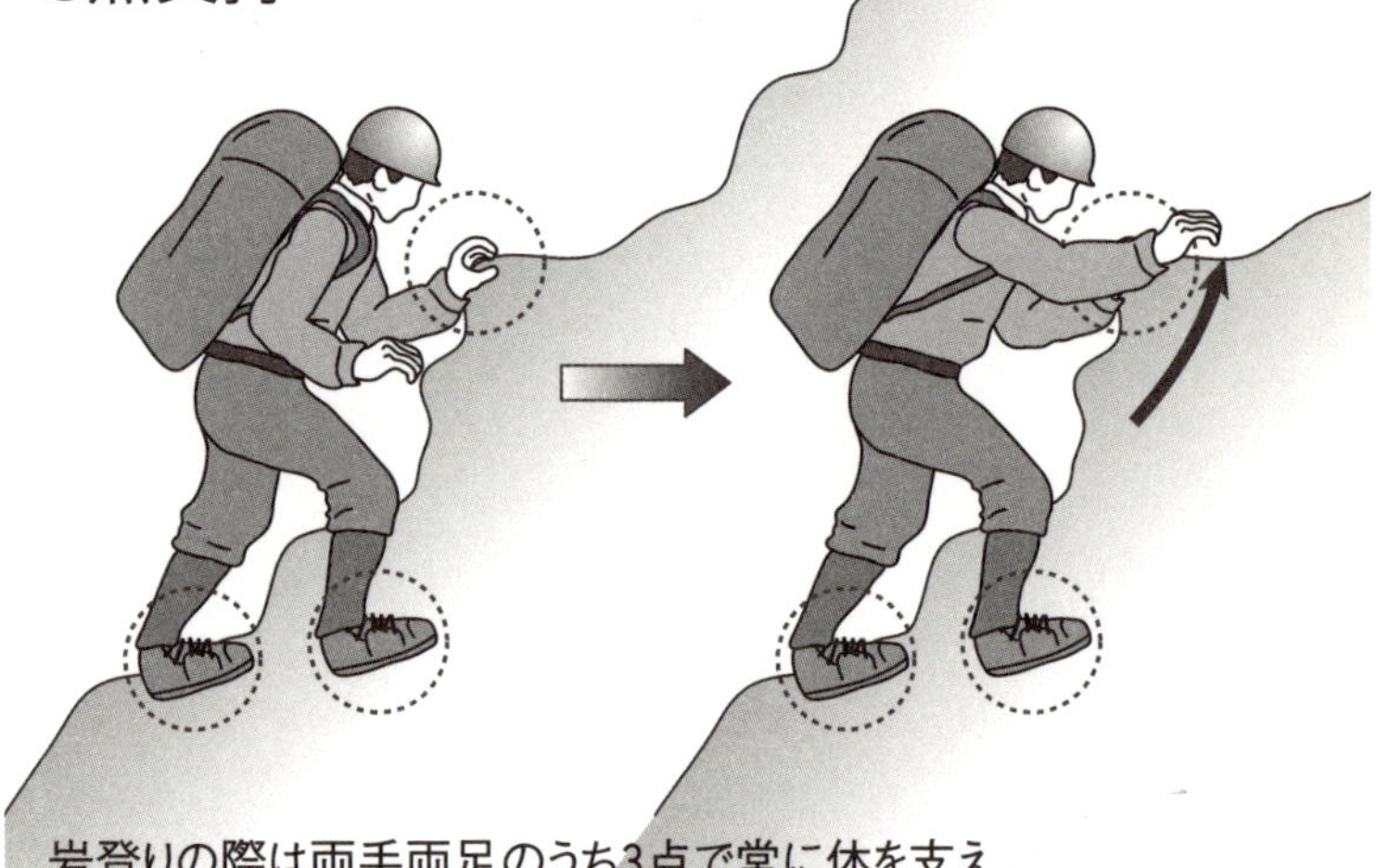

岩登りの際は両手両足のうち3点で常に体を支え、動かすのは残りの1点だけにする

また、怖がらずに身体を垂直に保つことも大事である。そして、重心を体の中心付近に持っていくことだ。重心が大きく外れるとスタンスやホールドに無理が生じ、バランスを崩すことがある。

安定した岩登りのコツは、適切な体重移動を心掛けることだ。この際、必ず両手両足に余裕がなければ移動することができない。手足が伸びきってしまい、大の字に岩に張りついていたのでは、動くことができない。伸び上がりと縮み込みが、岩登りの基本動作である。

〈ヘツリ〉

ヘツリとは、岩壁を横に移動すること。深い淵の廊下や滝壺の側壁などで頻繁に使われる技術である。ヘツリの基本も、岩登り同様に3点支持である。

岩に向かい合い、水流と背中を平行にして横移動するのが主な動作である。この時、足をクロスさせてしまうと、次の動作に入るのが難しくなる。必ず上流側の足から踏み出し、その後ろに下流側の足が来るようにする。もしこれができない場合は、踏み変えが必要である。この際は、両手をきちんとホールドし、ジャンプするように踏み変えるのがコツだ。

ヘツリのルートは水際に求めるのだが、水面よりやや上は水に磨かれ、コケなどが生えて最も滑りやすい。むしろ、

側壁などを足掛かりにして進むのが「ヘツリ」

水の中のほうが滑らないことが多いので、完全に流れに入ってヘツることもある。側壁の高い位置で微妙なバランスを強いられるよりは、水を恐れずに積極的に水中にスタンスを求めるほうがよいだろう。

また、ツルツルに磨かれた花崗岩《かこうがん》をへツる場合、スタンスは微妙な凹凸を利用しなければならない。靴底のフエルトを最大限に利用し、フリクション（摩擦）を効かせることだ。

コツは、靴底と花崗岩との接地面がなるべく大きくなるように足を着き、一歩ずつきちんと体重を乗せていくことである。体重が乗らないうちに次の足を出してしまうと、バランスが崩れてスリップの原因となる。スタンスの利きを確かめながら、ジワリと体重を乗せるこが大切である。

ホールドは、手のひらを利用したプッシュホールドになる場合もある。わずかに凹凸があれば爪を掛けてホールドにすることもある。膝だろうが肘だろうが、とにかく身体全体を使ってフリクションを効かせることが大事だ。

〈高巻き〉

滝やゴルジュなどの困難な場所を避けて山腹にルートをとり、遠回りして難所の上流側に出ることを「高巻き」という。大きく迂回する時は「大高巻き」ともいう。

高巻きは、なるべく低く小さく行なうのが基本である。高く巻きすぎると沢筋に戻るのが大変になり、悪くすると大きく渓から外れることもある。ブッシュが多い所や、傾斜が緩い所、ルンゼ（小沢）などを見つけて効率よく巻くことである。

実際の高巻きは、側壁の泥壁からヤブのなかに入っていくことが多い。ここで草付きの処理が問題となる。草付きとは、生えている草木をホールドにして泥壁などを登っていくことをいう。

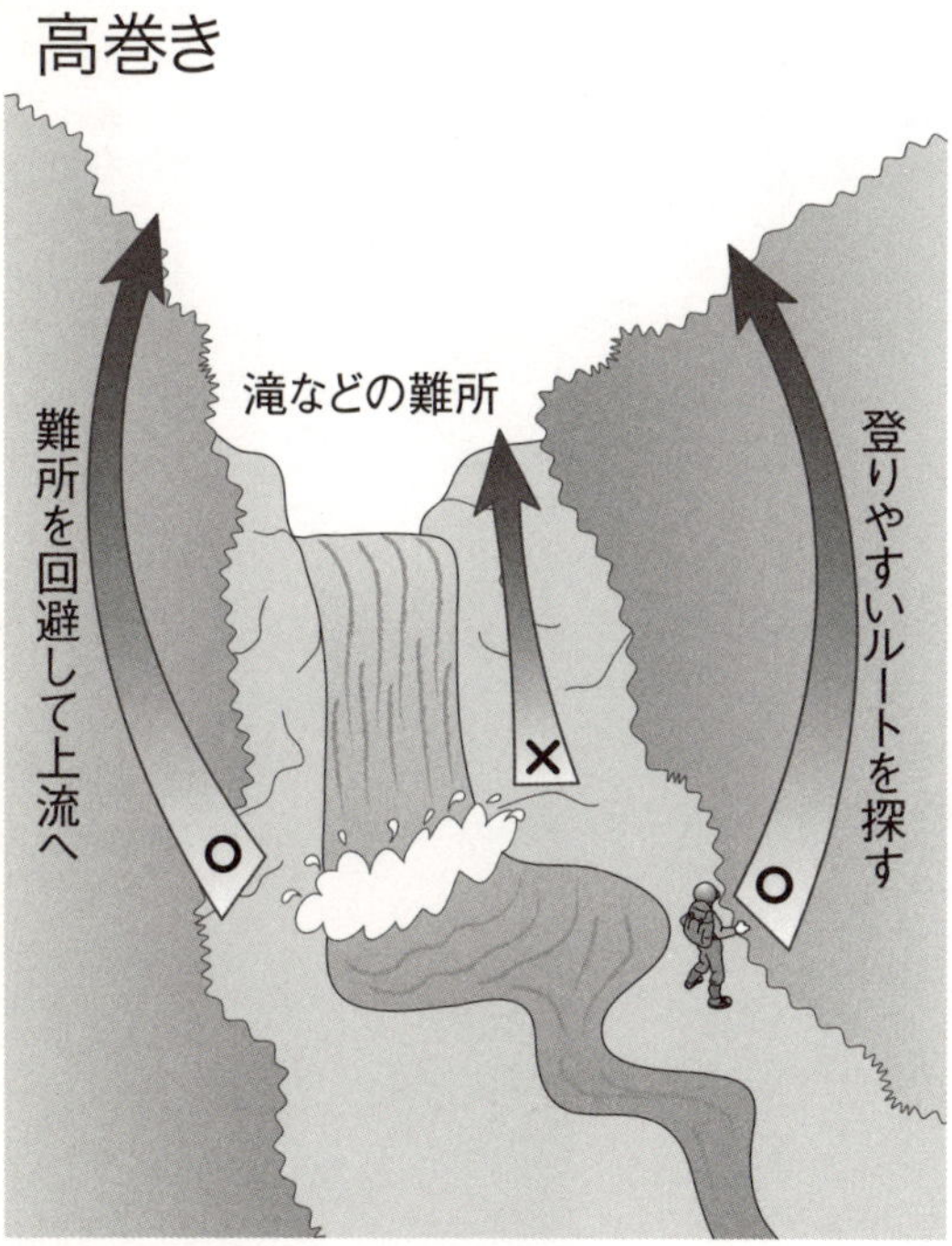


コツは、草の根元を押さえるようにつかみ、決して引っぱらないこと。これは細木をつかむ時も同じだ。また、草付きは滑りやすいので、足を乗せる時にも注意が必要である。靴底のフエルトの上に装着するピンソール

（軽アイゼン）があると心強い。ロープを使うのも、安全に高巻くために必要な技術である。

また、高巻きでは降りる位置の選択も難しい。滝などの難所を完全に越えていなければ、せっかくの苦労が水の泡になってしまうからだ。滝の落ち口を確認しながら、安全な場所から降りることである。

降りる際は、細木にぶら下がるようなイメージで降りていくとよい。なお、切り立った側壁を降りる場合は、ロープを使った懸垂下降（121ページ参照）が安全である。

降りるのは登るよりもはるかに難しい。くれぐれも注意することだ。自信がなければ迷わずロープを張り、懸垂下降で降りることである。

ピンソールは必要に応じて渓流シューズに装着できる

〈スノー・ブリッジ〉

谷を埋めていた残雪が解け、両岸にまたがる橋のようにアーチ状に残った雪渓を「スノー・ブリッジ」という。豪雪地帯の源流部では、夏でも見かけることがある。

スノー・ブリッジは、いつ崩れるか分からないやっかいな存在である。両岸が高く切り立っている所に多いので、巻くに巻けない場所でもある。

雪が厚いものなら、上に乗って通過しても大丈夫だ。とはいえ、厚いか、薄いかの見極めはなかなか難しい。目安として、内側が丸くエグれていれば、もうかなり薄くなっていると考えたほうが無難である。

スノー・ブリッジは基本的に中央部と両末端が薄くなっている。どうしてもその上を歩かなければならない場合は、縁から少し内側に寄った付近を静かに歩くことだ。

下をくぐり抜けるようなことも、実際にはしばしば行なわれているようだが、これは極めて危険だ。過去にはスノー・ブリッジの崩壊による事故もいくつか起きている。原則として避けるべきである。

〈ヤブ漕ぎ〉

魚止を越えて山頂を目指す時や、高巻きの途中などで、ヤブ漕ぎを強いられることがある。特に苦労するのがネマガリタケやシャクナゲ、ハイマツのヤブである。伐採地のイバラも大変だ。

コツは、なるべくヤブの薄い所を探して進むことである。そして、低い姿勢をとり、両手でヤブを開いて、頭部からヤブに潜る要領で入っていく。

ヤブがあまりに濃い場合は、上に乗ってしまう手もある。ただしこの方法だと、ヤブの跳ね返りで飛ばされることがあるので注意が必要だ。

また、ヤブのなかではすぐに相手が見えなくなり、パーティからはぐれやすいので、声を掛け合うことも大切である。

スノー・ブリッジ。下をくぐるのは避けるべき

ヤブ漕ぎの際は仲間とはぐれないように注意しよう

〈泳ぐ〉

深く切れ込んだ廊下のトロ淵や大淵、あるいは背が立たなくなった場合の徒渉などでは、積極的に泳ぐことで安全確保と時間の短縮ができる。泳ぐといっても、長くてせいぜい30m程度。ほとんどは飛び込んだ勢いで目標の対岸にたどり着き、岩にしがみつくといったものだ。

ただし、いくら楽だからといって、滝壺や激流の上の淵などでは決して泳いではいけない。滝壺は水が巻いていて、吸い込まれたら脱出が難しい。徒渉と同じように、流されても安全が確保できるような場所以外は避けるべきである。どうしても泳がなければならない場合は、ロープを使って確保しながら泳ぐ方法を取ることだ。

泳ぎ方は得意なものなら何でもよいが、視界を保ちやすいという点では平泳ぎが適している。また、廊下のトロ淵などは中央部に比べ流れが緩いので泳ぎやすい。こんな場所は「ヤツメウナギ泳法」で突破する。これは泳ぐというよりも、岸にへばりつきながらバタ足で進むというものだ。スカイフックがあれば小さなホールドでも掛かるので、威力を発揮する。

帰路に泳ぎ下る時によく使うのが「ラッコ泳ぎ」である。これは、ザックの浮力を利用してラッコのように流れ下る方法である。あお向けになり、ザックに背中を乗せた状態で下る。足が下流を向くようにしてザックに体重を預け、バランスをとるのがコツである。難しい技術ではなく、むしろ遊びのような側面のある技術である。童心に帰り、ラッコ泳ぎで渓谷を下るのも楽しいものだ。

ザックを浮き輪代わりにするラッコ泳ぎ

# イワナ釣り

源流のイワナ釣りは、1ヵ所で粘るのではなく、ポイントを移動しながら足で探っていく釣りである。

私が源流でイワナをねらう場合、ほとんどの時期はエサザオとテンカラザオの両方を持参する。水温の低い早期はエサ釣りだけになるが、盛期以降はテンカラ釣りのほうが効率がよく、しかもイワナの着き場の関係で効果的な場合も多い。天候や水量によってエサ釣りとテンカラ釣りを使い分けている。

イワナは警戒心の強い魚である。しかし、ヤマメ釣りほど仕掛けに気を使う必要はない。イトがある程度太くても、オモリが大きくても、超渇水期以外はさほど問題ではない。むしろ注意が必要なのはアプローチである。ポイントに近づく時はできるだけ静かに、できるだけ遠くから、しかも必ず手前から釣るのが基本だ。

源流域は流れの落差が大きく、しかも狭いため、実際にはセオリー通りの立ち位置を確保できないことも多い。しかし、不用意にポイントの前に立つと、カケアガリに着いている番兵イワナを追いこんでしまい、ポイント全体のイワナに警戒される。そのため、下流側から渓相を読み、どの場所でサオをだせるかを見極め、イワナに警戒されないようにアプローチすることが大事だ。

「振り込み」や「フォーム」などはヤマメ釣りと同じである。しかし、イワナとヤマメの生態の違い、また源流域と渓流域の渓相の違いによって「ポイント」「アタリの取り方」「取り込み」などの方法は少し異なる。

〈釣り具の収納〉

源流釣りではベストを着用しないので、小さなウエストポーチが便利である。ハリ、イト、オモリ、目印をこれに入れて持参する。

遡行などの移動時はポーチをザックの上蓋に仕舞っておき、釣る時だけ腰に巻く。水に浸かることが多いので、中身はそれぞれビニール袋やケースなどに入れて防水対策をしておこう。特にイトは水に浸かると劣化して強度が落ちるため、絶対に濡らしてはいけない。

〈エサ〉

イワナは獰猛な魚である。水生昆虫や陸生昆虫類を常食しているが、時にはカナヘビや川ネズミなども捕食する。そのため、渓流近くに生息するバッタやトンボなど、ほとんどの昆虫類がエサとなる。市販のキヂやブドウムシでもそれなりの釣果が上がる。

## 源流のイワナ用仕掛け

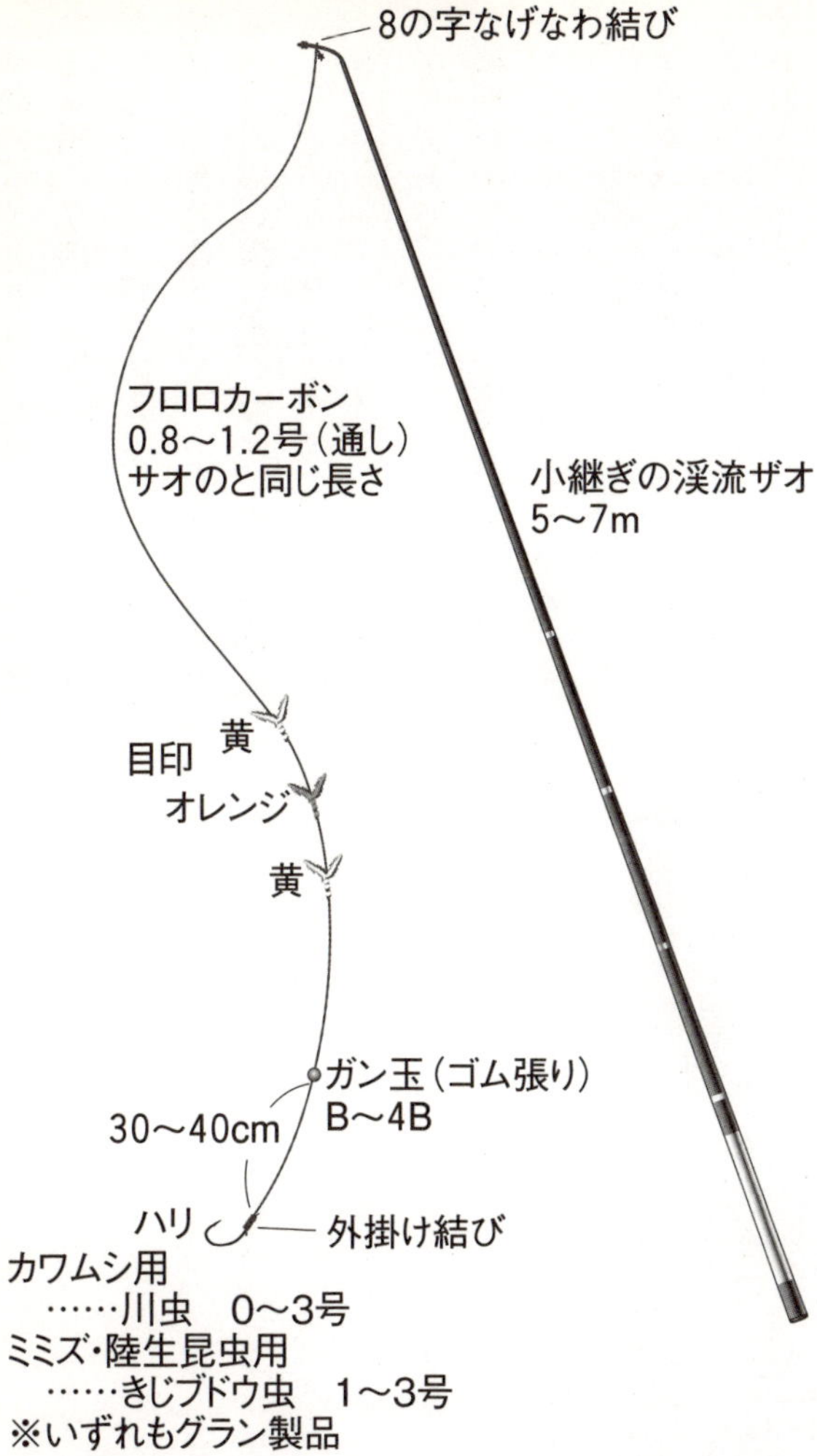


〈仕掛けとサオ〉

源流のイワナ釣りでは、通常5〜7mほどの小継ぎザオを使用する。仕舞い寸法は50㎝以下のものがよい。これより長くなるとザックに収まらず、ヤブ漕ぎなどの際に邪魔でしょうがない。また強引に取り込むことが多いので、ロッドパワーがあり、しかも操作性に優れたものが適している。

先調子のサオが使われることが多いようだが、先調子はどちらかといえば小渓流のチョウチン釣りなど、仕掛けが短い釣りに向くサオである。サオと同等の長さの仕掛けを使用する場合は、やや胴に乗るサオのほうが扱いやすい。しかも、魚を抜き上げることを考えれば、源流域でも抜き調子がよい。

私は『源流彩NS』というサオを愛用している。このサオは従来のイワナザオよりもやや胴に乗る調子で、40㎝のイワナでも抜き上げられるだけのパワーがある。激流でも尺程度なら苦もなく一気に抜ける。イトは0・8〜1・2号を状況によって選択している。

〈イワナのポイント〉

「イワナは石に着く」と言われるように、基本的に障害物がある場所を好み、ヤマメよりも緩い流れに潜む。

早期のポイントは、石裏やタルミ、落ち込み脇の巻き、岩盤脇などの緩い流れが中心である。盛期に入ると、そうした場所から瀬に出てきて、カケアガリよりもさらに浅い流れ出しなどにも姿を見せる。不用意なアプローチで大イワナを淵に追い込んでしまうのは、このようなケースである。

盛期の源流では、注意して見ているとあちこちにイワナの姿を発見できるはずだ。こんな場合は、イワナの前に大きめのエサを落としてやれば、何のためらいもなく「パクッ」ということもしばしばである。

〈アタリとアワセ〉

イワナがエサを食うと、ゆっくりと底に引き込むような大きいアタリが出ることが多い。よほどスレていてアタリが小さくないかぎりは、ビギナーでも見逃すことはないだろう。

アタリがあったら、ひと呼吸置いてからゆっくりと合わせる。タイミングは遅めだが、アワセ自体はあくまでも小さく鋭く行なうのがコツだ。大アワセは禁物。ブッシュの多い源流域では、イト絡みなどのトラブルの元になる。

〈取り込み〉

源流のイワナ釣りの取り込みでは、タモを使わない。基本的には遊ばせずに、超大型以外は一気に抜き上げる。ポイントが狭い源流での釣りでは、不用意に遊ばせるとほかの魚が警戒するのである。すぐに引き抜いてしまえば、必要以上に警戒されることもないので、同じポイントから続けて釣れることもよくある。

また、取り込み場所を事前に考えておくことも大事だ。源流釣りでは、大型が掛かっても足場が悪く、動くこともままならない場合がほとんどである。抜き上げられないと判断したら、とにかくロッドパワーを最大限に活かし、流れの緩い所にすかさず誘導する。そこで充分弱らせてから、岸などにズリ上げるように取り込もう。

# 高度な遡行技術／ロープの扱い方

ロープを使うような源流に行く場合は、ロープの仕舞い方、結び方、確保の仕方などを事前に練習しておく必要がある。ハーネスやカラビナ、スリングといった用具も必携だ。

なお、本格的なロープワークが必要でなくても、ロープの結び方とスリングの使い方くらいは覚えておくべきである。

〈ロープの仕舞い方〉

ロープを仕舞う方法には、ロープを輪にするやり方と、ロープを折りたたむ方法の2通りがある。ロープを輪にする仕舞い方は古くから利用されてきたが、ねじれが出て絡んでしまうことがある。

そのため、まずは折りたたむ仕舞い方を覚えておこう。ロープを一定の長さで折りたたみ、センターをまとめる方法である。これならロープにキンクが生じることもない。

〈ロープの結び方〉

ロープの結び方は数多くあるが、よく使われる基本的なものを紹介しよう。結び方は繰り返し練習し、正確に完全に収得することが極めて重要である。結んだはずのロープがほどけたりしたら、命取りになってしまうからだ。また、ロープを結んだら必ず末端処理をする（端に8の字結びでスッポ抜け防止のコブを作る）という基本を忘れないで欲しい。

## ロープの仕舞い方

①ロープを一定の間隔で
折りたたんでいく

②端近くまでたたんだら、
ロープの中央に2回巻きつける

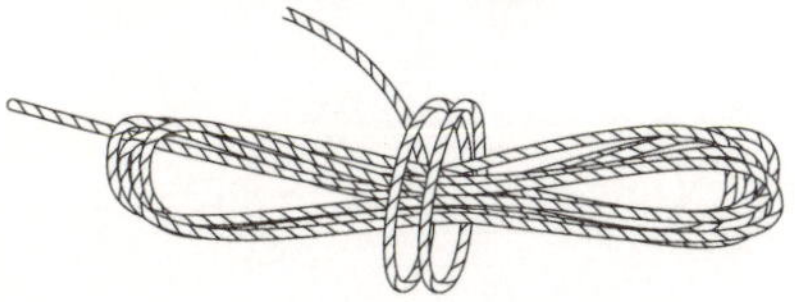

③ロープの端をふたつ折りにし、
巻きつけた部分にくぐらせて締める

## 8の字結び

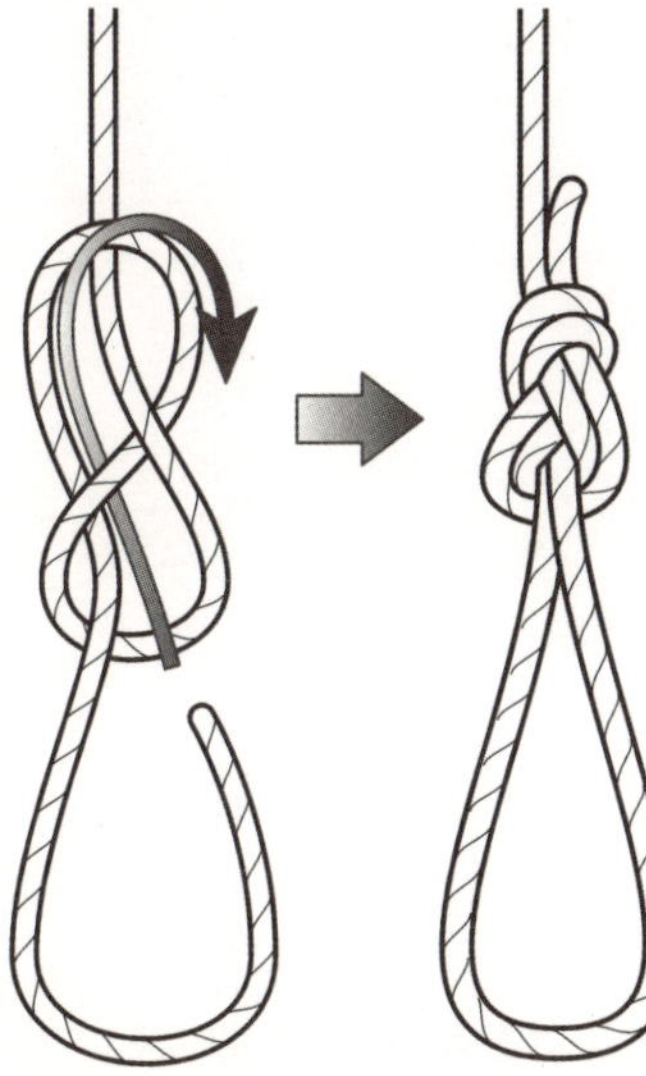

ロープの末端結び、中間結びとして使用することが多い。
少し複雑だが、よく使う結び方なのでしっかりマスターしたい

## インクノット

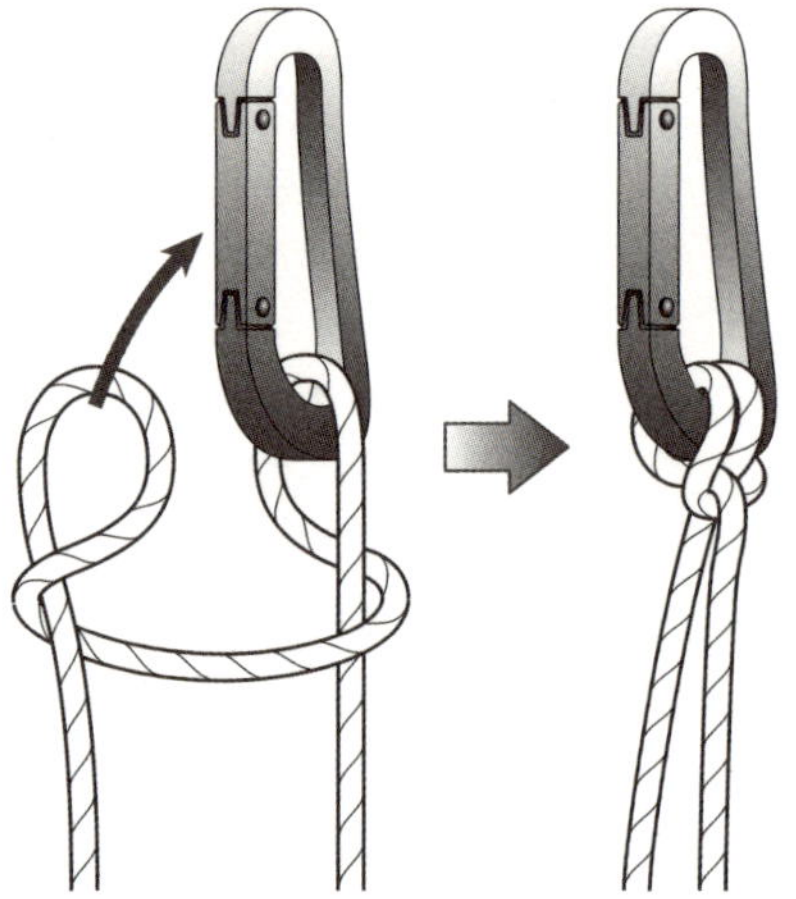

自己確保の支点やロープを固定する場合など、ロープの中間結びとして使用する。しっかりと結んだ状態では、左右どちらから引いても結び目が移動しない。簡単に結べて、簡単に解けるのが利点である

## ダブルフィッシャーマンノット（テグス結び）

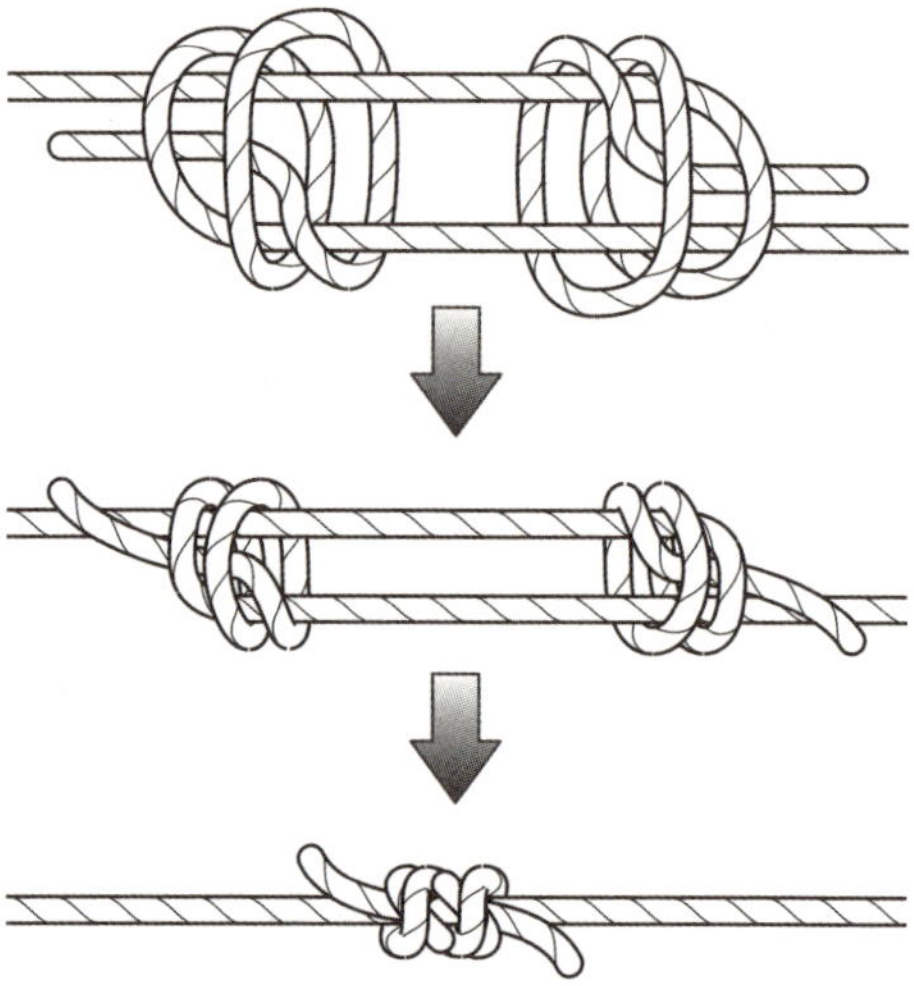

ロープの連結や、補助ロープでスリングを作る場合の結び方。2回巻いてダブルフィッシャーマンノットで使用すること

## テープ結び

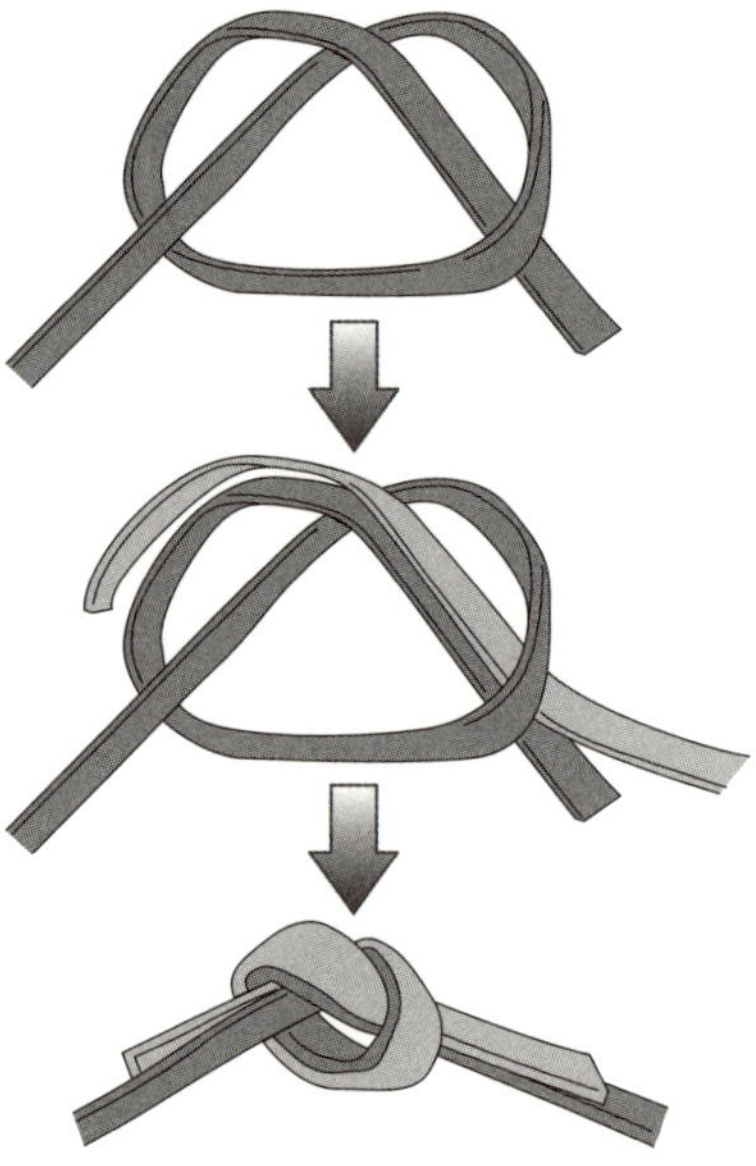

テープを結ぶ場合に使用する。結び目が少しでも緩むとほどけてしまうので、体重を掛けてしっかりと硬く結んでから使用すること

## プルージック結び

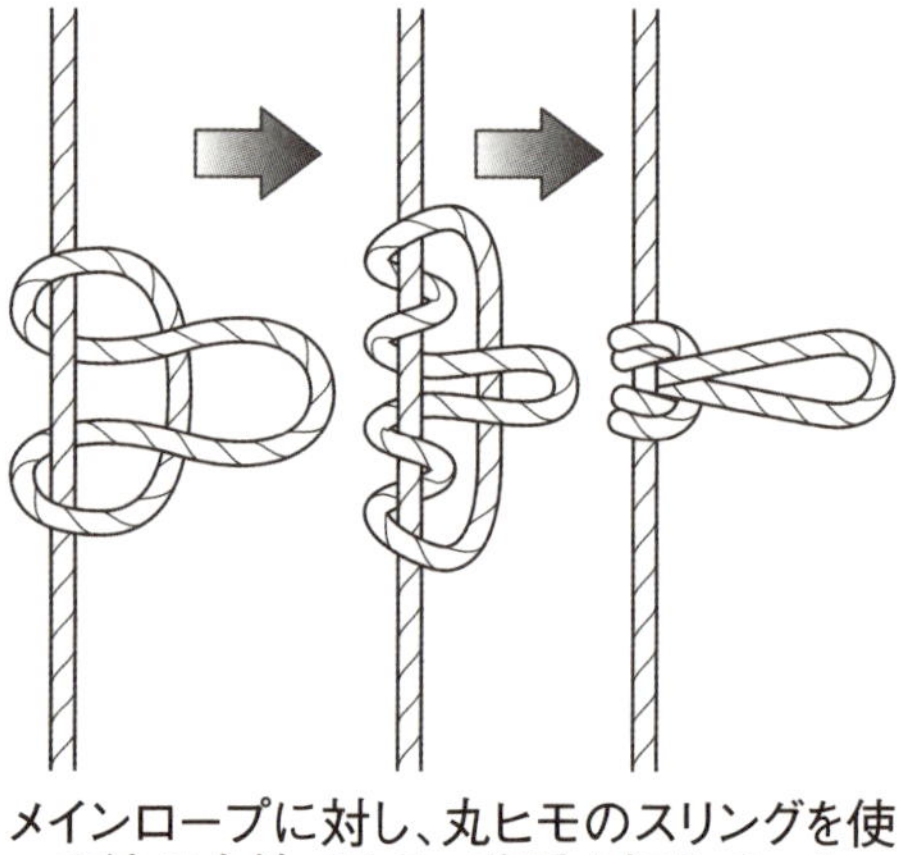

メインロープに対し、丸ヒモのスリングを使って結ぶ方法である。荷重を加えていないときは、自由にスライドさせられるが、荷重を加えると結び目が締まり、摩擦でロックするのが特長。2本セットで交互に前進させて使うと、登降器の役割を果すこともできる

# 高度な遡行技術／ロープワーク

〈セルフビレイ（自己確保）〉

セルフビレイとは、自分の安全を確保する方法である。スリングと安全環付きカラビナを使って、自分のハーネスと支点をつなぎ、転落に対する安全を確保する。セルフビレイをとっておけば、万が一バランスを崩してもスリングの長さ以上は落ちることがない。崖の上など、滑落の危険がある場所にいる場合は必ずセルフビレイをとり、安全を確保することだ。

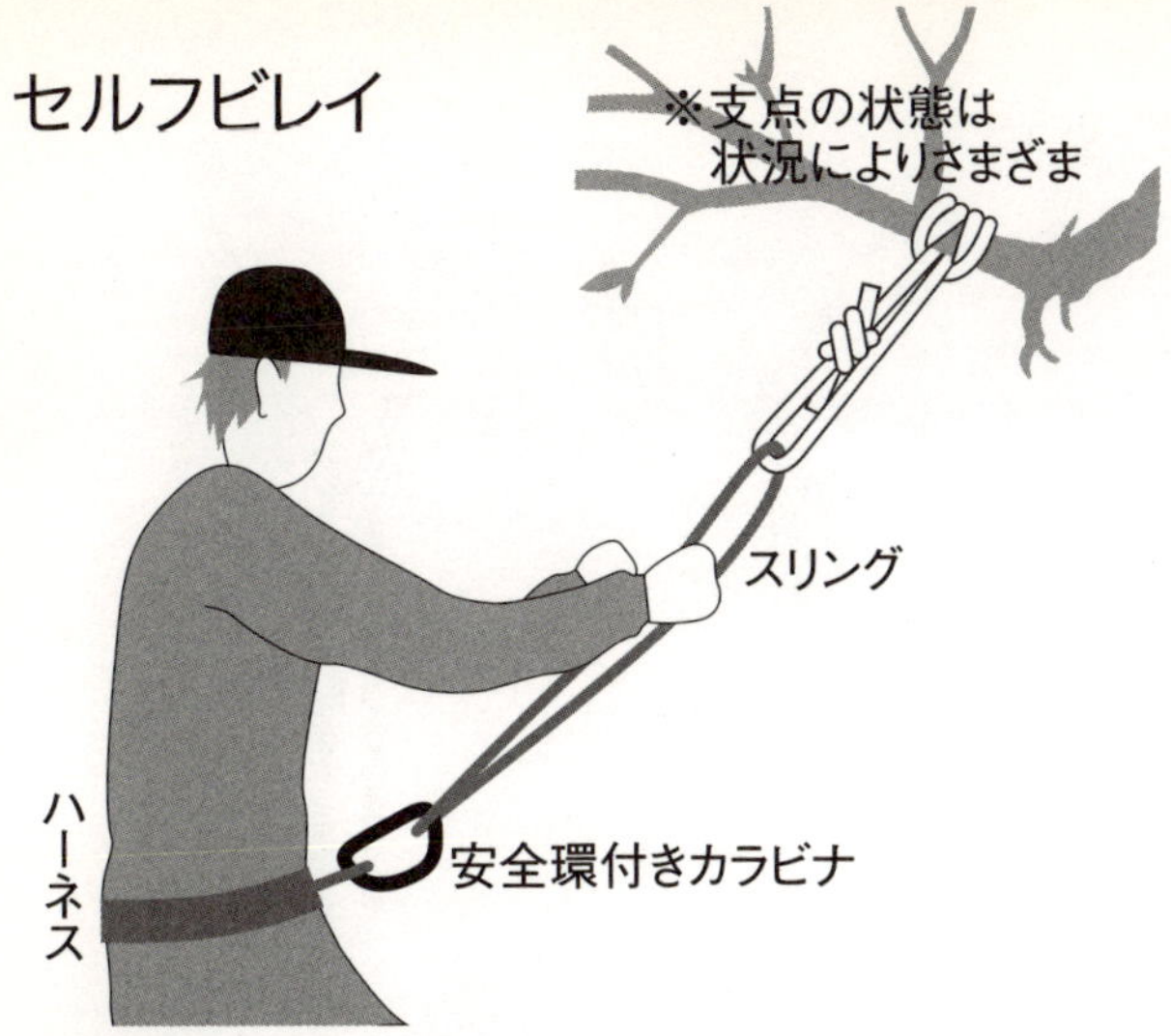


〈懸垂下降〉

懸垂下降は、高巻き後の側壁の下降などに使う方法だ。懸垂下降の方法には「肩絡み」と呼ばれる器具を使わない方法もあるが、エイト環などの器具を使っての懸垂下降が安全で確実である。

懸垂下降でいちばん重要なことは、確実な支点の選択である。もしも支点が抜けたりしたら重大事故につながってしまうからだ。

大きな木があれば、そのまま支点にすればよい。細木の場合はスリングを2点から取り、各々のスリングの輪に通して支点とする。ハーケンや岩角を利用することもある。この場合も、支点は2点以上取るようにする。

ロープはダブルで使うのが基本である。そうしないと降りたあとに回収できないからだ。2本をつなぐ場合は、結び目がどちらにあるか確認しておくことも大切だ。トップは下に降りたら、まだ仲間が上にいる間に下でロープを引いてみて、ロープが確実に回収できるかどうかを確認することが大切である。

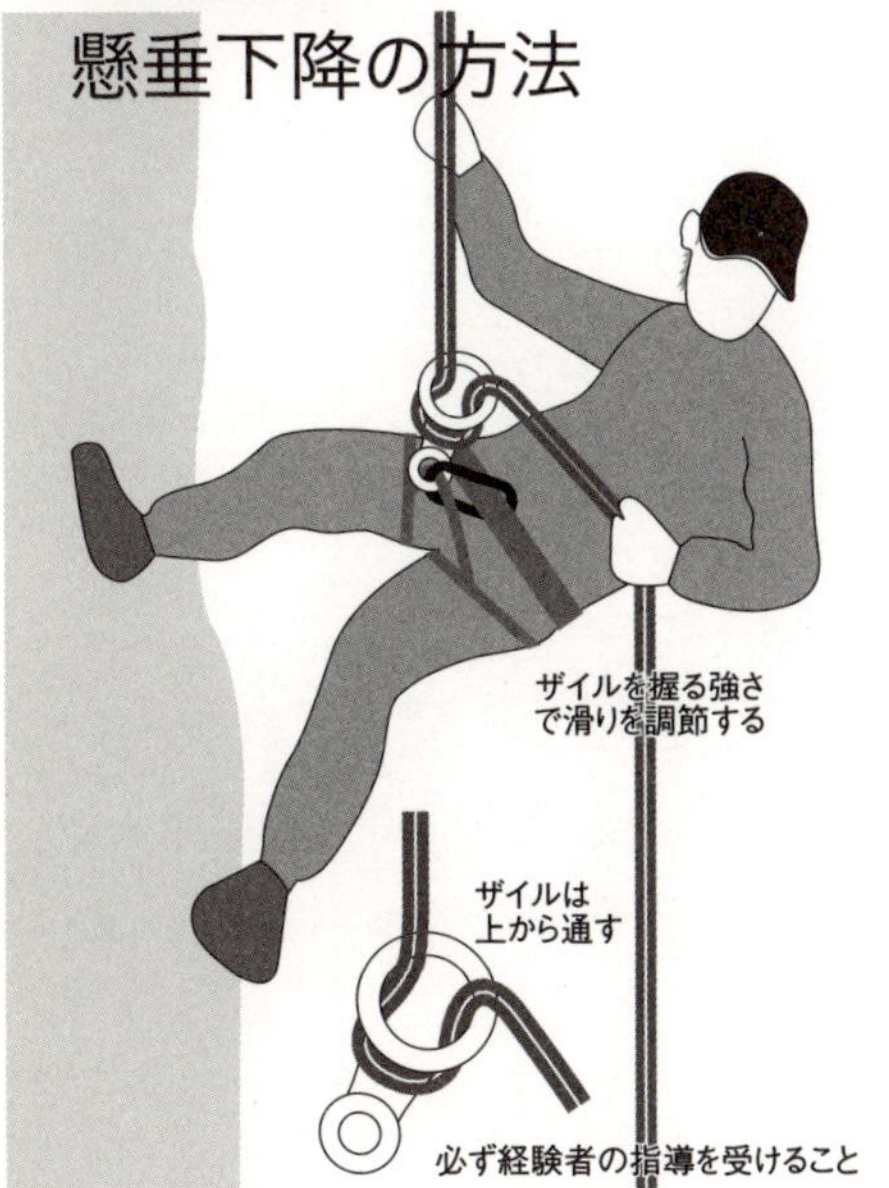


忘れてならないのは、末端処理である。必ず末端に8の字結びなどでコブを作っておく。万が一、ロープが下まで届いていない場合に末端処理を怠っていると、そのまま滑落という事態になりかねない。

懸垂下降では、ポンポン飛び跳ねるようなことはせず、支点にショックがかからないよう静かに滑り降りるのが正しい方法である。

垂直降下の支点

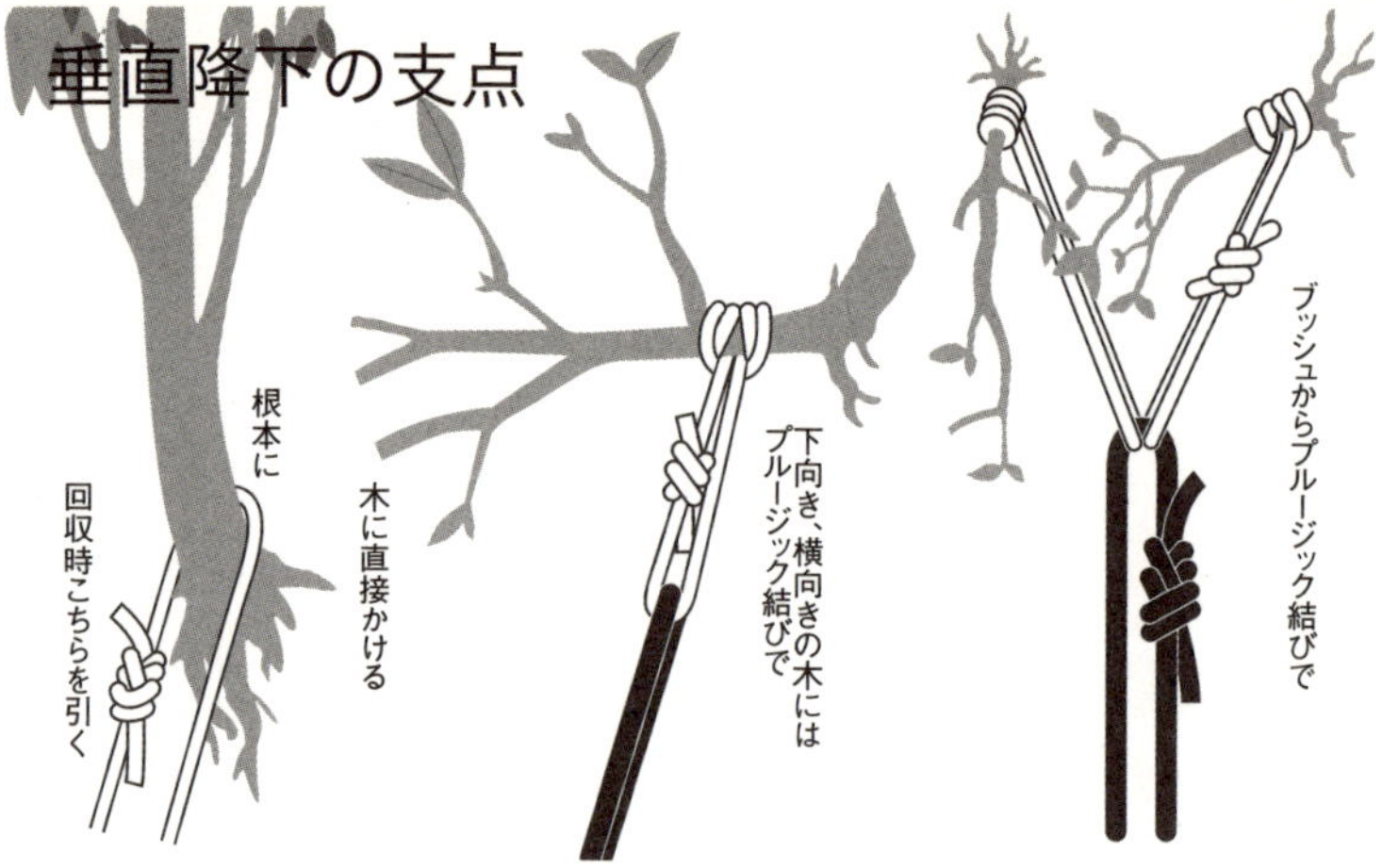


〈登攀〉

崖などの急斜面を登る際には、常に滑落の危険がある。そのため、先述したように、大きな滝やゴルジュは基本的に高巻きで回避することを推奨したい。

ただし、高巻きで突破できないような場所では、ロープを使って安全を確保しながら登攀を行なうことがある。参考までにおよその流れを紹介しておく。

ロープを使う登攀は、登り手と確保者のふたり1組で行なうのが基本である。クライミングで最初に登る人をトップ、その次に登る人をセカンドと呼ぶ。トップが登る時にはセカンドがビレイ(確保)をし、セカンドが登る時にはトップが上からビレイする。

トップは中間支点を取りながら登攀をする。セカンドはロープをハーネスの安全環付きカラビナに付けたエイト環に通し、トップの動きを見ながら手でスムーズに送っていく。

セカンドは、相手が落ちてもそのショックで自分が引き込まれないために自己確保を取る必要がある。支点はハーケンを使って作ることもあるが、木や岩を利用することも少なくない。自己確保は必ずメインロープで取ることである。スリングなどで取っていると、相手が墜落した時に引き込まれ、身動きが取れなくなることもある。

制動確保には、カラビナで行なうグリップビレイと、エイト環で代表される制動器利用とがある。

仮に登り手が落ちた場合でも、可能なかぎり落下距離を少なくするため、確保者はロープをできるだけたぐっておこう。そして、ロープに掛かる衝撃を受け止めて、登り手の落下を止めなければならない。実際に落下した時に確保者に掛かる衝撃はとても大きい。

トップが無事に登り終えてロープを固定したら、今度はトップが確保者になり、セカンドが登り手になって登る。3人の場合は、セカンドは固定されたロープにプルージック結びでスリングを結び、それをハーネスの安全環付きカラビナに通し、プルージックの結び目を手で上げながら登っていく。プルージック結びは締まってしまうと動きが鈍くなるので、バッチマンという方法や、小型のユマールを使って登る方法もある。

最後の登り手は、必ず確保されて登ることで中間支点の回収もできるし、完全にロープを回収できる。

登攀の手順は以上の通りだが、これらはあくまで本格的な講習を受けたうえで、充分な遡行技術を持ったベテランと共に実践してほしい。間違っても初心者

## 徒渉でのロープワーク

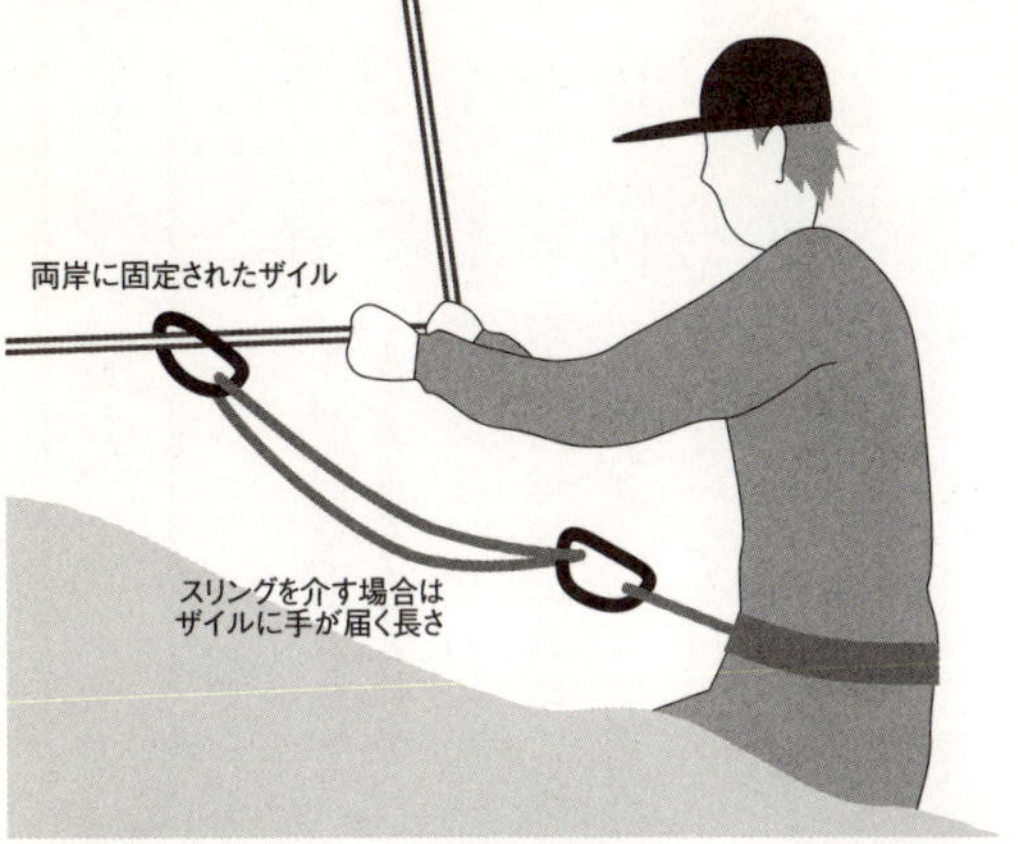


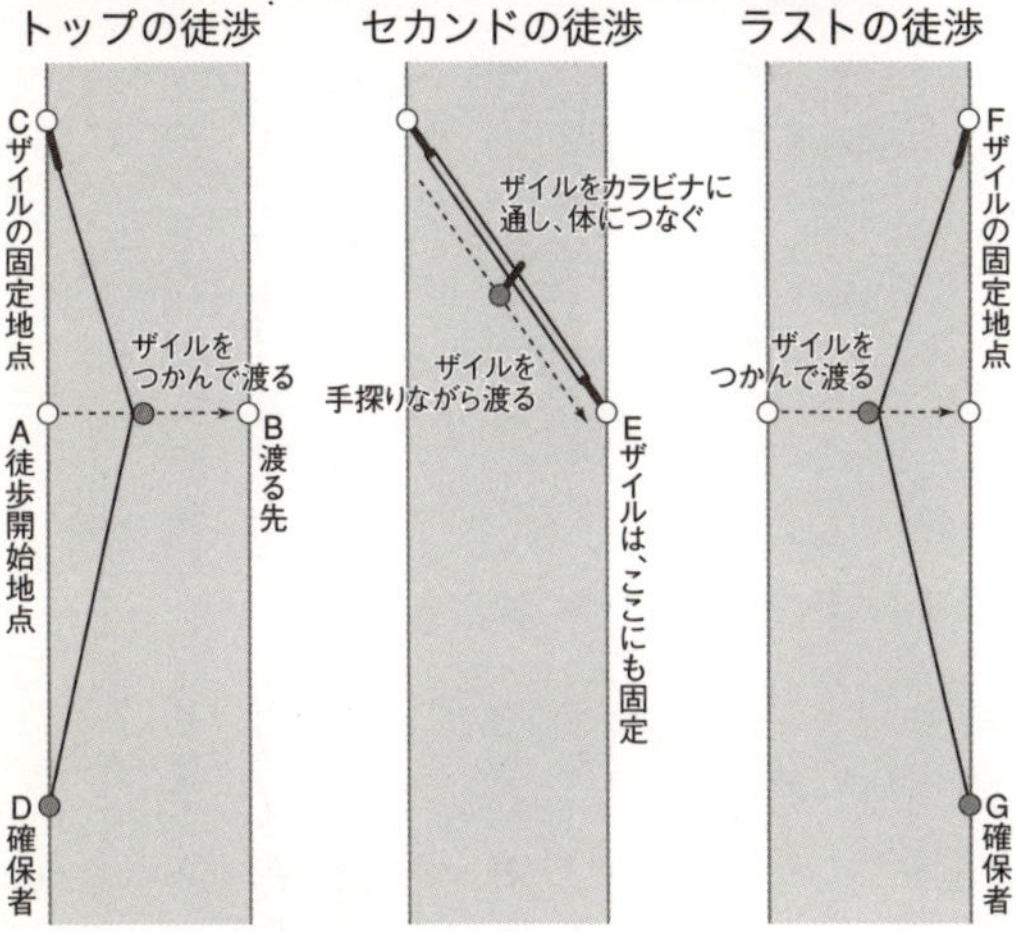


だけで行なってはいけない。

〈ロープを使った徒渉方法〉

流れが急になり、足をすくわれる危険が高いような所では、ロープを使った徒渉が有効である。

ロープを使う徒渉では、最初にしっかりした支点を取る。渡り手はロープを安全環付きカラビナに通す。確保者は道具を使わずに、岸に残って張らず緩めずの状態でロープを出す。緩めるとザイルが岩に引っかかる危険があり、張ると徒渉者の妨げになるからだ。万が一流された場合は、確保者が急いでロープをたぐれば、渡り手は元の岸に戻ることができる。

渡り手は対岸に達したら、ロープを流されないように気を付けて末端を固定する。元の岸にいる後続者は支点を外し、確保者のロープと結び、輪にして固定する。それからロープをたぐって渡り手側に結び目を入れ替える。固定する時は、カラビナにロープを通すのが望ましい。

中間者はダブルのロープにハーネスの安全環付きカラビナを掛けて、ロープを両手で持って渡る。流された時はロープをたぐって泳ぎ渡ろう。

最後のひとりが渡る時は、対岸（渡った側）のロープの結び目を外して、末端を支点に取る。もう一方の末端は、これから渡る人よりも下流に確保者が持っていき、そこで確保体制を取る。渡り手はハーネスのカラビナにロープを通して、最初の渡り手と同じように確保されながら渡る。

〈ザックピストン〉

流れの強い所や、泳ぎの苦手なメンバーがいるときは、ザックピストンという方法を使う。これは、最初に泳ぎ手がザックを下ろして身軽になり、ロープで確保されながら泳ぎで突破する。そして、後続はザックにロープを固定して、ザックにつかまって先頭に引いてもらう方法である。

ザックピストンのようす

急流のなかではひっくり返る恐れがあるので、水泳のビート板を持つような姿勢でザックにつかまるのがコツだ。パーティが複数の場合、ロープは泳ぐ距離の倍の長さが必要である。

# テント場／焚火

〈テント場の選び方〉

渓に泊まる時に、最も注意しなければならないのは鉄砲水である。夏の午後はよく夕立が来る。最近では局地的に大雨（ゲリラ雨）が降ることも多い。この時、上流が岩盤の山なら間違いなく瞬間的に大増水する。決して油断ができない。

渓に入るとどこでも、谷の側壁に水で洗われた水線の跡がついている。これは増水時の水面、つまり危険ラインを示すものなので、渓に泊まる場合は、原則としてこの危険ラインより低い所にはテントを張らないようにする。まして、川原の中州に泊まるようなことは断じてすべきではない。

テント場は安全を最優先して選ぶ

理想は、川原から近い森のなかの広いスペースだろう。焚火は川原に作り、寝る場所は安心できる森のなかがよい。

しかし、時には場所を選べないこともある。やむなく川原でテント場を設営する場合は、逃げ込む時のために、木のある斜面がすぐ横にあることが絶対条件だ。

もうひとつ付け加えると、車に戻れる側の岸を選ぶほうがよい。たかが川1本を挟んだだけだが、大増水の際に対岸にいると絶対に帰れない。車側であれば、増水しても尾根沿いかヤブ漕ぎをすれば帰ることができるからだ。

テント場では、常に枕元にヘッドランプを置き、ウエーディングシューズなどの履物類は高い所に置いておこう。不意の増水で履物が流されては、帰ることができなくなってしまうからだ。

〈焚火〉

源流での楽しみは、何といっても夜の宴会である。気の合う仲間と焚火を囲み酒を酌み交わす。渓の宴会に焚火は欠かせないのである。また、源流では基本的に焚火で料理をする。食事をとるためには、たとえ雨のなかでも焚火を作らなければならない。

火点けが上手くいくかどうかは、薪の集め方で決まる。まず、マッチ棒ほどの太さの小枝を集める。次に鉛筆くらいの細い枝、それより少し太い中くらいの枝、さらに太い枝と、分けて集めておく。

また、薪にするのは何といっても流木がいい。流木は火が燃え移るまでは時間がかかるが、1度点けば火力が長持ちする。長い場合はノコギリで短く切り揃える。

置き方には諸説あるが、私は川に対して平行になるようにしている。渓筋では通常、渓に沿って風が吹く。つまり薪を平行に置くと火の回りがいいことになる。

まず、太い薪で床を作る。作らない人もいるが、地面が濡れている時などは絶対に必要である。火種には、火持ちがよいので市販のメタを使用している。

着火材に火を点けたら床の中心におき、その両側に中くらいの太さの枝を2本、平行に置く。着火剤の真上に置くのではなく、薪に火が当らないように両側に置くのがポイントである。

そして、上からいちばん細い小枝を両手一杯に積み重ねる。その小枝を崩さないようにして中くらいの枝を乗せ、さらに少し太い枝を乗せる。

火がいちばん細い小枝に点くと煙が出

てくる。それを見計らって少しずつ太い薪を上に乗せていくのだ。あとは放っておいてもジワジワと火が回って、太い薪に火が点くという仕組みである。調理の際は、ビリーカンでも飯ごうでも、焚火の上に直接置いて使って何の問題もない。

　雨の日も基本的なやり方は同じだが、少しくらいの雨なら上から新聞紙を被せておくと、火の点きはじめに濡れるのを防ぐことができる。しかし雨足が強い場合は、タープの下などの雨が当らない場所で焚火をすることだ。タープが濡れているので燃え移る心配はないが、あまり大きな焚火はしないほうが無難である。

　昔ながらの方法で石を組んで焚火をする人も多いが、火力で石が割れ飛ぶこともあるので、避けたほうがよい。重い石をわざわざ運ぶ労力の割りに、さほど効果がない。

## 焚火の作り方

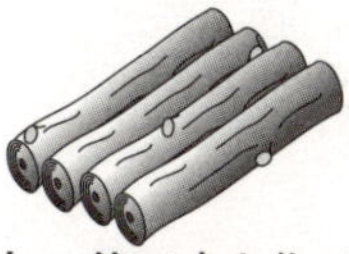

①太い薪で床を作る

②メタ（着火剤）に火を点けて床の中央に置き、その両側に中くらいの太さの枝を置く

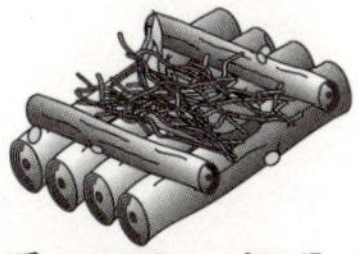

③手のひら一杯分の細い小枝を乗せる

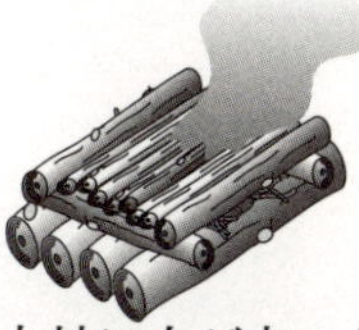

④小枝に火が点いたら、徐々に太い枝を乗せていく。少し太い枝を両サイドに2本置くと、崩れにくい

⑤細→太の順に薪を乗せていけば、放っておいてもゆっくり火が回り、太い薪に着火させることができる

〈ご飯の炊き方〉

　焚火で炊いたご飯はとても美味である。焚火で米を炊くのに適しているのは、飯ごうかビリーカンである。キャンプでよく使うツルなしのコッフェルは、焚火では使いにくい。

　焚火は火力が強いので、水の量を多めにして炊くのがコツだ。たとえば3～4合の米をビリーカンで炊くなら、水は目一杯に入れておく。吹きこぼれても特に問題はない。

　ふたの上に石を置き、吹きこぼれなくなったら、火から下ろして蒸らす。また、菜箸などを蓋の上に当てて、振動で判断する方法もある。振動がなくなれば炊き上がりだ。

ビリーカンや飯ごうがあれば、直火でご飯が炊ける

column

# 源流での宴会術

私はそれほど酒が強いほうではない。どちらかといえば苦手な部類だが、焚火を囲んでの渓の宴会だけは特別である。酒を酌み交わしながら、たわいもない話に花を咲かせるのは至上の喜びである。ここでは、私が会長を務める群遊会流「渓の宴会術」を紹介しよう。

**①酒の適量と軽量化**

渓に入る前には、食料と酒のダブリを避けるため、買出し担当者が一括購入する。群遊会の場合、ビールはひとり1日1本、その他の酒類は「500 cc×日数×人数＋予備」が目安だ。最後の「予備」が曲者だが、これはメンバーによりけりだろう。ちなみに入渓の日数が増えれば増えるほど、1日に飲む酒の量は減る傾向がある。

テント場でよくウイスキーを見かけるが、なにも重いビンで担ぎ上げる必要はない。日本酒、ワイン、焼酎などの酒類もすべて500 ccのペットボトルに移し替えておこう。軽くなるし、残量も把握しやすい。

入渓が長くなれば酒も増えるが、ひとりで担げる重さには限度がある。とはいえ装備は減らせないので、食材の軽量化を図る。米や野菜などの基本食材は必要だが、レトルトやインスタント食品は使わず、調味料だけで食料計画を立てるのだ。

**②旨い酒の飲み方**

テント場に着いてもすぐに乾杯とはいかない。天幕の設置、焚火、宴会場の準備と、なすべきことは山ほどある。全員で手分けをして作業する間に、調理担当者は食材の下ごしらえをするといい。

すべての準備が整い、いよいよ宴会に突入となるが、長時間の苦行（快楽？）に備えて忘れてならないのが宴会専用シートだ。着替えを済ませたメンバーが焚火の周りに三々五々集まりはじめる。いくら喉が渇いていても、全員が揃うまでは決して飲んではならない。これは世間一般の常識だろう。いよいよ乾杯！　ビールを一気に飲み干す。

この時点で、メンバーは「わたし作るヒト」「あなた飲むヒト」に分かれる。人のよい人、顔のいい人、あるいは非常にワガママな人のいずれかに該当する者が「作るヒト」を任されやすい。私もやむなく宴会のツマミ作りに精を出す。

調理担当者は酒を飲みながら仲間の腹を満たさなければならない。そこで、食材と調味料および調理器具は座ったまま手の届く範囲に置く。また、事前にすべての空容器に水を汲んでおこう。

**③イワナ料理は最小限に**

私たちはイワナ料理をあまり作らない。殺生は必要最小限に留めている。運よく山菜やキノコなどが採れれば、イワナがなくても豪華な宴になる。楽しみ方は創意と工夫でどうにでもなるのだ。

気の合う仲間、綺麗なテント場に満天の星空。焚火、旨い酒、山の幸、バカ話、そのうえ若いおネエちゃんがいれば文句なし……。おそらくこのすべてが揃うことはないだろうが、それでも、渓の宴会はいつも底抜けに楽しい。

（吾妻 渓）

# あとがき

夏の間は1日中、川で魚つかみをしている子どもであった。私の渓流釣りは、あの夏の輝きが忘れられずに、大人になっても川遊びの続きをしているようなものだ。

今では手づかみやヤスから釣りへと変わったが、川そのものを楽しむ思いは、幼少の頃と少しも変わるものではない。いや、むしろ歳を重ねるにつれて、その気持ちは徐々に増幅している感さえある。

子どもの頃は徒歩か、自転車ぐらいしか移動する手段もなく、フィールドは家の周囲に限られていた。やがて成人して仕事を得、人並みに車を持つようになると、フィールドは無限大に広がった。

渓流域でのヤマメ、イワナに始まり、源流や本流、サクラマスなどの遡上魚まで、すべてのトラウト類をターゲットにするようになった。新しいターゲットに挑むたびに釣り方を研究し、現場で実践するということを繰り返してきた。

本書ではそうした経験を元にして、渓流、本流、源流での釣りのテクニックを中心に紹介した。ビギナーだけでなく、ある程度の経験を積んだ人にも充分に参考になるように書いたつもりである。

けれど私は、渓流釣りは技術がすべてではないと考えている。何よりも大切なのは、森と水と渓流魚が織りなすハーモニーを楽しむこと、自然そのものを全身で満喫することではないだろうか。テクニックを身に付けるのは、その機会をより大きく広げるための通過点に過ぎない。

本書の執筆は、自分自身の釣りを見つめ直すきっかけにもなった。私は渓流、本流、源流、テンカラと多くのジャンルに手を出すスタイルゆえ、諸兄からご教授いただいたことも数え切れない。いずれも、それぞれの分野で名人と呼ばれる方々ばかりである。私は本当に出会いに恵まれていたと思う。と同時に、行動を共にする仲間にも恵まれたことが、私の釣り人生における最大の財産である。

最後に、執筆の機会を与えてくれた編集部、そして何よりも励ましと適切なアドバイスをいただいた担当の水藤氏に感謝して、筆を置くことにする。

我妻徳雄

著者プロフィール
**我妻 徳雄**（わがつま とくお）

1960年生まれ。深山幽谷のイワナに始まり、ヤマメやサクラマス、サケ釣りなど、源流から河口まで川の総てを遊びつくす男。本業は山形県米沢市の市議会議員で、山村地域の活性化や米沢周辺の環境保全などに取り組んでいる。2000年より（株）シマノ渓流インストラクター。

http://wagatsumatokuo.web.fc2.com/

**渓流釣《けいりゅうつ》り**
2010年4月1日　初版発行

著　者　我妻徳雄
発行者　鈴木康友
発行所　株式会社つり人社
〒101-8408
東京都千代田区神田神保町1-30-13
電話 03・3294・0781（営業部）
03・3294・0766（編集部）
振替 00110-7-70582
印刷・製本　三松堂印刷株式会社

乱丁、落丁などありましたらお取り替えいたします。


ISBN978-4-88536-173-9 C2075
つり人社ホームページアドレス
http://www.tsuribito.co.jp
いいつり人ドットジェーピー
http://e-tsuribito.jp